저우언라이,
오늘의 중국을 이끄는 힘

* 이 책은 방일영문화재단의 지원을 받아 저술, 출판되었습니다.

저우언라이, 오늘의 중국을 이끄는 힘

현대 중국의
중심에 선
2 인 자

이중 지음

역사의아침

서문

왜 저우언라인가?

마오쩌둥을 극복하지 않고서 중국의 미래는 없다

오늘의 중국은 죽은 마오쩌둥에 의해 시달림을 겪고 있다. 마오쩌둥의 망령이 중국의 발목을 꽉 붙들고 있다면 과장된 표현일까. 마오쩌둥은 이미 신화화되었고 어떤 의미에서 역사적으로 형해화形骸化되었다 하지만, 한편으로는 엄연히 살아 있는, 중국현대사의 한 축임이 분명하다. 그는 죽어서도 꿈틀대며, 그의 혁명정신을 중국의 미래에 어떤 형태로든 투사하려고 애쓴다.

최근까지도 중국공산당은 50년 전에 죽은 한 병사 "레이펑雷鋒 따라 배우기"에 열을 올렸다. 레이펑의 핵심가치는 마오쩌둥 숭배다. 최근 실각한 보시라이薄熙來의 "창훙 다헤이唱紅打黑"는 바로 이 "레이펑 따라 배우기"의 연장선에 있다. '창훙 다헤이'를 내세웠다가 낙마한 보시라이 사건은 겉으로는 진부한 공산당 내부 권력싸움이지만, 속을 들여다 보면 중국공산당의 고뇌가 뇌관처럼 박혀 있는 이념투쟁이다. 중국의 권력 싸움은 늘 이념투쟁과 맞물려 있다. 또한 부패척결과 빈부격차 해소, 국민통합과 자정(自淨)에 중국의 심각한 고민이 있다.

부정부패, 빈부격차라는 사회적 역기능을 해소하기 위해 대안으로 부각시키는 존재가 아직도 레이펑이라면 발상 자체가 스마트하지 못하다. 시대감각이 무디어도 한참 무디다. 레이펑은 오늘의 중국의 위상과 격에 전혀 어울리지 않는 존재이다. 진부한 발상이 아직도 유효한 중국공산당의 고민의 깊이를 알 수 있는 대목이다.

레이펑은 빈농 출신에 어려서 어버이를 여읜, 체구도 왜소한 말단 병사였다. 스무 살에 군에 입대한 그는 트럭 운전병이었다. 스물두 살 때인 1962년 8월 어느 날, 후임 운전병이 운전하는 차의 후진을 거들다가 각목에 머리를 부딪쳐 죽고 말았다.

문제의 발단은 마오쩌둥에게 있었다. 레이펑은 평소 마오쩌둥 사상 학습에 열심이었다. 그의 죽음은 마오쩌둥 정신을 구현한 희생의 모범사례가 되었다. 그의 일기장이 뒷받침이 되었다. "나의 삶은 유한하나, 인민을 위해 봉사하려는 나의 마음은 무한하다." "나는 나라와 인민을 위해 영원히 녹슬지 않는 나사못이 되겠다." 그리고 일기장에서 누누이 강조한 것이 마오 찬양이었다. "생전에 칭찬받던 모든 선행은 마오 주석의 훈도 때문"이었으며 "마오에 대한 충성이 당과 나라에 대한 충성"이라고 적고 있었다.

그 후 1963년 5월, 마오쩌둥이 느닷없이 "레이펑을 따라 배우자(向雷鋒同志學習)"고 들고 나왔다. 그날이 〈제1회 레이펑 기념일〉이 되었다. 전국에 레이펑 바람이 거세게 불었다. 불과 2년 하고도 일곱 달 군 생활을 한 말단 병사의 무덤 앞에서, 군의 원수와 대장들이 줄지어 꽃을 바치고 머리를 숙였다. 국가주석 류사오치와 당 총서기 덩샤오핑에게 밀려 있던 마오쩌둥 당 주석의 반격은 이렇게 "레이펑 영웅화"로 한 줄기 희망의 물꼬를 트기 시작했다. "레이펑 학습"은 3년 뒤 문화혁명을 통해 "마오쩌둥 학습"으로 화려하게 본모습을 드러냈다. 50년 전에 죽은 청년 레이펑은 전설이 되어 덩샤오핑, 장쩌민 시대를 관통하여 중국 젊은이들이 따라 배워야 할 모범이 되어왔다.

아직도 레이펑이라니, 중국공산당의 고뇌가 눈에 선하다. 앞서 잠깐 언급했지만, 2012년 3월, 보시라이가 낙마하기 직전까지만 해도 충칭은 주목받는 도시였다. 충칭은 '창훙 다헤이'의 새로운 시도로 각광을 받았다. '다헤이'는 한마디로 부패척결을 말한다. '창훙'은 여러 해석이 가능하지만 뜻은 명백하다. "공산주의 정신을 앙양한다", "공산주의 노래를 열심히 부른다", 한 걸음 더 나아가면 "문화혁명 정신을 받든다" 등등이 될 수 있다.

부패척결인 검은 세력과의 싸움을 공산주의 이념의 고양과 결부시켰다는 점에서 보시라이는 결과적으로 패착敗着을 두고 말았다. 옛날의 물레방아를 다시 돌린 셈이 되었다. '창훙'으로 '다헤이'를 하겠다는 것은 분명히 마오쩌둥 시대로의 회귀를 뜻한다. "배가 고픈" 것은 참을 수 있지만 "배가 아픈" 것은 참기 어렵다. 다 같이 배를 곯는 것은 견딜 수 있지만 배부른 자와 배곯는 사람이 공존하는 사회는 나쁜 사회이며 많은 사람들의 배를 아프게 한다. 그러나 배 아픈 사회를 원망한다 해서 배고픈 시대를 그리워할 수는 없다. '창훙'과 '레이펑 학습'은 절묘하게 결부되어 있다는 점에서 중국공산당의 고뇌가 적나라하게 드러난다.

중국의 공산당은 이념 체제가 아니라 단지 오늘의 중국을 효율적으로 통치하기 위한 메커니즘으로 자리매김한 지 오래다. 정치와 통치는 공산당이 맡고, 안전성과 효율성을 바탕으로 시장경제를 일군다는 것이다. 기업가와 자본가가 공산당 당원이다. 프롤레타리아 독재? 벌써 물 건너가도 한참이나 물 건너가버렸다. 중국은 사회주의 이념을 버리고 중국식 시장경제를 끌어들였다. 사회주의 이념을 버렸다는 말을 결코 하지 않는 대신, 실제로는 그 자리를 시장경제와 바꿔치기해버렸다. 그 결과 세계경제와 국제간 세력균형에 지각변동이 일어났다.

2011년 6월, 중국공산당 기관지인 〈인민일보〉는 저우언라이의 〈육무六無〉를 기사화했다. 인격과 품격, 격조와 높은 경지의 정신세계, 역사적 이바지와 업적, 이 모든 것을 두루 갖춘 저우언라이가 중국 인민의 사랑을 계속 받고 있다는 것은 당연하다. 그럼에도 불구하고 왜 중국공산당은 아직도 레이펑인가? 중국의 미래지향이나 젊은이의 모범상이 언제까지 레이펑이어야 하는가? 이젠 좀더 과감하게 중국의 미래상과, 미래가치의 표상을 대담하게 내세워야 할 때가 되지 않았나 싶다.

그러나 쉽지 않은 것 같다. 미묘한 정치적 함수관계가 깊게 도사려 있다. 고뇌와 고민이 숨어 있다. 저우언라이가 중국공산당의 공식적인 멘토로 확정된다면 마오쩌둥은 어찌 되는가? '과오 3, 공로 7'로 가까스로 규정된 〈역사적 결의〉 덕분에 마오는 여전히 천안문의 대형 초상화로 살아 있고, 중국 모든 화폐 속의 유일한 주인공이 되어 있다. 자칫하다간 마오쩌둥 신화가 저우언라이 신화로 대체될 수도 있다. 1966년 9월, 마오쩌둥이 세상을 뜨자 반작용으로 저우언라이 신화 열풍이 불 뻔했다. 그런 조짐을 스스로 경계하고 나선 것이 중국공산당이었다. 저우언라이의 아내 덩잉차오도 마오 비판과 저우 찬양에 제동을 걸었다. '실사구시實事求是'를 고리로 덩샤오핑은 절묘하게 마오쩌둥 시대와 그 이후 시대를 안정적으로 연결시켰다. 그 안전판을 걷어낸다는 것은, 중국공산당으로선 좀처럼 감내하기 힘든 자기 혁파이자 자기 부정이 된다. 중국공산당은 황제 마오쩌둥마저 '세습'을 외면했고, 그 뒤를 이은 덩샤오핑, 장쩌민, 후진타오가 현란한 변혁과 변화를 거듭하며 오늘의 중국을 이끌어가고 있다.

중국의 미래 가치는 저우언라이인가? 적어도 저우언라이는 오늘의 중국에 필요한 많은 해답을 주고 있다. 50여 년 중국의 혁명에 헌신했고, 27년 총리로 중국의 건국과 현대화에 이바지했던 저우언라이, 그가 오늘의 중국공산당의 고뇌를 풀어주고 미래 중국의 표상으로 떠오를 수 있을 것인가? 어느 모로 뜯어보아도 중국의 미래 가치는 저우언라이의 것이다. 일찍이 닉슨이 말했던, 저우언라이의 유지遺志만이 중국이 살 길이 아닐까.

왜 저우언라이에 주목하는가?

베이징 톈안먼天安門엔 마오쩌둥 사진이 걸려 있다. 그러나 1949년 1월 중국 인민해방군이 베이징에 입성하기 전까지 그 자리에 장제스의 대형 초상화가 걸려 있었다는 사실을 기억하는 사람은 많지 않다. 1945년 10월 10일, 화베이華北지역 일본 주둔군의 항복조인식이 있었고, 항일전쟁의 영웅 장제스의 초상화가 천안문 성루에 높이 걸린 것이

12월 3일이었다. 현재 마오쩌둥의 초상화보다 훨씬 큰 것이었다. 3년 뒤 장제스 '황제'는 성루에서 내려오고 마오쩌둥 '황제'가 그 자리에 등극했다.

중국국민당과 중국공산당은 선거를 통해 정권을 교체하는 서구식 근대 정당이 아니었다. 서구의 시각으론, 선거를 통하지 않았기 때문에 '정권의 정통성'이 당연히 문제시된다. 애초부터 국민당과 공산당은 일당 국가를 지향했다. 그들은 '무한 전쟁'을 통해, 상대가 살아남으면 내가 죽는, 그런 싸움을 30년 가까이 했다. 승리한 정권은 그래서 왕조적 성격으로 시작할 수밖에 없었고, 장제스와 마오쩌둥의 운명은 그래서 '황제'였다.

중국공산당은 1921년에 창당, 1949년에 베이징에 깃발을 꽂았다. 중국의 공산혁명은 한두 사람의 자객이나 한 무리의 군대가 단숨에 정권을 무너뜨린 궁정宮廷혁명이 아니다. 28년 긴 세월에 걸친 전국적 전쟁의 결과였다. 국민당과 공산당은 막강한 일본군과 겨루었다. 만주를 집어삼키고 중원마저 침공한 일본군을 물리치기 위해 일시적 방편으로 국민당과 손을 잡았어도, 꿈은 오로지 중국공산당의 천하제패였다. 그러나 예젠잉이 고백했듯이 자기들 당대에 중국대륙에 공산당의 깃발을 꽂으리라고는 상상도 못했다.

장제스의 국민당이 무너진 것은 하나둘 자살골이 쌓여서 대량 실점을 한 것과 곧잘 비유된다. 공산당에 대한 희망에서가 아니라 국민당에 대한 절망감과 좌절감이 국민들의 정서를 공산당 쪽으로 돌렸다는 이야기다. 그러나 내부의 약점이나 모순만으로 체제가 그냥 무너져 내리지는 않는다. 국민당은 막강한 무력과 재력, 광대한 지배구역 등을 고루 갖춘 '거대한 힘'이었다. 쑨원의 정신을 이어받아 북벌北伐

에 성공하고 통일된 국민정부를 세운 장제스는 시대의 영웅이었고 절대 강자였다. 국민당 내부의 모순과 약점이 아무리 문제가 된다 하더라도 무섭게 파고드는 공산당의 집요한 노력과 공작이 없었다면 공산당의 승리는 전적으로 불가능했다. 공산당은 때로는 악착스러운 인파이터였고, 때로는 변화무쌍한 아웃복싱 챔피언이었다.

어째서 공산당은 그렇게도 악착스럽게 '혁명'에 올인All In했을까. 성공한 혁명이라고 다 정당시되는 것은 아니다. 광란과 교활, 치밀함과 정교함, 열정과 생명력, 시위와 난폭, 협상과 전쟁. 그러기에 중국공산당은 싸울 수 있었고, 이길 수 있었고 마침내 중원을 차지하고 역사를 독점할 수 있었다. 그들의 신민주주의 이론, 통일전선 정책, 장제스를 압박했던 항일연합전선의 역사성, 어느 것 하나 그들의 승리를 담보하지 않은 것이 없다. 그리고 그들은 그들의 승리와 건국의 외연外延에서 마침내 오늘의 개혁개방과 시장경제를 일구어냈다. 그러나 성공에 이르기까지의 고난과 희생마저 그 가치와 의미를 폄훼할 수는 없다. 쌓은 '내공內攻'이 있다. 들인 공功과 바친 정성이 있다. 목숨을 건 헌신의 열정이 있다. 중국공산당 나름의 스타일이 있다. 혁명과 타협, 원칙성과 영활성을 자유자재로 넘나든다. 노하우라 해도 되지 않을까? "승리자는 어떤 이유로서도 모멸받지 아니한다"고 스탈린이 말했다. 1949년 12월 모스크바를 찾은 마오쩌둥을 스탈린은 박대하고 껄끄러워했다. 그러나 스탈린은 마오쩌둥과 중국의 현실을 인정했다. 그가 신음하면서 내뱉은 말이었다.

지난 10년, 나는 쉬엄쉬엄 중국만을 탐색했다. 중국사를 전공한 것도 아니고, 정치학을 공부한 것도 아닌 내가 중국의 현대사, 좁게는 중국공산당 역사, 더 좁게는 마오쩌둥, 저우언라이, 덩샤오핑 등 공산당 지도자들에 흥미를 갖게 된 것 자체가 스스로 의문이다.

1998년부터 〈월간 조선〉에 덩샤오핑, 저우언라이, 마오쩌둥 기행 5편을 연재했다. 그 글들을 근거로 2002년 2월 《기행평전 모택동과 중국을 이야기하다》(김영사, 2002)가 나왔다. 말 그대로 이 책은 여행을 통해서 세 사람의 흔적을 훑은 책이다. 세 사람의 활동공간은 중국공산당의 역사와 궤적을 같이한다. 결과적으로 나의 여행은 중국공산당의 혁명유적지를 찾아 나선 모양이 되었다. 중국에서 일컫는 "홍색紅色여행"이다. 철도로만 1만 1,820킬로미터, 자동차로 1천 킬로미터, 어림잡아 1만 3천 킬로미터가 넘는 길을 여행했다. 1997~1990년이니 교통편도 아주 열악했다. 그 뒤의 이런저런 여행을 보태면 2만 킬로미터는 될 것 같다.

그 무렵의 수첩을 다시 꺼내보니 저우언라이에 대한 이야기가 상상 밖으로 많이 적혀 있었다. 짐작컨대 나는 뜻하지 않았던 이 '홍색여행'을 통해서 저우언라이의 인간적인 매력과 정치적 성격에 대해 나름으로 가슴에 넣어둔 것이 있었던 것 같다.

여행 중 썼던 수첩에 내가 이런 글귀를 써둔 것을 보았다.

"중국에서 눈이 가장 아름다운 남자 저우언라이." 어디선가 이런 글을 읽으면서 젊은 시절의 저우의 사진을 찬찬히 들여다보았다. 정말 매력 있는 눈이었다. 우수와 이지, 결의와 겸허가 한데 어우러진 그런 눈동자를 가진 남자가 어떻게 그 험하고도 간고한 혁명의 형로荊路에 들어섰는지, 이해가 필요하다.

저우언라이 일생의 압권은 뭐니 뭐니 해도 밖으로 4인방과 사투를 벌이면서 안으론 병마에 시달리던 그의 "마지막 10년"일 것이다. 재난과 병고를 함께 상대하며 힘겹게 싸우다가 마침내 자신의 마지막 힘을 다 소진해버렸던 그 최후의 10년 중에도 그의 눈의 매력은 변함이 없었다.

얼굴은 초췌하고 주름살은 늘었고 흰머리가 그득하나 단정한 매무시에 경건, 절제의 자세며, 흐트러짐 없는 언동의 뒷받침을 받으면서 그의 눈빛은 더욱 영롱하고 비장해지고 처연해져갔다.

지나치게 감상적일지 모르지만, 아마도 몇 차례의 여행을 통해 나는 나름으로 저우언라이의 인간성에 단단히 매료되었던 것이 아닌가 싶다. 그렇지 않고서는 위와 같은 찬탄의 글이 나올 수 없었을 것이다. 이 책을 꼭 써야겠다고 다짐했던 까닭은 그런 통상적인 흥미나 매력 때문이 아니었다. 굳이 고백하자면, 나라(대한민국)의 현실에 대한 분노와 절망감이 저우언라이를 끌어냈다. 지도층의 황폐화와 지리멸렬, 도덕적 불감증. 남북 체제를 둘러싼 국론의 분열과 심화되는 양극화. 표류하다 못해 금방이라도 침몰할 것 같은 나라의 몰골. 난타되고 유린당하는 대한민국의 정통성. 그리고 앞으로 10년을 내다볼 때의 극도의 절망감과 피로감.

저우언라이 이상의 '소재'가 없었다. 저우언라이와 마오쩌둥, 저우언라이와 덩샤오핑, 세 사람의 관계 속에서 확연하게 떠오르는 저우언라이의 이미지가 있었다. 내게는 구원救援이었다. 저우언라이의 존재가 '구원'이라는 뜻이 아니다. 그 이미지를 붙잡고 늘어지겠다는 나의 발상과 의지, 그런 것들이 나를 구해주었다는 뜻이다.

주변의 반박도 적지 않았다. 궁극적으로 추구하는 게 무엇인지, 저우언라이며 마오쩌둥이 그렇게 대단한 인물인지, 한반도 전쟁에 뛰어들어 우리의 통일을 막았는데 왜 그를 영웅시하는지 등등. 참 많이 받는 질문이자 추궁이다. 하지만 단언컨대 나는 중국을 변호한 적도, 터무니없이 치켜세운 적도 없다. 다만, 그런 것들이 그렇게 궁금하다면 그들의 내공과 스타일, 노하우를 속속들이 캐봐야 하는 게 아닌지, 왜 그들의 실체를 있는 그대로 보려 하지 않는지, 도덕적 잣대로만 거대한 실체를 재단해서 어쩌겠다는 것인지, 이미 "G2"가 되어 세계를 호령하는 공룡을 향해 삿대질만 하고 있어서야 되는지 등, 혼자 중얼거리기엔 너무 아까운 나만의 푸념을 세상 밖으로 내놓고 함께 이야기해보고 싶었다.

저우언라이의 전기나 평전은 많다. 하지만 저자가 중국인인 경우, 중국공산당의 통설에서 벗어나 있지 않다. 공산당 지도자로서의 업적과 위대함이 일관되게 강조된다. 아직까지는 그럴 수밖에 없다. 마오쩌둥은 신성불가침의 존재이고, 저우언라이, 덩샤오핑도 '찬란한' 중국공산당의 역사 속에서만 존재와 공헌이 인정되기 때문이다. 따라서 마오나 저우의 삶의 기록을 그대로 옮기는 것은 무의미하다. 우리 한국 사람들이, 한국의 독자들이 시시콜콜 그들의 당 중심 활동을 연대기적으로 알아야 할 이유는 더욱 없다. 중국에서 나오는 저우언라이나 마오쩌둥의 당 활동을 담은 책들은 영웅담의 범주에서 크게 벗어나 있지 않다. 그들은 승리자이며 영웅이기 때문이다.

저우언라이에 관한 여러 이야기와 자료를 훑으면서 내린 결론은, 내 멋대로 써나가자는 것이었다. 어떤 형식이나 선입관에 구애받지 말고, 쓰는 사람의 입맛에 맞게 그냥 이야기를 풀어나가고 싶었다. 중국의 저자들은 저우나 마오의 업적과 가치를 중시한다. 나는 그들의 활동 양식과 행태, 생태에 더 주목했다. 숨은 에피소드나 일화 속에 더 큰 진실이 있기 마련이다. 개개인의 사소한 습관과 다양한 특성들을 통해 그들이 역사 바깥으로 내뿜은 정치에 담긴 함의를 읽을 수 있다.

오늘날 중국의 모든 문제에 대한 해답, 저우언라이

저우언라이는 스무 살 나이 때부터 영원한 공산당의 얼굴이다. 페어뱅크의 말대로 그는 '48년 정치국 위원'이었다. 마오쩌둥, 주더, 류사오치, 린뱌오가 모두 그의 지휘권 안에 있었다. 한 사람씩 그를 제쳤다. 그들이 그를 제친 것이 아니라 저우언라이 스스로 낮은 데로 흘러갔다. 모두에게 필요한 사람이 되고자 몸이 으스러지도록 일했다. 중국공산당 안에 그가 스며들지 않은 곳이 없었다. 그는 산이 아니라 물이었다. 그는 물이었고, 중국공산당은 배였다. 저우언라이 없이 중국공산혁명이란 배는 움직여지지 않았을 것이다. 이 말이 과장되었다면, 중국공산혁명의 배가 저우언라이라는 물을 마음껏 헤쳐 마침내 공산중국 건국의 피안에 도달했다고 하면 되겠다. 저우언라이의 혁명 생애는 중국공산당의 혁명 역사와 일치한다. 특히 저우언라이의 일생은 벼랑 끝 인생이었다. 살아남았다는 것이 기적 같다. 어떻게 그렇게 용케 살아남았을까. 그래서 그의 삶은 물이었다. 스스로 물이 되어 자신도 살리고 나라도 살렸다.

저우를 물에 비유하면 다음과 같은 답이 나온다. 우선 유연하다. 편견이나 고집 없이 상황과 환경에 따라 운신을 자유롭게 한다. 군사 배치의 모양새가 물처럼 유연하게 짜여 있다(병형상수兵形象水). 그리고 겸손하다. 높은 것, 강한 것과 정면으로 충돌하거나 다투지 않는다. 스스로 아래로 흘러간다(피고이하避高而下). 변화가 자연스럽다. 손자孫子가 〈병서兵書〉에서 말했다. "상대방의 다양한 변화의 모양을 파악하여 승리의 방법을 찾아내는 그런 사람을 귀신같은 사람이라고 한다." 물은 고정된 모양이 없다. 그릇에 따라 자신을 변화시켜 상대를 정복한다(수무상형水無常形). 적응력이 뛰어나다. 지형에 맞추어 물줄기를 흐르게 한다(수인지이제류水因地而制流). 마찬가지로 적군의 형세를 보아 전략을 세워 마침내 승리한다(병인적이제승兵因敵而制勝).

어떤 기록은 〈저우언라이 정신〉을 다음 8개 항목으로 요약하고 있다.

1. 무아无我 정신
2. 구시求是 정신
3. 창신創新 정신
4. 민주民主 정신
5. 염결廉潔 정신
6. 엄세嚴細 정신
7. 수기守紀 정신
8. 희생犧牲 정신

중국 사람들이 저우언라이를 보는 보통의 시각을 압축한 것이다. "무아 정신"의 대표적인 사례는 아무래도 "국궁진췌鞠躬盡瘁 사이후이死而後己"가 되겠다. 문화혁명 때, 저우언라이는 오로지 이 여덟 글자를 품에 안고 살았다. 문화혁명 10년, 동지들을 구하기 위한 그의 손길은 무한대로 뻗었지만, 대신 그는 굴종이라는 오명을 덮어써야 했다.

홍위병, 린뱌오, 장칭, 무소불위無所不爲의 폭거와 파괴를 맨몸으로 막아냈다. 그러나 그는, 쓰러지지 않고, 도망가지 않고, 죽지 않았기 때문에 비극의 주인공이 되지 못했고, 영웅이 되지 못했다. 그는 광포狂暴한 10년 세월 끝자락에서 생을 다했다. 그의 죽음 앞에서 중국 인민은 조종弔鐘을 울리는 대신 새 시대의 여명黎明을 보았다. 슬픈 장송곡을 분노의 횃불로 덮었다. 그는 자신을 죽임으로써 10년의 광풍을 잠재웠다.

병실에서 암과 싸우면서도 하루 열두 시간 넘게 일하던 총리, 달랑 직원 둘만 데리고 산더미 같은 업무를 마다 않던 저우는, 폭우와 홍수 속에서도 예사롭게 골프를 쳤던 한국의 정치지도자들부터 바보 취급을 받아도 싸다. 재선, 3선만 되어도, 지사 경력 한두 번이면 당연히 대통령 자리를 넘보아야 하는 이 땅의 정치문화에서 20여 년 한 우물을 파며 총리직에 매달렸던 저우언라이는 비굴하고, 겁이 많고, 꿈이 없는 굴종의 정치인으로 매도되어도 할 말이 없다. 총리 지명만 받으면, 다음은 대통령이다. 총리 업무를 위한 설계도나 구상은 이미 간데 없고, 철 지난 성공담만 늘어놓으며 자신이 '대통령감'이란 걸 과시하기에만 바쁘다. 수직상승의 꿈에만 도취된 이 땅의 수많은 대통령 지망생들에게 저우언라이는 무능과 야합에 찌든 한낱 겁쟁이에 다름없다.

수조 원대의 재산가들도 한번 정치권에 발을 디디면 목표는 대통령이다. 국회의장도 총리도 성에 차지 않는 것이다. 총리 한번 지내면 대권 계절 때마다 언론의 주목받기를 스스로 원하는 사람들이 있다. 정치권에서의 일정한 성취와 봉사를 마치고는 다른 분야에서의 재활을 권하고 싶다. 스포츠, 유엔 등 무대는 넓다. 자신의 재능, 물력, 창의력을 다 바쳐 국위를 높일 수 있는 마당은 도처에 널려 있다.

저우언라이, 그는 왜 당권, 대권에 도전하지 않았을까? 당을 모르나? 국정을 모르나? 외교를 모르나? 국방을 모르나? 교양이 없나? 지혜가 없나? 전략이 없나? 책략이 없나? 유머가 없나? 인간미가 없나? 인물이 못났나? 자유세계의 선거제도가 중국에 이식되었더라면 선출직 대통령으로서 그를 앞지를 사람이 어디 있을까?

나는 저우언라이의 생애 중 이 대목이 가장 마음에 남는다. 그는 가장 으뜸의 자리를 애써 추구하지 않았다. 류사오치도 탐냈고 린뱌오도 노렸던 제1인자의 자리를, 객관적인 조건에서 그들 두 사람보다 어느 한 치 모자람이 없는 그는 왜 아예 포기하고 살았던 것일까? 겁쟁이여서? 비굴해서? 용기가 없어서? 자신이 없어서? 스스로 능력의 한계를 알아서?

전부 아니다. 순응과 순리는 결코 소극적인 자세가 아니다. 약자의 논리가 아니다. 상황에 따라 자신을 적응시키는 것은 아주 적극적인 삶의 방식이다. 아무나 흉내 낼 수 없는 달인達人의 경지다. 그는 소통과 융화의 리더십을 발휘했다. 그는 그의 꿈을 실현하기 위해 자리를 탐하지 않았다. 자리다툼을 하지 않고서도 항상 남의 위에 있을 수 있었던 비결은 남의 이야기를 경청하고 설득으로 자신의 뜻을 관철하는 특유의 포용력과 조화의 능력 때문이었다.

중국은 저우언라이의 '유지'를 나름대로 받들고 있다. 그의 꿈과 비전도 때로 굴절되면서도 면면히 이어지고 있다. 그것이 중국의 실상이다. 중국 사람들의 정서는 날이 갈수록 저우언라이에게로 기울고 있다. 공산당의 통설이나 당의 촘촘한 홍보망에서 건져지는, 그런 성격의 정서가 아니다. 그들이 저우언라이에게서 느끼는 것은 소박한 아쉬움과 갈증 같은 것이다. 평생 고생만 하다가 떠나간 사람에 대한 인간적인 연민과 애정이다. 다정한 이웃, 친척, 스승 같은 친근감이다.

1999년 겨울에 쓰인 내 수첩 속의 한 구절.

> 한 달의 여행을 다니면서 만나는 사람마다 물어보면 저우언라이만은 진정한 "인민의 총리"로 인민의 마음속에 각인되어 있음을 실감할 수 있었다. 이런 중국 사람들이 더없이 행복해 보였다.

그는 중국공산당의 지도자들 중에서도 가장 고상하고 순수하고 도덕적이며 저급한 취미와는 거리가 먼, 최고 경지의 정신을 가진 사람으로 평가된다. 문화혁명 기간 중 그가 내뱉었던 "내가 지옥으로 가지 않는다면 누가 지옥으로 갈 것이며, 내가 고해苦海로 들어가지 않는다면 누가 고해로 들어갈 것이냐?"의 절규. 그리고 타고 있던 비행기가 조난을 당했을 때, 서슴없이 열한 살짜리, 예팅의 어린 딸에게 낙하산을 넘겨주던, 무모에 가까웠던 일화. 이런 자기희생을 중국 사람들은 쉽게 잊지 못한다.

저우언라이는 거친 격랑이었다. 일생을 출렁거렸다. 혁명과 전쟁으로 날이 새고 저물었다. 그 물결은 어느 날 멈추었다. 중국의 역사 속으로 조용히 가라앉은 물결이 되었다. 중국엔 새날이 찾아왔다. 중국공산당은 멀고 험한 출항 끝에 이제 귀항의 항해를 하고 있다. 귀항지가 어디일까. 중화민족주의? 패권주의? 쇼비니즘? 적어도 이런 항구는 아니어야 하는데, 세계는 주목하고 우려한다.

살맛이 나고 희망이 넘치는 오늘의 중국이 왜 저우언라이를 찾는가? 내복도 기워 입고, 보고 싶은 경극京劇을 보러가면서도 관객들에게 폐 안 끼치려고 살금살금 중간에 들어갔다가 중간에 나오는, 출장 중에 보좌관들이 낡은 집 수리 좀 했다고 별 난리를 다 부리는, 그런 좀생이 같은 총리가 어디가 좋다고 그리워하는가? 빛 속에 어둠이 있고, 양지 곁엔 그늘이 있기 마련이다. 어둠과 그늘이 있는 한 저우언라이에 대한 중국인의 추모와 기대와 사랑은 사라지지 않을 것이다.

저우언라이, 씹으면 씹을수록 맛이 우러난다. 오늘의 중국이 안고 있는 숱한 문제점의 답을 쥐고 있는 사람. 대선 계절만 돌아오면 명멸하고 부침하는 이 땅의 지도자들이 한번쯤 거울삼아 자신을 되돌아봄직도 한 사람, 저우언라이. 그의 이야기를 시작해본다.

차례

서문 왜 저우언라이인가?   4

1장» 중국은 아직 저우언라이를 기억한다

마지막 가는 길   25
여전히 살아 숨 쉬는 중국공산당의 표상   33
저우언라이 리더십, 지배가 아닌 설득으로   41
저우언라이와 마오쩌둥, 운명의 파트너   48
마오쩌둥과의 첫 만남   57
저우언라이, 마오쩌둥을 선택하다   67
저우언라이의 시대   76
덩샤오핑을 통해 중국의 미래를 보다   87
저우언라이의 죽음, 중국 인민을 깨우다   95

2장 » 코뮤니스트 저우언라이

상하이 노동자 봉기와 4·12정변	109
홍군의 출발, 국민당으로부터의 독립 선언	117
혁명의 핵심, 정치공작을 지휘하다	125
특무 활동과 사상 교육	131
시안사변, 폭풍의 중심	136
장제스와의 담판, 항일의 뜻을 함께하다	146
시안사변의 끝, 무장 세력 속의 단기필마	156
마오쩌둥이 산이라면 저우언라이는 물이다	165
대륙에 선 공산중국, 건국 그 후	171
혁명가, 경세의 길로 들어서다	178

3장 » 중국 외교술의 교본

혁명과 타협, 전쟁과 협상	189
충칭회담의 숨은 주역	196
비밀회담, 저우언라이 외교의 정수	207
모스크바 담판의 주역	214
외교에는 사소한 것이 없다	224
외교의 달인, 화술의 달인	232

4장》 문화혁명 10년

문화혁명의 주력부대 홍위병	245
문화혁명의 광풍에서 살아남다	253
보호자 명단	260
저우언라이의 〈출사표〉	267
마오쩌둥 '후계자론'의 진실과 허구	276
류사오치와 덩샤오핑의 갈라진 운명	287
창사결책, 문화혁명의 끝	294

5장》 중국인 저우언라이, 혁명가 저우언라이

세 분의 어머니와 어린 시절	307
새로운 지식과 사상의 습득	314
난카이 시절과 장보링 교장	319
일본에서의 귀국과 5·4운동	325
프랑스 유학생, 우정 50년	330
'양탄일성'과 저우언라이	336

후기 오늘의 중국이 가장 많이 떠올리는 지도자	344

___ 1장

중국은 아직 저우언라이를 기억한다

마지막 가는 길

> 어느새 날이 밝아왔다. 광장에는 수만 명의 인파가
> 붐비고 있었다. 저우언라이에게는 무덤이 없다.
> 여기가 바로 그의 무덤이었다.
> 얼마나 웅장한 무덤인가! 인산인해라 했다.

1976년 1월 8일 저우언라이의 숨이 멎었다. 시간은 아침 9시 57분, 그의 나이 78세였다. 여러 기록이 전하는 그의 마지막 모습이다.

숨 거두기 하루 전날인 1월 7일, 대략 밤 11시가 넘은 시간, 저우언라이가 주치의 우제핑吳介平을 불렀다. 혼수에 빠졌다가 잠시 잠깐 깨어나기를 반복하던 저우언라이였다. 의료진은 그를 둘러싸고 긴장을 늦추지 않았다. 그런데 갑자기 그가 맑은 정신으로 되돌아온 듯한 모습으로 우제핑을 돌아보며 말했다.

"우 동지, 당신을 필요로 하는 사람들이 많소. 여긴 별일 없으니 빨리 가서 다른 사람들을 돌보도록 하오. 그들은 당신을 필요로 하고 있소."

이 '말'을 남기고 저우언라이는 다시는 입을 열지 못했다. 마지막 유언이 되고 말았다. 그의 뇌는 이미 기능을 거의 잃어버린 상태였는데도 그의 입은, 나보다 남을 먼저 챙기라는 말을 마지막으로 남기곤 영원히 닫혀버렸다.

　뉴욕 시내 한복판에 있는 유엔 본부가 다음 날 반기半旗를 올려 저우언라이의 죽음에 조의를 표했다. 중국은 이미 유엔에서 타이완臺灣 정부를 밀어내고 중국을 대표하는 회원국이었지만 저우언라이는 중국의 제1인자가 아니었다. 더구나 유엔에서 반기를 올리는 관례가 그때까지는 없었다. 그 뒤 반기로 조의를 표하는 것이 법으로 정해졌지만, 당시로서는 전례가 없는 일이었다. 몇몇 회원국의 대사들이 이를 문제 삼자 당시 유엔의 사무총장이었던 쿠르트 발트하임은 "저우언라이를 추모하기 위해 그렇게 했습니다. 이유는 두 가지입니다. 첫째, 중국은 고래로 금은보화가 많은 나라인데 그 나라 총리인 저우언라이는 은행에 저금 한 푼 남기지 않았습니다. 둘째로, 중국은 인구가 10억이 넘지만 그는 평생 아내 한 사람만 사랑하고 자녀도 없습니다. 귀국의 지도자나 어느 나라 국가원수이든 두 가지 중 한 가지만이라도 해당된다면 서거했을 때 반기를 올리겠습니다"라고 말했다.

　1976년에 접어들면서 중국 사람들은 문화혁명이 앞으로 얼마나 더 이어질 것이며, 뒷마무리는 어떻게 될 것인가, 그 추이에 극도로 민감해 있었다. 난폭하고 혼란스러운 문화혁명이 벌써 10년째였다. 그런데 느닷없이, 그래도 한 가닥 희망이었던 '저우 총리'가 총총히 가버렸으니 날벼락이 따로 없었다.

　4인방은 내내 기승을 부리고 있었고, 총리 저우언라이는 병상에 누워 있었다. 인민들이 수소문을 통해 얻어들을 수 있는 정보란 고작 그 정도였다. 이런 상황에서 갑작스러운 저우언라이의 죽음이 중국 인민들에게 준 좌절감과 상실감은 크고 깊었다. 중국의 문화혁명은 인류 역사에서 좀처럼 보기 힘든 특수한 혁명적 실험이었고, 실험적 혁명이었다. 따라서 문화혁명은 엄청난 재앙과 혼돈으로 그 모습을 드러낼 수밖에 없었다.

10년이면 이제 슬슬 꼬리를 내릴 만도 한 시점이었다. 너무도 가혹했던 시련이 더 이어진다는 것은 중국 인민들에게는 잔혹하고 치명적인 고통이었다. 나라 자체가 망가짐을 뜻했다. 돌파구가 있어야 했고, 종결의 빌미가 있어야 했다. 그런 참에 저우언라이가 죽었다. 저우언라이의 죽음은 의학적으로는 병사이고 자연사였다. 하지만 역사적인 성격을 부여한다면, 그의 죽음은 하나의 역사를 마감하고 또 하나의 역사의 문을 여는 단초가 되었다.

1월의 저우언라이의 죽음에 이어 7월 6일에는 홍군紅軍의 상징 주더朱德가, 그리고 9월 9일에는 천하의 마오쩌둥毛澤東 주석이 세상을 등졌다. 중화인민공화국 건설을 이끌었던, 중국 혁명 전설의 주인공 세 사람이 시간을 다투어 이승과 작별했다. 하나의 시대를 마감하는 요란한 진동이었다. 진동은 지각변동으로 이어졌다. 그해 10월 6일, 이른바 '4인방'으로 불리던 장칭江青 등이 감옥에 갇혔다. 예상하기 어려운 반전이었다. 황푸군관학교黃埔軍官學校 시절 이래 저우언라이의 평생의 전우였던 예젠잉葉劍英이 4인방 타도에 결정적 역할을 했다.

저우언라이의 죽음은 문화혁명 10년의 뿌리를 송두리째 흔들어버렸다. 또한 마오쩌둥 시대의 종말을 알리는 신호가 되었다. 저우언라이는 자신의 죽음을 통해 자신이 일생 동안 추구해온 이상과 꿈을 실현할 수 있는 새로운 지평을 스스로 연 셈이 되었다.

저우언라이는 물이었다. 물은 민심이다. 백성의 마음이다. 물이 흔들리면 견딜 배가 없다. 물은 산도 무너뜨린다. 그는 죽음으로써 물을 송두리째 흔들어버렸다. 영원할 것 같던 마오쩌둥이라는 거산도 서서히 무너지기 시작했다. 그렇다고 그의 죽음이 곧바로 새 시대로 이어진 것은 아니었다. 잔인하게도 그 고비에 4월의 '톈안먼天安文사태'가 기다리고 있었다. 민심은 요동치고 있었다.

> 어느새 날이 환히 밝았다. 광장에는 수만 명의 인파가 붐비고 있었다. 더구나 오늘은 조상의 산소를 찾아 명복을 비는 청명절이었다. 저우언라이 총리에게는 무덤이 없었다. 여기가 바로 그의 무덤이었다. 얼마나 웅장한 무덤인가! 모두들 인산인해라고 했다. 그야말로 천천히 흐르다가는 뭉치고, 뭉쳤다가는 흩어지는 구름 그 자체였다.
>
> _ 류야저우 지음, 박재연 옮김, 《천안문 광장》(동아일보사, 1990)

중국의 작가 류야저우劉亞洲의 글이다. 1976년 4월의 톈안먼사태를 이토록 문학적으로 표현한 글은 보기 힘들다. 톈안먼광장을 가리켜 "여기가 바로 그의 무덤이었다"고 표현한 부분은 압권이다. 인간이 토할 수 있는 최고의 절규가 아닐까. 저우언라이의 죽음에 대한 시적인 애도의 글 하나를 더 소개한다. 당시의 상황과 중국인들의 마음이 아주 잘 응축되어 있다.

> 모두들 흐느끼며 슬픈 소식 알리는데
> 눈물이 앞을 가려 차마 말을 못하네.
> 〔人們 相告不成聲 欲言淚復垂〕

중국 사람들이 아쉬워하는 것은 저우언라이의 죽음에 대해 마오쩌

마오쩌둥과 저우언라이의 마지막 만남. 왼쪽이 저우언라이, 오른쪽이 마오쩌둥이다. 저우언라이는 이로부터 이틀 후, 해방군 305병원에 입원한다. 1974년 5월 30일.

둥이 보여준 비정함이었다. 저우언라이의 장례식은 성대하게 국장으로 치러질 수도 있었다. 물론 저우언라이의 성격으로 보아 그것은 가당치 않은 것이었다. 자신의 죽음과 관련된 그의 당부는 엄격했다.

　마오쩌둥은 저우언라이에게 한 번도 문병을 가지 않았다. 추모식에도 참석치 않았다. 인민들은 문병과 추모 등 마오쩌둥의 가시적인 배려 같은 것을 바라고 있었다. 죽음 앞에서 두 사람이 손잡는 모습을 보고 싶어 하는 것이 소박한 인민들의 바람이었다. 그와 같은 자신들의 작은 소망마저 이뤄지지 않았다고 판단되었을 때, 인민은 분노했다. "4인방을 타도하자!"는 격한 시위는 그래서 폭발력을 가질 수밖에 없었다.

　당시의 마오쩌둥에 대한 변명도 가능하다. 사실 저우언라이 못지

않게 마오쩌둥의 병도 위중했다. 1972년 1월, 천이陳毅 부총리의 장례식에 다녀온 이래 거의 바깥출입이 없었던 마오쩌둥이었다. 그해 겨울, 미국 대통령 닉슨과 만났을 때에도 그는 비서들의 도움 없이는 혼자 일어서지도 못했다. 말도 제대로 하지 못하는 것을 닉슨에게 미안해했다. 닉슨은 이런 마오쩌둥을 두고 "그의 영혼은 이미 다른 세계에 가 있는 것 같았다"고 표현했다.

마오쩌둥은 유별나게 자신의 치료를 거부하면서 주변 사람들의 속을 태웠다. 마오쩌둥의 주치의 리즈수이李志綏가 미국으로 건너가 펴낸 책이 있다. 《마오 주석의 사생활The Private Life of Chairman Mao: The Memoirs of Mao's Personal Physician》인데, 책에는 마오쩌둥의 건강 말고도 후계와 관련된 비밀 이야기가 나온다.

책에는 1972년 1월 18일, 저우언라이가 마오쩌둥을 만난 이야기가 실려 있다. 이 자리에는 마오쩌둥의 부인 장칭도 함께 있었다. 저우언라이는 이날 리즈수이로부터 마오쩌둥이 치료를 거부하니 치료를 권해달라는 부탁을 받고 마오쩌둥을 찾아왔던 것인데, 이 자리에 장칭이 나타나서 리즈수이가 몹시 놀랐다는 대목이 있다. 리즈수이의 증언이다.

"투약일랑 모두 그만두시오. 내게 약을 권하는 사람은 누구를 막론하고 당장 이 방에서 나가시오."
나는 당혹했다. 약을 쓰지 않는다면 마오는 죽게 될 것이 뻔하다. 마오는 저우언라이에게 말했다.
"지금 내 건강 상태는 말이 아니오. 난 이 병이 나을 수 있으리라고는 생각하지 않소. 이제 모든 건 당신 손에 달려 있소."
저우언라이는 놀라고 당황했다.

"아닙니다. 주석님의 상태는 그리 심각하지 않습니다. 우리에겐 주석님의 지도가 필요합니다."

마오는 조용히 손을 내저었다.

"아니오. 내 병은 고칠 수가 없소. 내가 죽은 뒤엔 당신이 모든 일을 책임지고 해내야 할 거요. 이것이 내 뜻이오."

저우언라이에게 "책임을 맡기겠다"는 마오쩌둥의 말은 여러 가지로 해석할 수 있다. 바로 이 말 때문에 장칭 등은 심하게 반발했고 한동안 정국이 시끄러웠다. 그러나 당사자인 저우언라이는 신중했고, 마오쩌둥의 말을 전혀 확대해석하지 않았다.

"이것이 내 뜻이오"라고 강조한 마오쩌둥의 말을 빌미 삼아 어떤 반응이나 행동이 있을 법도 한데 저우언라이는 미동도 하지 않았다. 그는 마오쩌둥을 너무도 잘 알고 있었다. 마오쩌둥의 권력에 바짝 다가갔던 류사오치劉少奇와 린뱌오林彪가 맥없이 죽었다.

1972년 1월이면 미국 대통령 안보보좌관 키신저가 비밀리에 중국을 다녀간 지 넉 달 뒤였다. 닉슨 미국 대통령의 역사적인 중국 방문이 눈앞에 다가와 있었다. 닉슨의 방중訪中은 그해 12월 12일에 이루어졌다. 중미외교의 핵심은 여전히 저우언라이였다. 그는 영혼을 쏟아부어 그 일에 매달려 있었다. 마오쩌둥의 '책임' 운운에도 저우언라이는 흔들리지 않았다.

리즈수이는 책에서 그 순간을 다음과 같이 적고 있지만, 저우언라이의 분별력과 자제력은 남달랐다. 권력에 대한 마오쩌둥의 집착과 냉혹성을 누구보다도 꿰뚫고 있는 저우언라이였다.

1장 중국은 아직 저우언라이를 기억한다 《 31

장칭은 마오쩌둥의 그 말을 듣는 순간 크게 놀라 눈을 동그랗게 뜬 채 두 주먹을 쥐었다. 장칭의 분노는 당장에라도 터질 것 같았다. (중략) 중국공산당의 주석이 지금 모든 권력을 총리에게 넘기려 하고 있다. 그리고 마오쩌둥은 그의 통치권을 그 어느 누구보다도 간절히 소망하는 자신의 아내 장칭 앞에서 총리에게 넘겨주려는 것이었다.

그 뒤 저우언라이에 대한 장칭의 공격은 광적으로 변해갔다. 덩샤오핑鄧小平이 부총리로 돌아오자 장칭 일당은 저우언라이와 덩샤오핑을 싸잡아 헐뜯으며 두 사람에게 총부리를 겨누었다. 문화혁명이 저물 무렵부터 마오쩌둥은 장칭을 공개적으로 비난하며 자제를 당부했다. 4인방에 대해서도 무리를 짓지 말라고 대놓고 나무랐다. 1974년 7월 17일, 정치국 회의를 주재하면서 마오쩌둥은 "장칭 동지! 그대는 주의해야 하오. 다른 사람들은 그대에게 불만이 있어도 면전에서 말하기 어려워해요. 그런데 그대는 그런 걸 모르고 있단 말이오"라며 장칭을 대놓고 비판하기도 했다.

그러나 마오쩌둥 사후의 권력이 눈앞에 어른거리는 그들에겐 '황제'의 말도 통하지 않았다. 장칭 일당의 결사적인 공세에 대한 저우언라이와 덩샤오핑의 대응은 상상 밖으로 조용하고 침착했다. 두 사람은 마오쩌둥의 속마음을 정확하게 읽고 있었다. 마오쩌둥의 장칭에 대한 잇단 경고는 '견제구'였다. '거세去勢'를 위한 수순은 아니었다.

여전히 살아 숨 쉬는 중국공산당의 표상

중국공산당 90년 역사에서 신화의 세계가 아닌
역사 속에서 살아 숨 쉬는 중국공산당의 표상은 누구일까?
오늘의 중국공산당이 안고 있는 가장 큰 고민들이
저우언라이의 〈육무六無〉 속에 내장되어 있다.

2011년 1월 중국의 최고 지도자 후진타오胡錦濤가 미국을 국빈 자격으로 방문했다. 바야흐로 세계는 미국과 중국의 이른바 'G2 시대'로 가고 있다. 어느새 독일, 일본을 제치고 세계 경제 2대 강국으로 우뚝 서버린 중국이다. 미국의 시사 주간지 《뉴스위크Newsweek》는 후진타오의 미국 방문을 앞두고 이례적으로 오래전 기사 하나를 다시 실어 이목을 끌었다. "후진타오 중국 국가 주석의 이번 주 방미를 계기로 《뉴스위크》는 중국 지도자의 첫 미국 국빈 방문 기사를 다시 싣는다"고 밝히면서, 1979년 2월 5일 자 기사를 실었다.

저우언라이 총리가 몇 년만 더 살았더라면 미국인들은 이번 주 완벽하게 세련된 정치인을 맞이했을 듯하다. 하지만 미국은 저우언라이 대신에 그가 지지한 덩샤오핑 부총리를 맞게 됐다. 160센티미터가 채 안 되는 키의 덩은 사나운 말을 다루는 조련사 같은 정치인으로, 저우언라이 같은 세련미에는 전혀 관심이 없는 인물이다.

2011년 1월 26일 자 한글판 《뉴스위크》에 나온 기사이다. 덩샤오핑이 중국 지도자로서는 처음 국빈 자격으로 초청되어 오는데 미국 언론은 왜 기사 첫머리에서 저우언라이를 들먹였을까? 《뉴스위크》는 왜 새삼스럽게 저우언라이 이야기가 첫머리에 나오는, 덩샤오핑 방문 때의 오래전 기사를 다시 실은 것일까? 저우언라이가 죽은 지 30여 년이 지났는데도 아직도 서방세계에는 저우언라이에 대한 추모의 여진餘震이 남아 있다는 뜻일까.

《뉴스위크》는 저우언라이를 '완벽하게 세련된 정치인'이라고 표현했다. 그리고 덩샤오핑을 '저우언라이가 지지한 사람'이라고 말했다. 이 기사를 다시 실었다는 것은, '완벽하게 세련된 정치인'이라는 저우언라이에 대한 《뉴스위크》의 평가가 미국에서 아직도 유효하다는 의미나 마찬가지다. 덩샤오핑이 저우언라이가 지지한 사람이라면, 후진타오는 덩샤오핑이 오늘의 자리에 콕 하고 점찍듯이 지정한 사람이었다. 오늘의 미국은, 적어도 저우언라이가 지지하고 밀었던 덩샤오핑과, 덩샤오핑이 지지하고 그 자리에 앉힌 후진타오를 하나의 가닥으로 보고 싶은 것이 아닐까?

2011년은 중국공산당이 창립된 지 90년 되는 해였다. 2011년의 해가 저물 때까지 중국은 공산당 열기로 후끈 달아올랐다. 후진타오는 2011년 7월 1일 '중국공산당 창립 90년 기념식'에서 당을 대표해 연설을 했다. 75분의 연설에서 그는 30분은 과거의 업적을 이야기하고

45분은 반성과 미래 전망으로 채웠다. 후진타오는 특별히 인민의 역할을 강조하는 어법을 썼다. 그가 이야기한 90년 역사의 중국공산당이 이룩한 업적 세 가지는 다음과 같다. 첫째, '인민에 의지하여' 신민주주의혁명을 통해 민족 독립을 실현했고, 둘째, '인민에 의지하여' 사회주의혁명을 통해 사회주의 기본 제도를 확립했으며, 셋째, '인민에 의지하여' 개혁개방이라는 새롭고 위대한 혁명을 통해 중국 특유의 사회주의를 개발하고 견지하고 발전시켰다.

후진타오는 신민주주의혁명, 사회주의혁명과 개혁개방을 하나의 줄거리로 삼았지만, 따지고 보면 모순되는 이야기이다. 신민주주의혁명은 부르주아혁명이다. 중국공산당은 혁명의 단계론과 신민주주의 부르주아혁명을 내세워 급격한 공산화를 걱정하는 중간 세력을 끌어안았다. 통일전선전략이 중국 공산혁명 성공의 가장 큰 효자인 셈이다. 사회주의혁명이란 것도 현재진행형이며, 그 과정 속에 개혁개방이란 이름의 시장경제가 끼어들었다. 덩샤오핑은 중국이 사회주의로 발전해가는 과정에 사회주의식 시장경제가 필요하다고 강조했다.

한마디로 중국공산당은 변화에 능하다. 융통성과 영활성靈活性이 특출하다. 중국공산당을 '변화의 귀재'라고 말하는 사람도 있다. 중국공산당은 이름만 안 바꿀 뿐 다 바꿀 수 있다는 얘기다. 중국공산당 90년의 끊임없는 변신과 변용을 보면 실감나는 말이다.

2011년 한 해 중국의 모든 매스컴은 중국공산당 90년의 의미를 반추하는 일에 몰두했다. 방송 드라마도 혁명을 주제로 한 것들이 주를 이루었다. 그런 와중에 6월 초, 당 기관지 《인민일보》에서 실은 '저우언라이의 〈육무六無〉(여섯 가지가 없음)'가 국내외의 이목을 끌었다.

죽어 뼛가루도 남기지 않았다.

생전에 후손도 두지 않았다.

관직에 있으면서 스스로 드러내려 하지 않았다.

당 사업을 하면서 사조직을 꾸리지 않았다.

고생을 하면서도 결코 원망하지 않았다.

유언을 남기지 않아 정치풍파를 막았다.

〔死不留灰 生而無後 官而不顯 黨而不私 勞而不怨 死不留言〕

오늘의 중국공산당이 안고 있는 가장 큰 고민들이 이 〈육무〉 속에 내장되어 있다. 중국공산당 90년 역사에서 마오쩌둥은 이미 신화와 전설 속 주인공이 되었다. 그렇다면 신화의 세계가 아닌, 역사 속에 살아 숨 쉬는 중국공산당의 표상表象은 누구일까. 누구여야 할까. 후진타오가 공산당의 업적으로 꼽은 세 가지 중 저우언라이에게 직접 해당되는 것은 앞의 두 가지다. 그는 신민주주의혁명의 1등 전도사이자 중국사회주의혁명의 1등 공신이다. 공산중국 건설의 사실상의 주역으로 누구도 그 역할과 공적을 부정하지 못한다. 세 번째인 개혁개방 정책도 알고 보면 그의 유훈이다. 죽기 1년 전 공산당 상무위원회에서 외쳤던 중국의 '4개 현대화 목표'가 개혁개방의 기본이다. 저우언라이가 전신에 퍼져 있는 암세포와 싸우면서 죽기 바로 직전까지 붙들고 밀어붙였던 것이 '4개 현대화 목표'였다.

《마오의 제국Out of Mao's Shadow》의 저자 필립 판Philip P. Pan 기자는 오늘날 중국이 자랑하는 사회주의식 시장경제를 "공산당의 권위주의 정치와 자본주의 경제의 정략적 결혼"이라고 재미있게 표현했다. 신랄한 그의 중국 비판을 들어보자.

중국 인민들은 공산당의 권위주의 정치와 자본주의 경제와의 정략적 결혼은 실패했다고 생각한다. 중국이 급속한 경제성장을 이루고 국제적인 위상이 높아진 것은 사실이지만 성장의 이면에는 많은 난제들이 남겨져 있다. 정치적, 종교적 자유에 대한 숨막힐 듯한 제한들, 권위주의적 관료들의 횡포와 권력 남용, 열악한 작업 환경, 교외 변두리 지역의 처참한 빈곤, 환경오염의 확산, 사회에 대한 냉소적인 도덕적 경향 등, 이러한 국가적 난제는 뜻있는 사람들에게 너무나 명백히 보였다.

_ 필립 판 지음, 김춘수 옮김, 《마오의 제국》(말글빛냄, 2010)

중국의 지도부는 사회주의 시장경제의 실패를 인정하지 않는다. 그러나 그 밖의 '난제들'에 대해서는 솔직히 인정하는 분위기이다. 사실 그들 고민의 핵심이다. 특히 관료들의 권력 남용과 부패는 지도부를 곤란하게 하는 수준을 이미 넘어섰다. 자칫 인민의 저항을 부추기는 단계에까지 와 있다. 게다가 특별한 처방이나 대책이 보이지 않는다. 빈부 격차 문제 역시 중국 지도부가 외치는 '지속적 개혁'의 단골 메뉴다. 농촌에서 도시로 흘러들어와 빈민 노동자로 전락한 계층들의 문제도 심각하다. 저우언라이의 〈육무〉가 《인민일보》에 실린 배경이 눈에 확 들어온다.

《뉴스위크》가 '지지支持'라는 말을 사용했지만, 실제로 저우언라이와 덩샤오핑은 단순한 지지 관계를 훨씬 뛰어넘는 아주 가까운 사이였다. 개인적으로는 친형제와 같았고 정치적으로는 둘도 없는 동지요 전우였으며 또한 평생을 서로 밀어주고 끌어주는 선후배였다. 두 사람의 관계는 1920년대 초반, 프랑스 유학 시절부터 시작했다. 당시

서방 언론으로부터 '완벽하게 세련된 정치인'이라는 찬사를 받은 저우언라이는, 살아 있는 내내 중국공산당을 대표하는 얼굴이었다. 1959년.

프랑스에서 고학하던 중국 학생 중에서 덩샤오핑은 나이도 가장 어렸고 키도 제일 작았다. 하지만 그의 꿈과 담력은 대단했고, 인간관계나 조직 관리에서 그는 탁월한 능력을 발휘했다.

어느 날 덩룽(鄧榕)이 아버지 덩샤오핑에게, 유럽 유학 시절, 누구와 가장 가까이 지냈느냐고 물었다. 잠시 생각에 잠긴 덩샤오핑이 이윽고 입을 열었다. "저우언라이 동지였단다. 우리는 아주 오래전부터 잘 알고 지낸 사이였지. 프랑스에서 근로 장학생으로 공부하면서 함께 지냈지. 그분은 나에게 언제나 형이었단다. 거의 동시에 혁명의 길로 들어섰지. 그분은 인민과 동지들로부터 존경을 받았어."

두 사람은 거의 같은 태도로 황제와 같은 마오쩌둥의 통치 스타일에 대응했고, 개혁개방 정책의 근원이 되는 중국 4대 현대화 목표를, 고초를 겪으며 함께 추진했다.

1977년, 중국의 '대학입학시험(高考)'이 부활했다. 이전의 문화혁명으로 중국의 대학들은 황량한 쑥밭이 되어 있었다. 문화혁명 말기, 대학은 조금 숨이 텄으나 대학 입학은 공산당의 추천에 의해서만 가능했다. 입학시험이 따로 없었다. 추천으로 대학생이 된 사람들을 '공농병 학생(工農兵學員)'이라 불렀다. 물론 대학생으로 추천된 사람은 노동자, 농민, 군인들 중에서 사상성이 좋은 사람들이었다. '공농병 학생'들은 나이와 학습 능력이 천차만별이었다. 대학 교육의 질은 떨어질 수밖에 없었다. 학습 환경도 문제였다. 1977년 여름, 덩샤오핑이 교육개혁 관련 회의를 소집했다.

덩샤오핑은 용단을 내렸다. 중국은 9월에 신학기가 시작하니, 입학시험은 이듬해 봄이 지나 치러도 늦지 않았다. 그러나 덩샤오핑은 해를 넘기지 말고 바로 입학시험을 실시하라고 다그쳤다. 그 결과

1977년 12월에 전국적으로 대학입학시험이 실시되었다. 혁명이었다. 시험지는 《모택동 선집》을 인쇄할 종이를 특별히 배정했다.

1978년, 첫 입학생 중에는 2012년 현재, 다음 총리 물망에 오르고 있는 중국공산당 중앙정치국 상무위원인 리커창李克强이 있다. 1978년 이후 입학 세대가 현재 중국의 중심 세력이다. 그들은 개혁개방의 수혜자이면서 추진 세력이다. 대학입시 부활과 개혁개방 정책은 손바닥의 앞뒤와 같다. 추진 세력이 없는 개혁은 공허하다. 추진 세력은 교육을 통해 배양된다는 사실을 덩샤오핑의 교육개혁이 증명한 셈이다.

덩샤오핑의 말을 들어보면 1972년에 이미 저우언라이가 대학입시 문제를 꺼낸 것으로 되어 있다. 장칭 등 4인방 세력이 판치는 세상에서 저우언라이 총리가 예민한 대학입시 문제를 거론했다는 것이다.

> 1971년 전국교육사업회의를 소집할 때 저우언라이 동지의 처지는 매우 어려웠다. 1972년 그는 미국 물리학자들과 담화하면서 그해 중학교와 고등학교 졸업생들 가운데서 직접 대학생을 모집해야 한다고 말했다. 당시 상황에서 이 문제를 제기한 것은 아주 용감했다.

1977년의 덩샤오핑의 교육개혁은 대지를 시원하게 적신 비였다. 저우언라이는 1972년에 비록 어려운 환경이지만 이미 천둥소리를 내고 있었다. 두 사람은 인간적인 면뿐 아니라 이처럼 정책 면에서도 2인 3각처럼 묶여 있었다.

저우언라이 리더십,
지배가 아닌 설득으로

"중국에서 가장 위대한 사람은 저우언라이이다.
중국공산당원들이 모두 그와 같다면
중국의 미래는 분명 그들의 것이 될 것이다."

저우언라이는 중국 안에서보다는 밖에서 더 유명하다. 그는 중국 인민들에게 사랑과 존경을 한 몸에 받고 있지만 유명세에서는 마오쩌둥을 앞지르지 못한다. 그러나 나라 밖으로 한 발자국만 나서면 저우언라이는 칭찬에 둘러싸인다. 서방세계의 언론인이나 지식인들 중에는 중국공산당에 대해서는 거부감과 위화감을 가지면서도 저우언라이에 대해서만은 호감을 표시하는 이들이 많다. 어떤 자들은 호감 이상의 높은 평가를 보태기도 한다.

저우언라이를 만난 외국의 언론인, 작가, 외교관, 정치인들 중 그의 매력에 빠지지 않은 사람이 거의 없을 정도다. 안으로는 비정할 정도로 자기 통제력이 뛰어나고, 밖으로는 부드러운 표정과 유머가 넘치며, 열정과 겸손이 공존하는, 매력이 넘치는 중국의 정치가가 바로 저우언라이였다. '죽竹의 장막' 속에서 그는 언제나 신비스럽고 마술과 같은 빛을 뿜고 있었다.

저우언라이 역시 마오쩌둥 등 다른 중공 지도자들과 마찬가지로 에드거 스노Edgar Snow가 쓴 《중국의 붉은 별Red Star Over China》을 통해 처음으로 서방세계에 알려졌다. 1936년 스노는 전 세계 언론으로부터 고립되어 있던 중국공산당의 수도를 어렵게 찾아갔다. 국민당 군대의 봉쇄선을 뚫어야 하는 고난의 행진 끝에 얻은 수확이었다. 그러나 스노의 중국공산당 근거지 방문은 단순히 그의 넘치는 취재 욕구만으로 이뤄질 수 있는 일은 아니었다. 그 무렵 중국공산당은 넓은 중국 땅의 한낱 오지에 불과한 산베이陝北 지방에 갇혀 있었다. 좀더 넓은 세계와의 교호와 교신이 필요했다. 장제스蔣介石 천하에서 국내 언론은 재갈이 물린 상태였다. 돌파구는, 지극히 어려운 일이었지만, 외국 언론과의 접촉밖에 없었다.

당시 중국의 외국인들 사이에는 장제스 군대에 밀려 마오쩌둥이 이미 죽었다는 헛소문마저 나돌고 있었다. 어느 날, 좌파 학생 그룹이 베이징北京에 머물고 있던 스노를 찾아왔다. 그들은 옌안延安에 가서 마오쩌둥과 인터뷰를 해보는 것이 어떻겠느냐고 스노에게 의사를 물었다. 스노는 기회를 놓치지 않았고, 치밀하고 정교한 중국공산당의 접선 라인은 민첩하게 움직였다. 몇 겹의 비밀 연락망을 거쳐 스노는 드디어 마오쩌둥, 저우언라이 등과 만날 수 있었다. 스노는 첫 대면에서부터 저우언라이에게 호감 이상의 깊은 인상을 받은 듯하다.

그는 많은 공산당 지도자들과 마찬가지로 소문난 전설적인 인물이었다. 호리호리한 중키에 마르면서도 강단 있는 체격을 갖고 있었다.

검은 수염을 길게 길렀지만 얼굴은 동안童顔이었다. 그의 두 눈은 크고 깊고 온화했다. 그의 몸은 어떤 자력磁力 같은 것을 내뿜고 있었다. 그것은 그의 개인적인 매력과 지도자로서의 자신감이 합쳐져 나오는 것 같았다.

아그네스 스메들리Agnes Smedley는 에드거 스노 못지않게 중국 공산당을 가까이했던 여기자다. 그는 1943년 11월 출간한 《중국의 전송가戰頌歌, Battle Hymn of China》란 책에서 저우언라이에 대해 다음과 같이 적고 있다.

그는 보통 사람보다는 키가 컸고 잘생겼으며 남달리 지적인 얼굴에 눈동자가 유난히 빛났다. (중략) 그는 몸을 곧추 세우고 똑바로 사람의 눈을 들여다보면서 말한다. 외국 사람이나 정부의 고관에 대해서도 공산당 동지들에게 대하는 것과 똑같이, 조금도 긴장하지 않고 솔직하게 말했다. 그의 지식과 통찰력은 포괄적이며, 그 판단은 파벌을 넘어서서 자유로웠다. 장제스 총통과 쑹메이링宋美齡 부인은 저우언라이를 깊이 존경하였다고들 한다. 어떤 국민당 당원들이 흘린 풍문이 있었다. 그것은 국민당 지배계급이 공산당에서 저우언라이를 빼돌리려고 벌인 일이 있었다는 것이다. 그러나 그러한 기도는 이루어지지 않았다.
저우언라이는 개인적인 안락이나 재산 또는 권력 따위엔 전혀 개의치 않았다. 저우언라이와 비교할 수 있는 단 한 사람의 국제적인 인물은 인도의 네루다. 그는 저우언라이와 같이 뛰어난 지성과 통찰력, 정치가적 수완을 두루 갖추고 있었다.

에드거 스노, 아그네스 스메들리, 그리고 스노의 부인이었던 님 웨일즈Nim Wales 등의 미국 기자들은 말 그대로 사선死線을 넘어 중국공산당 통치구역으로 들어갔다. 사선을 무사히 넘었다는 말은, 외국 기자들의 중국공산당 통치구역 방문 취재에 공산당이 얼마나 공을 들이고 치밀하게 협조했는가를 의미한다.

저우언라이에 대한 외국 기자나 작가, 지식인들의 선호는 그 뒤로도 이어졌다. 제2차 세계대전 말엽, 미국의 작가 헤밍웨이Ernest Hemingway와 그의 아내이자 전쟁 기자로 유명한 겔혼Martha Gellhorn은 충칭重慶에서 비밀리에 저우언라이를 만났다. 당시 중국의 최고 지도자 장제스와 그의 부인 쑹메이링을 만난 뒤였다. 그들은 저우언라이에 대해 다음과 같이 말했다.

　　― 중국에서 가장 위대한 사람은 바로 공산당원인 저우언라이다. 저우언라이는 우리가 중국에서 만난 사람들 가운데 유일하게 좋은 사람이었다. 중국 공산당원들이 모두 그와 같다면 중국의 미래는 분명 그들의 것이 될 것이다.

과정은 어찌 되었든 헤밍웨이 부부의 예측대로 중국은 공산당의 천하로 귀결되었다. 그들 부부는 왜 저우언라이를 중국에서 '가장 위대한 사람'이라고 말했을까. 국민당의 장제스와 공산당의 마오쩌둥이 각각 충칭과 옌안에 버티고 있었다. 현실적으로 저우언라이는 장제스와 마오쩌둥에 이어 서열 3위, 세 번째 사나이였다. 그런데 헤밍웨이 부부는 저우언라이를 단순한 '세 번째 실력자'로 보지 않았다. 저우언라이는 장제스와 마오쩌둥과는 다른 유형의 특별한 인물, 이색적인

에드거 스노와 함께한 저우언라이와 덩잉차오. 에드거 스노는 중국공산당을 만나기 위해 사선을 넘어 옌안에 도착했다. 1938년 여름.

'제3의 존재'였다. 험난한 장제스 통치구역 안에서 공산당을 지도하는, 자기 나름의 영역과 역할을 가진 정치가였다.

저우언라이는 그들 가운데 가장 인상적이고, 설득력 있고, 외교적인 젊은 지도자로서 즉각 최고의 지위에 올랐다. 그의 재능은 최고의 인물이 되는 것이 아니라 경쟁하는 인물들끼리 서로 협력하게 만드는 것이었다. 따라서 처음부터 그의 역할은 지배가 아니라 설득으로 지도층을 단합시키는 지도자의 그것이었다.

역사학자 페어뱅크John King Fairbank가 유럽 시절의 저우언라이에 대해 언급한 말로, 저우언라이 리더십의 단면을 유추할 수 있는 부분이다. 1920년에 프랑스로 유학을 간 저우언라이는 1922년 공산당에 정식으로 입당했고 이후 중국공산당 파리지부를 창설한 뒤 1924년 중국으로 돌아왔다. 그는 젊은 시절부터 스스로 지배자의 자리에 오르기보다는 경쟁자들이 서로 협력하고 단합하는 일에 자기 삶의 가치를 두었다. 그것은 그의 천성이었고 운명이었다.

근대적인 서방의 정치문화와는 전혀 다른 중국의 정치토양에서 나서 자란 저우언라이였다. 그는 최고 지도자를 깍듯이 모시고 보필하는 것이 나라와 백성을 위한 최고의 봉사라고 생각하고 행동했다. 지배자가 되기 위해 지배자와 경쟁하거나 투쟁하지 않았던 그였기에 다른 사람들 눈에는 때로 비굴해 보이고 무력해 보이기도 했지만, 진정한 그의 정치 역할은 설득, 협력, 화해, 단합이었다. 서방의 지식인, 언론인, 정치 지도자들이 저우언라이에게 호감을 갖고 친근감을 느꼈던 배경에는 이러한 저우언라이 특유의 현대적이고 서구적인 리더십과 인간성이 있었다.

주더, 덩샤오핑, 녜룽전聶榮臻, 이허썬蔡和森, 차이창蔡暢, 리푸춘李富春, 천이陳毅, 리웨이한李維漢, 리리싼李立三, 왕뤄페이王若飛, 쑨빙원孫炳文 등 1920년대 중국의 유럽 유학생들 가운데, 이후 중국의 공산혁명에서 이름을 떨친 사람들 중 저우언라이는 나이로는 거의 중간이었다. 하지만 그는 공산당 활동 초기부터 지도급으로 활동했다. 이후 사망할 때까지 한결같이 공산당 최고 지도부인 정치국 위원으로 있었다.

그 기간 그는 많은 사람을 챙겼고 돌보았다. 특히 문화혁명 때 중국공산당의 원로 공신들을 보호하기 위한 그의 노력은 눈물겨웠고 애처로울 지경이었다. 슬하에 자식이 없었지만 그는 일찍 죽은 동지들의 자식을 양아들, 양딸로 삼아 보살폈다. 그중에는 난창기의(남창기의 南昌起義, 남창봉기)에 참여했던 리쉬쉰李碩塤의 아들로 덩샤오핑 시대에 총리가 된 리펑李鵬도 있다. 문화혁명 때 억울하게 희생된 그의 양딸 쑨웨이스孫維世는 쑨빙원의 딸이다.

저우언라이와 마오쩌둥,
운명의 파트너

마오가 저우를 품고 나라를 이끌었다면
저우는 마오를 앞세워 나라를 다스렸다.
한 사람은 당정을 통괄하며 전반국면을 이끌었고
한 사람은 국정을 장악해 나라 다스리는 일에 전력투구했다.

저우언라이와 마오쩌둥의 인연은 착잡하고 끈질기다. 두 사람이 처음 만났던 광둥廣東 시절부터 두 사람 모두 세상을 하직한 1976년까지 줄잡아 50년, 반세기가 넘는다. 마오쩌둥을 빼고 저우언라이의 일생을 이야기할 수 없듯이, 저우언라이가 없는 마오쩌둥의 혁명도 설명할 수 없다. 세상의 기록은 두 사람을 쉽게 1인자, 2인자로 괄호 안에 묶어버린다. 그러나 그들 두 사람은 단순하게 서열로만 매길 수는 없는, 특이한 관계를 오랜 세월에 걸쳐 익혀나갔다. 직위로는 한 사람이 당연히 위일 수밖에 없지만, 직능으로는 동반자이자 파트너였다.

건국 후만 하더라도 한 사람은 당정黨政을 통괄하면서 정세의 전반을 이끌었고, 한 사람은 국정國政을 확실하게 장악해 나라 다스리는 일에 전력투구했다. 마오쩌둥이 저우언라이를 품고 나라를 이끌었다고 한다면, 저우언라이는 마오쩌둥을 앞세워 나라를 다스렸다. 한 외국 평론가가 했다는 말처럼 "지난 반세기, 중국은 마오쩌둥의 머릿속에 있었고, 저우언라이의 손바닥 안에 있었"을지도 모를 일이다.

저우언라이에 버금가는 중국공산당 지도자는 많았다. 실제로 2인자의 자리에 오른 사람도 있었고, 잠시나마 마오쩌둥만큼의 영광을 누린 지도자도 있었다. 법적으로나 정치적으로 저우언라이가 서열 2위에 오른 적은 한 번도 없었다. 주더, 류사오치, 린뱌오 등이 때를 바꾸어 저우 앞에 자리했다. 국가 주석까지 올랐던 류사오치는 문화혁명 때 타도의 첫 번째 표적이 되어 감옥에서 비참하게 죽었다. 문화혁명을 거치며 린뱌오는 헌법상 제2인자 자리에까지 올랐다. 그러나 그 역시 거세 직전 급하게 도망을 가다가 국경 지대에서 비행기 추락으로 비명횡사했다.

그렇다면 저우언라이가 '만년 2인자'로 통하는 이유가 무엇일까. 그리고 중국 인민들이 한결같이 저우언라이를 추모하며, 그와 마오쩌둥을 '한 묶음'으로 보는 까닭은 무엇일까.

두 사람은 서로를 필요로 했다. 그들의 역할은 분담되어 있었다. 가끔 두 사람 역할의 경계가 무너져 긴장과 혼란이 일기도 했지만 국민의 시각은 두 사람을 정치적 동반자, 혁명의 파트너로 보고 싶어 했다. 이러한 두 사람의 관계를 두고 에드거 스노는 "마음속에 항상 상대방을 두고 있었다"고 아주 짧게 논평한 적이 있다. 상대방을 늘 마음속에 두고 있었다는 것은 상대에 대한 존중, 의식, 배려, 그리고 상대의 능력을 인정하고 제휴를 필요로 했다는 뜻이다.

최근에 쏟아져 나오는 중국의 혁명 관련 책들을 보면 두 사람의 신뢰와 협력을 강조한 것들이 생각 밖으로 많다. 시대정신의 반영일 수도 있고, 새로운 조명을 통하여 중국공산당 내부의 화해와 결속을 다시금 다지는 의미도 있다.

두 사람의 관계에도 험난한 곡절이 많았다. 대약진운동을 내세워 마오쩌둥이 저우언라이의 경제정책에 압박을 가하며 수천만 명의 인민을 굶주리게 했을 때, 문화혁명을 진두지휘한 마오쩌둥이 앞장서서 노老전우들을 핍박하며 물갈이에 나섰을 때, 저우언라이는 망연자실했다. 하지만 그럴 때마다 저우언라이는 숨을 크게 쉬며 호흡을 가다듬었다. 국면의 전반을 찬찬히 뜯어보며 파국만은 막아보려고 안간힘을 다했다.

두 사람의 관계가 파경에까지 이르지 않은 것은 권력에 대해 야심이 없는 저우언라이의 품격과 속마음을 마오쩌둥이 완전하게 파악했기 때문이었다. 그래서 그들은 서로 안심하고 자기의 방법과 철학과 지략에 따라 자기 길을 갈 수가 있었다.

많은 중국인들은, 마오쩌둥은 주로 혁명의 방향에 관심을 가졌고, 저우언라이는 혁명의 과정에 착안했다고 말한다. 따라서 마오쩌둥이 과제와 방향 설정에 결정적인 역할을 했다면 저우언라이는 결정된 과제와 업무 모두를 확실하게 장악했다고 본다. 어떤 기록은, 두 사람의 정치적 성격을 '정치 영수領袖'와 '행정 영수'로 구분하고 다음과 같이 설명하기도 한다.

> 정치 영수로서의 마오쩌둥은 성공적으로 인민들에게 혁명을 호소해 혁명을 일으키고 혁명사업의 발전방향을 인도했고, 행정 영수로서의 저우언라이는 성공적으로 인민을 조직하고 모든 필요한 물력, 재력을 동원하여 혁명과 건설운동이 정상적으로 진행되도록 했다.

여기서 주목할 대목은 '정치 영수'와 '행정 영수'라는 표현이다. 오늘날 중국은 자기 나름의 독특한 정치제도를 갖고 있다. 국가 주석 겸 당 총서기인 1인자와, 실제로 2인자인 국무원 총리가 한 배를 타고 함께 노저어가는, 미묘한 장치다. 공산당 영수가 '오너' 격이라면 국무원 총리는 'CEO'인 셈이다. 후진타오 국가 주석과 원자바오溫家寶 총리는 외국 국가원수와의 정상회담에 서로 번갈아가며 참석한다. 한 나라에 정상이 둘이 있는 셈이다. 국제사회는 이러한 중국의 특수 사정을 용인하고 있으며 이미 관례화되었다.

둘은 퇴진도 거의 같이 한다. 총리가 주석 자리에 오른 적도 없거니와 아예 오르려 하지도 않는다. 이 제도가 안정적으로 운영되는 결정적인 이유가 바로 여기에 있다. 1인자의 자리를 넘보지 않는 2인자, 그런 2인자를 안고 권력과 책임을 공유하는 중국만의 이 제도는 고질적으로 정치적 불안정 때문에 국력의 낭비와 소모가 많은 나라들에겐 중요한 시사示唆가 된다.

국무원 즉 내각을 장악해서 실제로 국정을 책임지고 이끌어야 할 총리가 대통령의 치사나 읽는 대독代讀 총리로 전락하고, 시도 때도 없이 바뀌는 불안정하고 부당한 정치 관행이 예사롭게 자행되는 한, 정치적 안정은 기대할 수 없다. 정치적 안정 없이 경제 발전이나 국력 신장을 기대하는 것은 허상일 뿐이다. 총리 후보로 지명되면 지명자에 대한 충성 맹서를 앞세우고, 국정에 대한 포부나 설계를 밝히기는커녕 정치적 성공담을 앞세워 총리 자리를 대권으로 가는 지름길로 이해하는 정치인들을 수없이 봐왔다. 총리를 한낱 불쏘시개로 이용하는 대통령이나, 꿈도 포부도, 사명감이나 책임감도 없이 총리 자리에 앉는 정치꾼들이 아직도 정치권의 상층부를 메우고 있다면 그런 나라의 장래는 어둡다. 국가 주석과 국무원 총리가 파트너십을 가지고 역할을 분담하고, 상호견제와 균형을 통해 국정을 조화롭게 이끌어가는 중국식 모형을 한번쯤은 깊이 있게 연구할 필요가 있지 않을까. 한국적 정치문화와 접목시키기 위해 고민해보면 안 될까.

저우언라이가 그랬듯이 현재의 중국 총리들도 법률적 서열은 세 번째다. 장쩌민江澤民 시대의 주룽지朱鎔基 총리는 장쩌민 못지않게 인기가 있었고 신망이 높았다. 어떤 면에서는 더 높은 인기를 누렸다. 그가 물러날 때 국가 주석이나 당 총서기로 승급하지 못하는 현실을 안타까워하는 중국인들이 많았다.

당정을 통괄하는 공산당 서기와 국정을 책임지는 국무원 총리의 법적 직위는 1인자와 3인자다. 그러나 실제로는 이 두 사람이 중국을 이끌어간다. 이러한 중국 특유의 제도는 어떻게 생겨났으며, 현재에도 안정적으로 지속되는 까닭은 무엇일까. 그 해답은 전적으로 마오쩌둥, 저우언라이, 두 지도자의 오랜 관계에서만 찾을 수 있다. 다른 대답이 불가능하다.

건국 이후 두 사람이 당정과 국정을 운영했다. 1949년에서 1976년까지이니, 서구의 정치 시각으로는 상상이 되지 않을 장기 집권, 종신 집권이었다. 27년 동안, 우여곡절을 겪으면서 두 사람의 특수한 관계는 이어졌다. 중국의 '투톱 체제'는 실제로 그 뿌리가 깊다. 정치적 실험 치고는 성공한 실험이 아닐까. 물론 이런 제도가 언제까지 이어질지는 예측하기 힘들다. 다만 우리의 관심사는, 중국의 안정적 체제와 효율적 성장 발전의 상관관계다.

앞서 말한 것처럼 마오쩌둥과 저우언라이는 상호보완적이었다. 자기가 못 가진 장점을 상대가 가지고 있다는 것을 분명히 인식하고 인정했다. 두 사람은 성격도 달랐다. 역사를 보는 시각에서는 큰 차이를 보이지 않았지만, 대응하는 과정이나 방법에서는 확연하게 구분되었다. 이러한 두 사람의 차별성을 잘 간추린 글들이 많이 있다.

마오는 원칙을 세우고는 오래 유지하려 했다.
저우는 정세를 보아가며 융통성 있게 대처했다.

마오는 자기를 강하게 내세웠다.
저우는 매사에 신중하고, 널리 받아들이고 공통점을 먼저 찾았다.

마오는 매우 격정적이었고 충동적이었다.
저우는 이지적이며 침착, 실제적이었다.

마오는 생각하는 데에 공력功力을 들여 깊게 사색했다.
저우는 실행에 공력을 들여 밖으로 드러내는 능력이 뛰어났다.

마오는 타협 없이 맞서서 투쟁하기를 즐겼다.
저우는 관용을 베풀며 예의를 앞세웠다.

마오는 높이 서서 멀리 바라보며, 가벼운 것도 무겁게 다루었다.
저우는 일마다 알뜰히 처리하며, 어려운 것도 쉽게 풀어나갔다.

마오는 세상을 굽어보며 환상에 잠기기를 즐겼다.
저우는 침식을 잃어가면서 복잡한 업무를 질서 있게 풀어나갔다.

마오쩌둥과 저우언라이는 성격이나 역사관이 달랐지만, 서로의 장점을 분명히 인식하며 상호보완적 관계를 유지했다. 왼쪽부터 저우언라이, 후야오방, 마오쩌둥. 1964년.

　　두 사람의 기능과 역할을 근거로 특징과 성격을 잘 대비한 글이다. 마오쩌둥은 적지 않은 외국인들의 부정적 시각에도, 중국 사람들 사이에서는 아직 인기가 높다. 저우언라이는 중국 인민들의 존경을 한 몸에 받고 있다. 또한 신기할 정도로 저우에 대한 외국 사람들의 평가는 극상極上이다. 서방의 지식인이나 정치 지도자들에게 저우언라이는 마력魔力의 주인공이다. 저우언라이를 만난 서방 사람들 치고 그를 치켜세우지 않는 사람이 없다. 다음 평가도 그 가운데 하나다. 닉슨의 말이다.

　　마오쩌둥이 아니었더라면 중국혁명의 불길은 타오르지 않았을 것이고, 저우가 없었더라면 그 불길은 다 타버려 재가 되고 말았을 것이다.

닉슨의 글을 하나 더 인용해보자.

> 국민당과 공산당이 천하의 패권을 놓고 싸운 중국의 내전 기간 중, 저우언라이, 장제스, 미국 측 조정자 사이에 진행되었던 담판에서 저우언라이의 협상 기술은 공산당의 승리에 결정적 구실을 했다. 저우의 지연전술로 홍군은 다시 힘을 키울 수 있는 귀중한 시간을 벌었다. 장제스 편이었던 미국 측 조정인단조차 그의 교묘한 타협 솜씨에 제대로 대처하지 못했다.
> 타이완의 한 국민당 고위 관리가 말했다.
> "그 당시 저우언라이만 우리 편에 있었더라면 오늘 타이완에 쫓겨온 사람은 마오쩌둥일 것이고, 우리는 베이징을 차지했을 것입니다."
> 이 말의 옳고 그름을 떠나서 이 국민당 관리의 말은 하나의 정확한 관점을 드러낸 것이다. 중국혁명에서 마오쩌둥의 역할이 지나치게 높이 평가되었다는 점이다. 마오쩌둥 혼자 힘으론 중국을 손안에 넣을 수도, 다스릴 수도 없었다. 저우언라이가 없었더라면 어떻게 되었을까 하는 것은 흔히 말하는 역사의 '만일萬一'이다. 그러나 중요한 것은, 마오쩌둥 혼자 힘으로가 아니라 마오쩌둥과 저우언라이의 동반자 관계로 중국을 얻을 수 있었다는 사실이다.

닉슨은 저우언라이와 마오쩌둥의 특수 관계와 역할의 독립성에 주목하고 있다. 시각은 조금 다르지만, 페어뱅크 교수의 다음 말도 두 사람의 협력 관계를 잘 설명해준다.

> 저우언라이는 인간적인 사람이었다. 남의 이견이나 불평에도 곧잘

귀를 기울이며, 남의 생각들을 끌어안는 큰 사람이었다. 그는 또 바깥세계와도 널리 접촉했다. 그의 역사적 사명은 아주 중요했다.

마오쩌둥이 정책노선을 제시하면 저우언라이는 그 정책들을 실천했다. 저우언라이는 마오쩌둥의 혁명이념이 과열될 때마다 이를 견제해 중국의 단결을 유지하는 데 큰 역할을 했다. 나는 이제까지의 중국을 '마오쩌둥 시대'라기보다는 '마오쩌둥 저우언라이 시대'라 부른다.

저우언라이는 마오쩌둥과 일정 거리를 유지하면서, 서로의 다른 점을 접어두고 공통점을 가능한 많이 활용했다. 정치 영수에 버금가는 행정 영수로서의 소임을 다했다. 세상이 두 사람을 하나로 묶는 이유가 바로 이런 것이리라. 마오쩌둥과 저우언라이, 그들은 살아서 완벽한 파트너는 아니었을지 몰라도, 결국은, 현대 중국사에서 생사고락을 같이한 '운명의 파트너'임엔 틀림없다.

마오쩌둥과의 첫 만남

"저우언라이는 매 주일마다 며칠 밤
이 사무실에서 회의를 했다.
마오쩌둥도 늘 여기 와서 활동을 지도하고 문제를 생각했다.
어떤 때는 밤 11시, 12시까지 회의를 했다."

유럽에서 돌아온 저우언라이는 1924년 9월부터 광둥 광시廣西 지구와 홍콩, 마카오를 아우르는 중국공산당 량광구兩廣區 위원장과 황푸군관학교 정치부 주임 일로 눈코 뜰 새 없이 바빴다. 아침에는 부두로 나와 황푸군관학교로 가는 배에 올랐고, 저녁에는 당 사무실로 돌아와 밤늦게까지 일에 매달렸다.

저우언라이를 찾아 멀리 톈진天津에서 배를 타고 광저우로 오는 덩잉차오鄧潁超를 부두에서 맞이해야 할 처지인데도 일에 쫓긴 저우언라이는 대신 사람을 보냈다. 사진 한 장만을 들고 나간 사람은 붐비는 부두에서 덩잉차오를 찾지 못했다. 그러나 덩잉차오는 제 발로 걸어서 당 사무실로 왔다. 결과적으로 저우언라이를 찾아온 셈이 되었지만, 덩잉차오의 광둥행은 당의 명령에 따른 것이었다. 1919년,

5·4운동 시절부터 두 사람은 학생운동을 같이했다. 1920년 11월 7일 저우언라이가 톈진을 떠나 유럽으로 간 뒤에도 틈틈이 소식을 주고받았다. 이제 두 사람은 공산당의 동지로 광둥에서 다시 만나게 된 것이다.

당시 광저우는 중국 혁명의 요람이었다. 쑨원, 장제스, 마오쩌둥과 저우언라이가 국공합작의 틀 안에서 동거하고 있었다. 마오쩌둥도 1921년 7월, 이른바 중국공산당 창당대회(중국공산당 제1차 전국대표대회)에 참석한 이래 고향인 후난성湖南省과 상하이上海, 광저우를 숨 가쁘게 오갔다. 마오쩌둥은 광저우에서 국민당 중앙당 선전부 대리부장과 제6대 농민운동강습소 소장을 지냈다.

저우언라이와 덩잉차오 부부는 서로를 동지, 전우라 불렀다. 1925년 8월 8일은 그들의 신혼살림이 시작된 날이다. 스물일곱 살의 저우언라이와 스물한 살의 덩잉차오는 이미 전업 혁명가가 되어 있었다. 그로부터 40여 년이 지난 어느 날, 덩잉차오는 그들의 신혼과 혁명사업의 요람이었던 광저우廣州 땅을 찾았다. 힘들었던 옛날을 회고하면서 다음과 같은 추억담을 곁들였다.

> 저와 저우언라이는 매 주일마다 며칠 밤 이 사무실에 와서 회의를 했습니다. 마오쩌둥 주석도 늘 여기 와서 활동을 지도하고 문제를 생각했습니다. 어떤 때는 밤 11시, 12시까지 쉬지 않고 회의를 하기도 했습니다.

광둥 시절, 저우언라이와 마오쩌둥이 교유했다는 증언이다. 덩잉차오의 회고대로라면 저우언라이와 마오쩌둥, 두 사람은 50년 이상

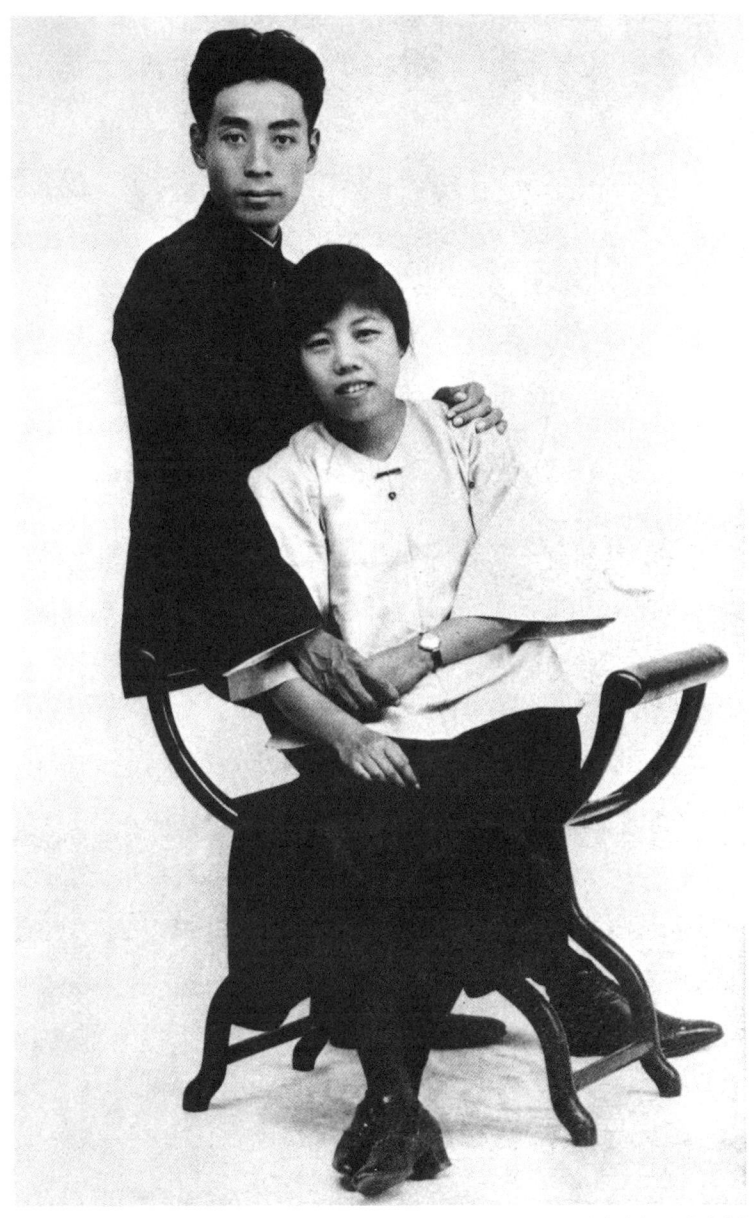

저우언라이와 덩잉차오의 결혼 당시 모습. 전업 혁명가가 된 둘은 혁명의 요람이었던 광저우에서 신접살림을 시작했다. 1925년 8월 8일.

중국 공산주의혁명 사업을 함께했다는 얘기가 된다.

저우언라이와 마오쩌둥이 언제, 어디서 처음 만났는가 하는 사실은 그동안 분명하지 않았다. 그들의 첫 만남은 책들마다 다르게 기록되어 있다. 광둥 시절까지 거슬러 올라가서 생각하는 사람이 뜻밖으로 많지 않다. 장시江西 소비에트 지구에서 처음 만났다고 생각하는 사람이 많다. 상하이의 중국공산당 지도부에 있던 저우언라이가 장시 소비에트 지구의 마오쩌둥과 주더에게 지시 전문을 보낸 적이 있는데, 두 사람이 이 교신을 통해 서로 알게 되었다고 쓴 기록도 있다.

1927년 8월, 난창기의가 실패로 돌아가자 저우언라이와 주더는 각기 부대를 이끌고 광저우 지역으로 남하했다. 하지만 그곳에서도 쫓기는 판이 되자 둘은 헤어졌다. 주더는 남은 부대를 이끌고 징강산井岡山으로 갔다. 마오쩌둥과 주더 두 사람의 만남을 기념하는 '회사교會師橋'가 징강산 입구에 서 있다.

저우언라이는 변장을 하고 가까스로 홍콩으로 빠져나왔다. 그는 광둥에서 악성 말라리아에 걸려 40도의 고열에 시달렸으며 한때는 인사불성까지 되었다. 난창기의에 함께 참여했던 예팅葉挺, 녜룽전 등이 힘겹게 저우언라이를 홍콩으로 빼돌렸다. 그는 병을 추스르고 상하이로 갔다. 이곳에서 저우언라이는 상하이의 중국공산당 지도부에 합류해 중국공산당 활동의 전반을 지휘하게 되었다. 당시 저우언라이와 마오쩌둥, 두 사람의 활동과 위치를 개괄한 글이 있다.

> 1927년부터 1935년까지 처음에 저우언라이는 중앙에서 지도 업무를 했고, 마오쩌둥은 지방에서 공산당의 기반을 닦았고, 그 후에는 저우언라이와 마오쩌둥이 모두 공산당 중앙에서 일했지만, 그때까지도

여전히 저우언라이가 주도적인 위치에 있었다.

_ 리핑 지음, 허유영 옮김, 《저우언라이 평전》(한얼미디어, 2005)

리핑力平이 쓴 《저우언라이 평전周恩來一生》에 나오는 대목이다. 리핑이 말한 '공산당 중앙'은 장시 중국공산당 소비에트 지구다. 마오쩌둥과 주더는 펑더화이彭德懷에게 징강산을 맡기고 장시성江西省으로 이동하여 중국공산당 통치구역을 만들었다. 장시 소비에트 지구라는 새 둥지의 중심지는 루이진瑞金이었다.

저우언라이는 1931년 12월, 상하이에서의 중앙당 지도 활동을 접고 장시 소비에트 지구에 합류했다. 지난 4년 동안 적지敵地인 상하이에서 지하 활동만 해오던 저우언라이가 모처럼 마오쩌둥, 주더와 합류해 한솥밥 식구가 되었다.

기록에는 "상하이에서 장시로 갔다"고 단 한 줄로 되어 있다. 하지만 그 이동 경로는 목숨을 건 험난한 길이었다. 무엇보다 장제스가 지배하는 '백구白區'를 지나야 했다. 상하이의 비밀 아지트에서 몰래 빠져나와 장시의 '적구赤區'로 스며드는 데에 열흘이 넘게 걸렸다. 곳곳에 장제스의 군대가 있었다. 저우는 변장과 잠행에는 훈련이 잘 되어 있었다. 그는 공산당의 비밀 연락망을 겹겹으로 활용해서 소비에트 지구에 안착했다.

당시 중국공산당은 '적구' 안에서는 그런 대로 뭉쳐서 안전을 도모할 수 있었다. 국민당군의 대대적인 습격과 공격으로 많은 희생자를 내기도 했지만, '백구'와는 성격이 달랐다. '백구'는 기본적으로 사지死地였다. '백구' 지역을 통과하는 것은 바로 사선死線을 돌파하는 것이었다.

옌안에 정착하고 나서도 저우언라이는 1936년 12월에 발생한 시안사변西安事變 이후 국공협상 일로 적지인 시안西安을 드나들었다. 어렵사리 국공합작이 이루어졌지만, '장제스 통치구역'인 충칭에서의 공산당 사업도 위험하긴 마찬가지였다. 한순간도 긴장을 늦출 수 없었다. 항일전쟁에서 공동전선을 펴고 있었지만 국민당과 공산당의 신경전과 갈등은 쉽게 가라앉지 않았다. 일본군의 공습에 시달리긴 해도 충칭은 장제스가 전권을 휘두르는 땅이었다.

모처럼 한 식구가 되었지만, 앞에서 리펑이 말한 대로, 저우언라이의 위상이 마오쩌둥을 앞질렀다. 저우언라이는 곧바로 중앙 소비에트 지구 중앙국 서기에 임명되었다. 이듬해인 1932년 10월에는 홍紅 제1방면군 총정치위원, 1933년 5월엔 중국 공농홍군 총정치위원이 되어 주더와 함께 홍군을 지휘했다. 그는 중화 소비에트 임시공화국 중앙혁명군사위원회 부주석 등 직위를 거치며 군사, 정치 양 방면에서 지도 역할을 했다. 마오쩌둥은 저우언라이가 오면서, 그동안 다져온 중요한 활동 영역을 저우에게 몽땅 넘겨준 모양새가 되었다.

1934년도 저물어가고 있었다. 저우언라이는 실질적인 홍군 지도자로 장정을 지휘하는 위치에 있었다. 반면에 마오쩌둥은 불행히도 실권을 다 놓친 채로 병중에 있었다. 당시 중국공산당 지도부는 장정 참가를 두고 신경들이 예민해 있었다. 누가 참여하고 누가 남느냐. 이는 개인의 생명은 물론 향후 당 내 위상과 직결되는 문제였다. 어떤 기록은, 저우언라이가 외따로 처져 있던 마오쩌둥에게 장정 사실을 알려주고 참여의 길을 터주었다고 적고 있다. 해리슨 솔즈베리는 《대장정Long March》에서 장정이 시작될 무렵의 마오쩌둥의 사정을 다음과 같이 실감나게 적고 있다.

1934년 가을, 마오쩌둥은 40세였다. 움푹 팬 볼, 수척한 몸, 거의 어깨까지 늘어진 뻣뻣한 검은 머리카락, 힘없는 모습, 불타는 듯한 두 눈, 튀어나온 광대뼈 등은 고통의 기색을 풍기고 있었다. 그는 희귀성 말라리아로 벌써 몇 달째 앓고 있었으며, 선교사 교육을 받은 주치의 넬슨 푸의 헌신적인 노력에도 아직도 완쾌되지 않아 맥을 못 추고 있었다.

장정을 떠날 무렵, 마오는 철저히 당 중앙으로부터 소외당하고 있었다. '기회주의', '협소한 경험론'으로 비판을 받은 마오쩌둥은 부인 허쯔전賀子珍과 경호원 열세 명만 데리고 루이진에서 동쪽으로 20여 리 떨어진 산속에 은거하고 있었다.

괴롭고 힘든 것은 몸만이 아니었다. 외로움이 뼛속까지 스며들었다. 책 상자 하나, 부러진 우산, 담요 두 장, 낡은 외투가 마오쩌둥의 휴대품들이었다. 10월 8일 오후 늦게 그는 북문 가까이 있는 그의 집에서, 막 출발하는 홍군과 뒤늦게 합류했다. 저우언라이마저 철저하게 마오쩌둥을 홀대하거나 외면했더라면 어찌 되었을까. 중국 현대사는 전혀 다른 방향으로 흘러갔을지도 모를 일이다. 장정 이전 두 사람의 관계에 대해서는 엇비슷한 증언과 기록들이 많다. 해리슨 솔즈베리도 앞의 책에서 다음과 같이 증언하고 있다.

> 쭌이회의(준의회의遵義會議) 전까지만 해도 저우언라이와 마오쩌둥은 라이벌 관계였다. 저우는 1931년 12월에 중앙 소비에트 지구에 도착해, 그동안 마오가 차지하고 있던 중국공산당 중앙서기처 서기 자리를 맡았다. 그 뒤 1932년 10월 닝뚜회의(녕도회의寧都會議)에서는 마오를 대

신해서 제1방면군 총정치위원이 되었다.

마오의 지위 격하를 저우가 반대했으며 그를 옹호했다는 것은 사실이다. 그러나 그는 회의 결정에 따라 1933년 5월에 공농홍군 총정치위원이 되었다. 당시의 그는 보구博古, 브라운과 더불어 3두 지휘체제를 이루고 있었다. 닝뚜회의가 끝나고 마오가 홍군 지휘권을 잃게 되었다는 것도 사실이다. 홍군이 닝뚜에 주둔했을 때 마오는 병들어 있었고, '휴식해야 한다'는 의사의 주의를 받고 있었다.

저우언라이는 마오쩌둥의 격하와 지휘권 상실에 대해 반대했으면서도 결국은 당의 방침에 순응해 마오쩌둥이 맡고 있던 지도권을 이어받았다. 마오쩌둥의 역할과 위상을 두고 전방과 후방 지도자들 사이에 의견이 갈렸다. 이 과정에서 저우언라이는 실제로 마오쩌둥을 많이 감쌌다.

저우언라이는 주더, 왕자샹王稼祥 등 군사 최고회의 멤버들과 뜻을 같이해 마오쩌둥을 전방 지휘부에 두려고 했다. 반면 런비스任弼時, 덩파鄧發 등 중국공산당 소비에트 중앙국은 마오쩌둥이 후방에서 중앙정부의 일을 맡아야 한다고 주장했다. 저우언라이의 고집으로 마오쩌둥이 간신히 홍 제1방면군 총정치위원이 되었으나 다시 뒤집혔다. 저우언라이는 고민 끝에 절충안을 내놓았다. 마오쩌둥이 잠시 병가病暇를 얻어 휴식을 취하고 필요할 때 전방에 나가도록 한 것이다. 저우언라이는 기회가 있을 때마다 마오쩌둥을 구했고, 그의 길을 터주었다.

저우언라이와 마오쩌둥은 성격이 많이 다르다. 그러면서도 저우언라이는 마오쩌둥의 지도력과 군사적 식견과 안목을 평가했다. 저우언라이는 남달리 규율과 규칙, 당의 결정에 대해서는 꼭 지켜야 한다는 도덕적 결벽성을 갖고 있었다. 저우는 마음에 안 드는 당의 결정에 대해서도 대체로 이해하고 순응하려고 애썼다. 해리슨은 두 사람의 성격 차이를 간결하게 적고 있다.

> 저우언라이는 마오쩌둥과 달리 당의 결정을 존중했다. 마오는 어떤 결정이든 이의를 제기할 수 있다고 생각했다. 그는 자기 주장이 낫다는 걸 남에게 주지시키려고 애썼다. 대장정이 시작되기 전과 뒤에도 그랬다. 저우도 경우에 따라선 반대를 했다. 1943년 여름, 중앙 소비에트 지구에서 보구, 브라운과 맞선 적이 있었다. 저우는 포위돌파를 주장했다.

광저우에서 농민운동강습소 소장일을 보던 마오쩌둥이 중국공산당 광둥구당에 안 들렀을 리가 없다. 황푸군관학교 정치부 주임인 저우언라이가 마오쩌둥이 책임자로 있는 농민운동강습소에서 특강을 하며 교유했다고 보는 것 역시 자연스럽다. 그런 사정을 덩잉차오가 확실하게 증언했다.

당시만 해도 다섯 살 터울인 마오쩌둥과 저우언라이 두 사람이 깊은 속내를 나누는 사이로는 발전하지 않았다 하더라도 서로의 인품과 능력을 충분히 저울질할 수는 있었을 것이다. 이때의 신뢰와 상호의존 관계가 발전한 것이 1935년 쭌이회의였다. 이후 두 사람은, 마오쩌둥이 저우언라이를 안고 저우언라이가 마오쩌둥을 앞세워 중국공산당의 성공신화를 만들어나가는 새로운 길에 나서게 된다.

저우언라이는 농민강습소에서 '군 운동과 농민 운동' 등의 제목으로 특강을 했다. 저우언라이는 외교와 협상의 고수로 많이 알려져 있지만 실제로는 군사와 특무特務 방면에서도 발군의 실력을 발휘했다. 저우언라이와 마오쩌둥은 중국혁명에서 군사력의 필요성을 일찍부터 인식하고 추구했다는 점에서 같은 길을 걸었다. 저우언라이는 일찍이 유럽에서 공산혁명에 눈뜨기 시작하면서부터 혁명과 군대를 하나로 묶어서 추진했다. 혁명에 심취하면 할수록 그는 군사노선을 더욱더 추구했다. "군대가 없으면 혁명도 없다"는 독일 혁명가 로자 룩셈부르크의 이론을 지지했다. 저우언라이는 중국공산당 유럽 지부에 참여하면서 '군사부'를 만들었다. 이는 당시 국내 공산당에서도 미처 생각하지 못한 일이었다.

저우언라이는 외교와 군사를 따로 보지 않았다. 그에게 군사와 외교는 손바닥의 앞뒤였다. 현대의 국방외교 이론을 그는 일찍부터 터득하고 있었다. 당내에서 그의 활동 본령本領도 군사지휘였다. 장정 앞뒤에도 그랬고, 1945년 항일전 승리와 건국을 눈앞에 둔 시점에서 정치국 위원 다섯 명에게 주어진 역할 분담에서도 그는 마오쩌둥과 더불어 군사지휘를 맡았다.

저우언라이,
마오쩌둥을 선택하다

> 중국공산당은 마오와 저우를 하나로 묶어서 부정할 수 없는
> 한계성을 갖고 있다.
> 두 사람을 모두 부정한다면 공산당 스스로가
> 그들의 정체성을 부정하는 것이 된다.

1976년, 같은 해에 그들이 세상을 뜨자 두 사람에 대한 많은 논평들이 나왔다. 마오쩌둥이 세상을 떠나자 먼저 간 저우언라이에 대한 추모도 되살아났다. 그러면서 적지 않은 사람들이 저우언라이의 공적을 앞세워 마오쩌둥의 실패와 허물을 들춰내는 경향을 보였다. 오늘에도 마오쩌둥에 대한 비판적 시각과 그를 부정하려는 정서는 분명히 있다. 이러한 정서는, 저우언라이에 대한 긍정에 빗대어 마오쩌둥을 부정하려는 것으로 나타난다.

한때 이러한 조짐들이 두드러지게 퍼지자 저우언라이의 아내 덩잉차오는 "이렇게들 말하면 안 됩니다. 당신들도 저우언라이를 잘 알고 있지만 그는 마오쩌둥을 반대한 적이 없었습니다. 노선이 옳으면 그도 옳은 것이고 노선이 틀리면 그도 틀린 것입니다"라며 이런 흐름을

차단하고자 했다. 마오쩌둥이나 저우언라이나 모두 당의 노선 안에서 움직였고, 책임도 공동으로 져야 한다는 논리였다. 사려 깊은 덩잉차오의 면모가 잘 드러나는 대목이다. 나중에 덩샤오핑도 마오쩌둥의 과오에 대한 역사 결의를 주도하면서, 당 지도부의 공동책임을 강하게 제기했다.

중국의 현대사, 또는 중국공산당의 역사에서 외국 사람들이 갖는 가장 큰 의문의 하나는, 저우언라이는 왜 장제스 대신 마오쩌둥을 선택했느냐는 것이다. 극단적으로는, 저우언라이를 마오쩌둥의 추종자 내지 허수아비로 보는 시각도 있다. 그런가 하면 닉슨처럼 프랑스의 드골에 버금가는 대정치가로 높이 평가하는 사람도 있다. 여기자 스메들리는 저우언라이와 인도의 네루를 같은 반열에 올렸다.

저우언라이가 한낱 무능력한 추종자였다면 마오쩌둥은 저우언라이를 선택하지 않았을 것이다. 저우언라이가 보신에만 철저한 사람이었다면 저우언라이가 마오쩌둥을 선택한 것이 아니라, 마오쩌둥이 저우언라이를 길들이며 부려먹었다는 얘기가 된다. 그러나 중국 안팎의 어떤 기록이나 자료에도 그런 흔적은 없다.

저우는 자의식이 강하고 주관적 판단 능력이 뛰어났다. 마오쩌둥에 대한 저우언라이의 태도는 진지했고 극진했으며 헌신적이었다. 많은 기록들이 마오쩌둥에 대한 저우언라이의 헌신을 두고 중국공산당에 대한 헌신, 중국 인민에 대한 헌신으로 평가한다. 저우언라이는 마오쩌둥을 맹목적으로 섬긴 것이 아니었다. 마오쩌둥이라는, 자기와는 전혀 성격이 다른, 자기가 못 가진 장점을 가진 지도자를 통해 중국 인민을 섬기며 자기의 경륜을 폈다.

저우언라이는 마오쩌둥의 장단점을 누구보다도 잘 알고 있었다.

중국공산당은 제7차 전국대표대회를 통해 마오쩌둥을 중앙위원회 주석으로 선출했다. 제7차 전국대표대회 당시 주석 단상의 모습. 오른쪽에서부터 차례로 저우언라이와 마오쩌둥이 앉아 있다. 1945년 4월.

저우언라이만큼 마오쩌둥을 속속들이 잘 아는 사람도 흔치 않다. 1920년대 초반 광둥 시절부터 그를 지켜보았다. 1935년 쭌이회의 이전까지는 마오쩌둥을 지휘하는 위치에 있었다. 마오쩌둥의 인간적인 약점과 매력, 지도자로서의 안목과 결단력은 물론, 권력에 대해 점점 편집광적으로 변모하는 과정조차도 아주 가까이서 겪었다. '마오쩌둥 신격화神格化'라는 회오리바람도 맞을 만큼 맞았다.

마오쩌둥의 권력이 확고하게 되기까지는 몇 단계를 거쳐야 했다. 첫 번째 단계가 쭌이회의였다. 덩샤오핑의 회고다.

> 장정이 끝날 때까지도 마오쩌둥 동지는 당의 총서기가 아니었지만 쭌이회의 이후에는 우리 당의 핵심 영도로 자리 잡았다. 1945년 우리

당은 제7차 전국대표대회를 소집해서야 최후의 결론을 내렸고, 또 조직상 마오쩌둥 동지를 중앙위원회 주석으로 선출했다.

마오쩌둥의 권력기반이 확고해진 두 번째 전환점은 1938년의 항일민족통일전선의 형성이었다. 이를 통해 세력에서 훨씬 뒤지던 공산당이 국민당과 대등하게 연합해서 항일전쟁을 치르게 되었다. 노동자와 농민계급뿐 아니라 소자산계급, 민족자산계급까지 통일전선으로 서로 협조 관계를 맺고 지지를 넓힐 수 있었다. 마오쩌둥은 이 무렵 비로소 전당적으로 지지를 받게 되었다. 따라서 소련도 마오쩌둥의 영도권을 현실적으로 인정했다.

세 번째 전환점은 '마오쩌둥 사상'의 정립이었다. 물론 마오쩌둥 사상은 마오쩌둥 개인의 창작물은 아니었다. "1세대 노혁명가들이 마오쩌둥 사상을 만들고 발전시켰다"고 덩샤오핑은 말했다. 마오쩌둥 사상은 중국공산당의 단합과 사상무장에 결정적 구실을 했다. 쭌이회의에서 마오쩌둥의 손을 들어준 장본인은 저우언라이였다. 통일전선은 누가 뭐래도 저우언라이의 영역이었다. 마오쩌둥의 영도권 확립은 결정적일 때마다 저우언라이가 마오쩌둥을 밀어줘서 가능했다.

건국 초기, 저우언라이가 마오쩌둥에 대해 진솔하게 이야기한 대목이 있다. 1949년 5월 7일, 중국 전국청년 제1차 대표대회에서였다. 저우언라이는 "마오쩌둥을 따라 배우자"라는 제목으로 강연을 했다. 당시 마오쩌둥의 인기는 전국을 휩쓸었다. 청년들의 혁명 열기와 함께 마오쩌둥의 인기는 폭발적이었다. 1949년 5월이면 새 중국의 건국 선포 여섯 달 전이다. 저우언라이의 연설은 이렇게 시작된다.

중국 인민의 대혁명은 이미 전국적 승리를 전취하는 단계에 들어섰다. 우리 청년들은 지체 없이 새 중국 건설 사업에 매진해야 한다. 우리에게는 우리를 이끌어줄 공인인 수령이 있어야 한다. 30년간의 혁명운동의 실천에 의하여 우리 중국 인민은 자기의 수령을 가지게 되었는데 그는 다름 아닌 마오쩌둥 동지다.

저우언라이는 눈망울이 초롱초롱한 미래 세대에게 마오쩌둥을 전지전능한 신이나 절대 권력의 황제로 소개할 수는 없었다. 자기가 아는, 자신이 이해할 수 있는 범위 안에서 솔직하게 마오를 말해주었다.

이 자리에 모인 젊은 친구들은 전국 청년들에게 마오쩌둥 동지를 선전하거나 마오쩌둥 동지를 따라 배울 때, 마오쩌둥 동지를 천부적이고 신비적이고 함부로 따라 배울 수 없는 수령으로 여겨서는 절대 안 된다. 그렇게 여긴다면 우리가 그를 우리의 수령으로 인정한다는 것이 빈말이 되고 만다.

〈마오쩌둥을 따라 배우자〉는 제목부터 함축적이었다. 저우는 마오를 신격화하거나 그를 황제로 떠받들 의도는 애초부터 갖고 있지 않았다. 그는 다음과 같이 말을 잇는다.

누구도 따라 배울 수 없다고 한다면 그것은 마오쩌둥 동지를 고립된 신으로 간주하는 것이 되지 않겠는가? 그런 수령은 봉건사회나 자산계급사회에서 선전하는 수령이다. 우리의 수령은 인민들 속에서 자라났고, 중국 인민과 혈연적 연계를 가지고 있고, 중국이라는 이 대지, 중국이라는 이 사회와 긴밀한 연계를 가지고 있고, 중국의 지난 백년간의, 그리고 5·4 이래의 혁명운동과 장구한 혁명 역사의 경험과 교훈에 의하여 태어난 인민 수령이다.

따라서 마오를 배우는 것은, 전면적으로 배우는 것이며, 그의 역사적 발전에서 따라 배워야지 오늘의 위대한 성과만 보아서는 안 된다고 못 박는다. 이어서 그는 마오쩌둥의 인간적인 면모를 소개한다.

> 마오쩌둥 주석은 자기 자신도 농촌에서 나서 자랐으며, 이런 시절에는 미신을 믿었고, 심지어 낙후한 사상도 가지고 있었다고 자주 말한다. 진차지晉察冀 변구에서 편찬한 어떤 교과서를 보면 마오쩌둥 주석이 열 살 때 벌써 미신을 반대하였으며, 어려서부터 신을 믿지 않았다는 이야기가 있다. 마오쩌둥 주석은 이렇게 쓰는 것을 아주 질색했다.
> 그는 그와 반대로 자기도 어릴 적에 신을 믿었고, 믿어도 어지간히 믿은 것이 아니었으며, 어머님이 병환에 계실 때 신령과 부처에게 빌기까지 했다고 말했다. 그런데 어떻게 마오쩌둥 주석에게 미신사상이 없었다고 말할 수 있겠는가?

저우언라이는 왜 이런 말을 하는지를 설명했다. 마오쩌둥 주석도 19세기 말 봉건시대 농촌에서 태어나 미신사상을 가지고 있었지만 꾸준한 교양을 통해 이겨냈다는 것이다. 따라서 현재 미신사상을 가지고 있는 청년들도 얼마든지 교양할 수 있다는 것을 강조하기 위해서였다. 그는 이런 말도 했다.

미신사상은 타파할 수 있는 것이다. 동무들도 몇 해 전에는 미신사상을 가지고 있지 않았는가! 어렸을 때에는 모두 코를 흘리지 않았던가? 진보했다고 해서 어릴 적의 추잡한 일들을 없었던 것으로 말해서는 안 된다.

혁명은 기본적으로 낡은 것을 타파하고 낡은 것을 부정하는 데서 출발하기 마련이다. 고전이나 고서도 자칫 낡은 것으로 치부되는 상황이었다. 결국 저우언라이는 마오쩌둥을 빌려 자기 자신의 속에 있는 말을 한 것이다.

마오쩌둥 주석은 자기도 고서를 읽었다고 늘 말했다. 문제는 고서를 어떻게 읽었는가 하는 데 있다. 마오쩌둥 주석은 그전에 고서를 읽기를 즐겨 했다. 지금 마오쩌둥 주석은 글을 쓰거나 연설을 할 때면 흔히 역사적 경험과 교훈을 인용해 누구보다도 능숙하게 활용한다. 그는 고서를 읽음으로써 생각이 더욱 넓어지고 더욱 깊어졌으며 더욱 위대해졌다.

나라를 새로 일으켜 세우는 큰 과업을 앞에 두고 저우언라이는 쉽게 들뜨고 쉽게 달아오르고 쉽게 갈아치우려 하는 젊은이 특유의 성정을 적극적으로 다듬어야 했다. 인간 마오쩌둥, 수령 마오쩌둥을 앞세워 젊은이들을 다독여 나갔다.

우리는 오늘 〈마오쩌둥을 따라 배우자〉는 구호를 내세웠다. 하지만 이 구호에만 국한시켜서는 안 된다. 이 구호 아래 우리 청년들은 그

밖의 여러 방면에 걸쳐 학습해야 한다. 이를테면 신민주주의 건설이며, 경제, 정치, 문화 면의 지식이며, 각종 전문적인 과학 기술을 모두 학습해야 한다. 학습을 하는 것도 마오 주석의 특징의 하나이다.

저우언라이는 마오쩌둥의 장점과 지도력을 따라 배우자고 청년들을 격려했다. 그러면서 그는 마오쩌둥이 신이 아니라는 점도 분명하게 알려주었다. 저우언라이나 덩샤오핑은 마오쩌둥을 중국공산당의 발전 과정에서 자연스럽게 형성된 집단지도체제 안에서 체제를 이끌어가는 핵심 기능으로 보았다. 덩샤오핑, 장쩌민, 후진타오로 이어지는 중국 영도의 위상 그 이상도 이하도 아니라고 보는 견해다.

'마오쩌둥 사상'에 대한 덩샤오핑의 인식도 같은 맥락이다. 덩샤오핑은 1980년 8월 21일부터 사흘 동안, 이탈리아 여기자 올리아니 파라치와 만나 많은 얘기를 나눴다. 덩샤오핑은 그 자리에서 이렇게 말했다.

> 우리 당은 옌안 시기에 여러 면에서 그의 사상을 '마오쩌둥 사상'으로 개괄하여 우리 당의 지도 사상으로 삼았다. 우리가 '마오쩌둥 사상'을 따랐기에 위대한 혁명의 승리를 거둘 수 있었다. 마오쩌둥 사상은 마오쩌둥 동지 개인의 창조물은 아니다. 제1세대 노혁명가들 모두가 마오쩌둥 사상을 만들고 발전시키는 데 참여했다.

저우언라이가 마오쩌둥을 선택하고 마오를 중국의 새 '수령'으로 정착시켰다는 증언이 있다. 그런 사례 중 하나를 살펴보자. 1945년 8월 충칭에서 장제스와 마오쩌둥이 만났다. 만남을 성사시키고 회담 기간 내내 마오쩌둥을 바로 옆에서 지켜낸 사람이 저우언라이였다. 경호와 식사, 회담 속속들이 저우가 다 챙겼다. 한 외국 기자가 저우언라이의 그런 일련의 행동에 주목했다. 기자는 충심으로, 진정으로 마오쩌둥을 위해 헌신하는 저우언라이를 보고 조용히 "저우언라이 선생. 선생은 지난 날 천두시우陳獨秀, 왕밍王明 등의 영도를 받으며 일해왔습니다. 그리고 지금은 마오쩌둥 선생을 모시고 있습니다. 이런 변화를 어떻게 설명하시겠습니까?"라고 물었다. 기자의 질문에는 복선이 있었다. 기회주의적인 변신으로 저우를 몰아가려는 의도였다. 이에 저우언라이는 "누가 인민과 국가의 근본 이익을 대표하는가에 따라 나는 누구를 선택합니다. 내가 마오쩌둥을 옹호하는 것은 그가 인민의 이익을 가장 잘 대표하고 있기 때문입니다"라고 짧게 대답했다.

저우언라이의 시대

'덩샤오핑 시대'는 '저우언라이 시대'를 이어받았다는 말이 있다.
지구상에 '저우언라 시대'란 말은 없다.
'저우언라이 시대'는 형체가 없다.
다만 그의 '유지遺志' 속에 살아 있을 뿐.

마오쩌둥과 저우언라이가 광저우에서 만났다면, 장제스와 마오쩌둥은 언제 어디서 처음 만났을까. 중요한 질문이다. 중국 현대사에서 장제스, 마오쩌둥, 저우언라이 세 사람이 차지하는 비중과 역할 때문이다. 공개적으로 장제스와 마오쩌둥이 만난 것은 1945년 8월 충칭회담에서였다. 그때 두 사람의 만남은 전 세계의 눈과 귀를 모았다.

먼저, 많이 알려진 장제스와 저우언라이의 관계부터 살펴보자. 저우언라이의 아침식사 메뉴는 달걀을 푼 콩국과 압맥, 빵과 잼, 버터로 늘 한결같았다. 1975년 초, 방광암의 병세도 조금 안정되었다. 문화혁명도 안정될 기미를 보였고, 저우는 제4기 인민대표자대회에서 수척한 모습이긴 했어도 그 유명한 〈정부 공작 보고〉도 했다. 가끔씩 주변의 의사, 간호사들과도 한담을 나누곤 했다. 한 전담 의사의 회고다.

어느 날 오전, 저우언라이는 복도에서 잠깐 산보한 뒤, 병실로 들어와 소파에 기대앉았다. 그는 홀가분하고도 섭섭한 표정을 지으며 말했다.

"나는 이미 중국의 많은 곳을 다녀봤지만 유독 티베트엔 가보지 못했어. 이젠 가기가 힘들겠지."

이때 나는 가라앉은 분위기를 바꾸기 위해 일부러 화제를 돌려 그동안 궁금하던 걸 하나 물어보았다.

"총리께서는 무엇 때문에 매일 아침을 빵, 잼, 버터, 달걀 푼 콩국과 압맥만 드십니까?"

"아, 얼마나 좋은 음식이오? 영양 풍부하고 맛도 있고. 나는 이미 습관이 되었어요."

한 가지를 더 물었다.

"언제부터 이런 식의 아침을 드셨습니까?"

"황푸군관학교에 있을 때, 매일 장제스 교장과 아침식사를 같이했어. 그때 먹던 아침이 바로 이런 것이었소."

저우언라이는 담담하게 대답하는 것이었다.

교장과 정치부 주임인 두 사람은 아침식사를 같이하면서 황푸군관학교 운영을 비롯해 당면한 중국의 국민혁명에 대해 넓고 깊게 이야기를 나누었을 것이다. 인간적으로 정도 들고 이해의 폭도 넓힐 수 있었을 것이다. 두 사람이 아침마다 식사를 같이하는 동안 저우언라이에 대한 장제스의 기대와 신뢰는 조금씩 쌓여갔다. 저우언라이의 성실성과 매력에 장제스인들 끌리지 않을 수 없었을 것이다. 그런 기록들이 많다. 그러나 그들은 가는 길이 달랐고, 이후 적대 관계로 맞섰다.

장제스가 국공합작을 파기하고 반공 쿠데타에 나서자 저우언라이는 누구보다 더 분노했다. 1927년 4월의 정변으로 공산당은 박살이 났고, 모든 활동이 지하로 숨어들었다. 다급한 것이 목숨이었다.

저우언라이는 쑨원 밑에서 국공합작에 나름으로 많은 기대를 걸었고 공을 들였다. 유럽 시절부터 그는 국민당과 공산당의 협력을 위해 애썼다. 쑨원의 혁명의지를 받들어 장제스의 지휘를 받으며 광둥의 천중밍陳炯明 반혁명 세력과 전쟁도 치렀다. 이른 바 '동정東征'에 두 차례나 참가해서 실전 경험도 쌓았다. 장제스와 저우언라이가 오순도순 의좋게 아침식사를 함께하던 시절은 물론 국공합작 시기였다.

쑨원은 볼셰비키혁명에 성공한 레닌 정부에 많은 기대를 했다. 그러나 장제스는 소련을 직접 돌아보고 난 뒤 공산주의에 대한 거부감과 반감을 더욱 키웠다. 프랑스의 중국학자 알랭 루Alain Roux가 쓴 《20세기 중국사La Chine au XXe siecle》(정철웅 옮김, 책과함께)에서 한 대목이다.

> 군관학교의 교장에는 정치가이자 장군인 장제스가 임명되었는데, 군사원조를 얻기 위해 소련까지 가기에는 이미 병세가 심했던 쑨원을 대신하여 그가 1923년 8월 소련으로 갔다. 당시 장제스는 공산당원이었던 저우언라이를 대동했다. 이 협상에서 약속한 원조를 통해, 그는 광둥 정부에서 18만 6,000달러, 소련에서 2,700만 달러를 군관학교 운영자금으로 받았다.
>
> _ 알랭 루 지음, 정철웅 옮김, 《20세기 중국사》(책과함께, 2010)

쑨원은 장제스를 광둥 정부 대본영의 참모장으로 임명하고 소련의 군사제도를 보고 오도록 했다. 8월 17일 상하이를 출발한 장제스 일행은 9월 2일 모스크바에 도착했다. 장제스는 10월 10일 모스크바에 유학 온 중국 학생들 앞에서 "중국혁명당의 역사"라는 제목으로 강연도 했다.

장제스가 공산당원인 장타이레이張太雷를 대동했다는 기록은 여러 곳에 보이지만 저우언라이가 장제스의 소련 방문단에 수행했다는 얘기는 알랭 루의 책에서 처음 보았다. 저우언라이의 어떤 전기에도 아직은 보이지 않는 대목이다. 방문단의 공식 명칭은 '쑨얏센 박사 대표단孫逸仙博士代表團'이었다. 쑨원은 '중산中山'이란 호와 함께 '일선逸仙'이라는 호도 썼다. 특히 서양 사람들은 '손문'보다는 '일선'에 박사 칭호를 붙인 'Dr. Sun Yatsen(쑨얏센 박사)'에 더 익숙했다. '얏센'은 '일선'의 광둥식 발음이다.

쑨원에 의해 파견된 대표단은 소련의 군사시설도 돌아보고, 당정 관계자들과 폭넓게 교류한 뒤 11월 29일 모스크바를 출발해 12월 5일 상하이로 돌아왔다. 1956년, 70세의 장제스가 출간한 회고록 《중국 속의 소련蘇俄在中國》에는, 그가 귀국 보고에서 "소련은 진정한 중국의 친구가 아니며, 소련과 코민테른이 하는 모든 일들은 다 중국의 공산화를 위한 술책"이라고 쑨원에게 말했지만 쑨원은 장제스의 말을 받아들이지 않은 것으로 나와 있다.

그러나 쑨원은 레닌을 믿었다. 볼셰비키 혁명에 갓 성공한 소련은 영국이나 프랑스처럼 남의 나라를 탐낼 만한 힘이 없었다. 그럴 겨를이 없었다. 쑨원은 소련을 우호 세력으로 보고 소련의 힘을 빌리고자 했다. 국공합작의 근거였다. 중국공산당은 쑨원의 국공합작에 기대어 소련과 손을 잡았다. 중국공산당은 소련과 코민테른의 힘을 빌려 중국의 공산화를 시도했다. 하지만 소련과 코민테른은 중국이라는 거대한 이념의 시장에 침을 삼키고 있는 중이었다.

중국공산당은 1960년대의 중소中蘇분쟁을 통해 서서히 소련의 영향권에서 벗어나기 시작했다. 마오쩌둥과 저우언라이는 소련과의 갈등에서 변화무쌍하고도 처절한 외교전을 벌였다. 혁명과 건국 과정에서 중국은 소련의 우세한 힘을 아주 유용하게 그리고 철저하게 활용했다. 하지만 중국은 결국 1970년대의 미국과의 수교를 기점으로 소련의 영향권으로부터 완전하게 벗어난다. 벗어나는 정도가 아니었다. 중미, 중일 수교를 통해 미국, 일본과 손잡고 소련을 압박하는 형국이 되었다.

국공합작 시절, 누군가가 주선을 했다면 광저우라는 땅에서 장제스와 마오쩌둥이 어렵지 않게 만날 수 있었을 것이다. 장제스와 마오쩌둥이 충칭회담 30년 전 쯤, 광저우에서 이미 한 차례 만났다는 기록이 있다. 작가 류야저우는 《천안문 광장》에서 다음과 같이 적고 있다.

> 그로부터 몇 년 뒤 광저우에서 그 청년을 만나 오전 내내 이야기를 나눈 장제스는 허잉친何應欽에게 이렇게 말했다.
> "이 사람, 보통내기가 아니야. 그 청년, 하루에 담배를 50개비 이상 피우는 골초라고 들었거든. 보니까 손과 이빨이 다 누렇더라고. 그런데 내가 담배를 피우지 않는다는 건 어떻게 알았는지 나와 얘기하는 동안 한 개비도 피우지 않더란 말이야. 하여튼 그 젊은이의 결심과 정신은 알아줘야겠어."
>
> _ 류야저우 지음, 박재연 옮김, 《천안문 광장》(동아일보사, 1990)

광저우 시절, 1893년생인 마오쩌둥은 서른 살을 갓 넘긴, 젊은 중

쑨원의 부인 쑹칭링과 함께한 마오와 저우. 쑹칭링은 국민당 내 좌파로, 공산 중국 건국 당시 대륙에 남아 공산당에 힘을 실어주었다. 가운데가 쑹칭링, 맨 오른쪽이 천이다. 1956년 10월.

국공산당 중견 지도자였다. 1887년생인 장제스는 30대 후반에, 이미 쑨원의 지지와 신뢰를 발판으로 국민당의 정상급 지도자로 부상하고 있었다.

그리고 "결심과 정신은 알아줘야겠어"라고 평했던 그 '젊은이'가 30년 뒤인 1945년, 회담의 상대로, 그리고 적의 수장으로 장제스의 눈앞에 나타났다. 마음은 당장이라도 공산당을 쓸어버리고 싶었겠지만, 천하를 다 쥔 것 같은 장제스에게도 시간과 속도 조절은 필요했다. 항일전쟁에 쏟아부어 소진된 힘을 다시 비축해야 했다. 정치, 군사, 사회체제도 정비해야 했다. 더는 내전을 바라지 않는 국민의 여론도 거셌다. 미국을 비롯한 연합국들도 평화적인 해결을 원했다. 평화를 희구한다는 대의명분도 장제스에게는 필요했다. 미국이 주선하고, 장제스가 세 번이나 마오쩌둥에게 편지(전보)를 보내 성사된 회담이었다. 그 자리에 30년 전, 누런 손과 누런 이의 '젊은이'가 쉰을 갓 넘긴 당당한 중국공산당의 영수로 나타난 것이다. 그리고 바로 그의 곁에는 저우언라이가 잠시도 떨어지지 않고 떡하니 버티고 서 있었다.

앞에서 장제스의 말상대로 나오는 허잉친은 장제스의 심복이자 대표적인 친일 장군으로 알려진 인물이다. 그는 장제스의 타이완 정부에서 국방부장과 행정원장을 지냈다. 광둥 시절 동정東征 때는 저우언라이와 허잉친이 함께 일선을 지휘하기도 했다. 그러나 저우는 그를 "그는 가까운 사람을 고통스럽게 하고 원수들을 좋게 해주었다. 왜놈〔日寇〕들이 하고자 하는 것을 도와주었다. 그는 중화민족 천고千古의 죄인이다"라고 혹평했다.

닉슨이 워터게이트 사건으로 미국 대통령직에서 물러난 뒤 발간한 《지도자》란 책은 그가 직간접으로 알고 지낸 20세기 세계의 걸출한 정치지도자들을 다루고 있다. 영국의 처칠, 프랑스의 드골, 미국의 맥아더, 일본의 요시다 시게루, 독일의 아데나워, 소련의 흐루쇼프, 중국의 저우언라이 등 이름만 들어도 감탄사가 절로 나올 20세기의 거물들을 이야기한다. 이 책에서 〈저우언라이〉 편은 이렇게 시작한다.

> 지난 반세기, 중국에 관한 가장 큰 화제는 태반이 마오쩌둥, 저우언라이, 장제스에 관한 이야기다. (중략) 세 사람 중 장제스는 나의 오랜 지기였다. 나는 그와 그의 부인 쑹메이링을 다른 사람과는 다른 의미에서 벗으로 사귀었다. 우리의 우정은 사적인 것으로 같은 신념과 정치적 신조에 따른 것이었다.
> 하지만 대륙전쟁에서 이긴 쪽은 마오와 저우였다. 두 사람 가운데 특

히 저우언라이의 비전이 보다 영속성을 가지게 되었다. 한마디로 저우언라이는 내가 만난 어느 정치가 못지않은 일류 정치가로, 권력의 실체에 대해 비상한 통찰력을 타고난 지도자였다. 세 사람 모두 세상을 떠났지만 저우언라이의 유지遺志만은 오늘의 중국에서 의연히 그 힘을 발휘하고 있다.

중국의 지난 반세기 역사를 닉슨은 마오쩌둥, 저우언라이, 장제스 세 사람의 역사로 보았다. 닉슨은 중국 현대사에 끼친 세 사람의 영향력과 역할을 탁월하게 평가했다. 장제스와 마오쩌둥은 극과 극의 관계였다. 어쩌면 천하를 양분할 수도 있는 시대에 살면서 두 사람은 전쟁과 협상으로 각자의 '지분持分'을 확장해나갔다.

반면에 저우언라이는 스스로 철저하게 지분을 배척했다. 그는 지분 대신 시대적 소명과 역할을 택했다. 그가 소원하고 선택했던 길은 어릴 때부터 꿈꾸어왔던 중국의 독립과 번영, 소박하게는 '인민'이 잘 사는 세상을 만드는 것이었다. 젊은 시절부터 그는 지분보다는 역할을, 권력보다는 임무를 더 소중히 여겼다. 자신의 성격과 자질, 능력과 장단점을 누구보다도 잘 아는 저우언라이였다. 하나의 극단에 서서, 상대와 맞서서 투쟁과 경쟁을 통해 영역을 넓혀나가는, 땅따먹기 식 싸움은 자신에게 맞지 않았다.

중국의 현대사에서 극과 극의 대립과 협상, 그 현장에 늘 그가 있었다. 그는 설득과 협력, 단합과 화해를 지향하는 스타일이었다. 한때 그는 당 안팎에서 '조화주의자'라는 비판을 받았다. 하지만 어떤 정치적 난장판에도 그는 물같이 스며들어 걸레질을 했다. 그가 관여하지 않은 전쟁과 협상은 없었다. 마오쩌둥과 장제스의 목숨을 건 겨룸, 전쟁이든 협상이든 어느 때, 어느 곳에도 저우가 존재했다. 정치를 큰 틀에서 보아온 닉슨의 날카로운 눈길이 저우언라이에 멎은 이유를 알 것도 같다.

닉슨의 말 가운데 "세 사람 모두 세상을 떠났지만 저우언라이의 유지만은 오늘의 중국에서 의연히 그 힘을 발휘하고 있다"고 한 대목이 새삼 눈길을 끈다. 이 경우, '유지'는, 유훈遺訓, 교훈敎訓, 본보기, 속뜻, 정책과 이념 등 여러 해석이 가능하다.

장제스는 타이완에서조차 차츰 흔적이 지워지고 있다. 대신 대륙에서 그에 대한 재평가가 서서히 일고 있다. 항일전쟁 시기, 그의 역할과 위상은 누구도 지워버리거나 부정할 수 없기 때문이다.

마오쩌둥은 신화 속으로 침잠한 지 오래되었다. 톈안먼광장의 대형 초상화, 마오쩌둥 기념관에 안치된 유체遺體, 중국 모든 화폐 속의 오직 하나의 얼굴, 날마다 쏟아져 나오는 수많은 관련 서적, 이런 가시적인 것들이 오히려 마오쩌둥의 현실성을 훼손하고 있다. 역설적이지만 이러한 현상들은 오히려 마오쩌둥을 신화와 전설의 인물로 퇴화시키고 있다. 대형 초상과 동상, 유체 참배, 화폐 속의 정물화 같은 고정 모델 역할은 역동적인 중국의 미래 세대에게 감동과 감흥을 주지 못한다. 마오쩌둥이 남긴 '혁명의 신화'는 오늘날 중국에 범람하고 있는 '성장의 신화'에 파묻혀버렸다.

저우언라이에게는 지분도 없고, 그의 이름이 붙는 어떤 주의나 노선도 없다. 그러나 그가 남긴 헌신과 고난, 고행의 일생, 국궁진췌 자세는 오늘 이 시간 현재 중국 국민과 젊은이들에게 영향을 주고 있다. 이 영향은 계속될 것이다. 그의 유지는 덩샤오핑의 개혁개방 정책과 맥이 닿아 있다. 덩샤오핑은 마오쩌둥 시대를 이어받은 지도자가 아니다. 그는 마오쩌둥 시대를 관통했던 혁명의 신화를 과감하게 극복했다. 말 그대로 '그 자신의 시대'를 열었다. 그가 개척한 새 시대의 핵심골자는 중국의 현대화와 성장의 신화를 일구어나가는 것이었다.

덩샤오핑은 저우언라이의 지향을 그대로 실천에 옮겼다. 그래서 '덩샤오핑 시대'는 '저우언라이 시대'를 이어받았다는 말까지 있다. 지구상에 '저우언라이 시대'란 말은 없다. '저우언라이 시대'는 형체가 없다. 다만 그의 '유지' 속에 살아 있을 뿐이다.

덩샤오핑이 이어받았다는 저우언라이의 유지는 오늘의 중국에도 면면히 이어진다. 중국의 발전상이 그걸 증명한다. 닉슨은 그의 《지도자》〈저우언라이〉편 맨 끝에서 이런 말을 하고 있다.

> 중국혁명이 열매를 맺고 궁극적으로 세계에 대해 '잃음'이 아닌 '얻음'이 되게 하려면, 현재 중국의 지도자들이 바로 저우언라이가 그랬던 것처럼 "공산주의자이기에 앞서 중국인이 될 수 있는가 없는가"에 달려 있다고 하겠다. 중국의 지도자들이 그렇게만 할 수 있다면 21세기 중국은 북으로는 소련, 남으로는 인도, 동북으로는 일본, 동방으로 멀리 있는 미국까지도 하등 근심할 필요가 없을 것이다. 세계에서 가장 근면한 10억의 인민이 있고, 방대한 자연자원을 가지고 있는 중국은 인구가 가장 많은 대국일 뿐만 아니라 세계에서 가장 강대한 나라가 될 것이다.

닉슨의 이 메시지는 예언적 마력을 갖고 있다. 닉슨은 저우언라이가 한 외국 기자의 질문에 답하면서 "나는 먼저는 중국인이고, 그 다음으로 공산주의자이다"라고 말한 것에 크게 감명을 받았다. 닉슨은 저우언라이가 공산주의자이면서도 유가儒家의 전통을 존중하고 중국의 옛 풍습에 대해서도 탄력성 있게 대하는 모습을 보고 다른 공산주의자들에게서는 느낄 수 없는 감동을 받았다.

닉슨의 이 예언적 메시지는 앞서 이야기한 헤밍웨이의 저우언라이 평을 상기시킨다. 결과적으로 헤밍웨이와 닉슨은 저우언라이라는 특이한 존재를 통해 중국의 공산화를 예언한 셈이었고 불과 40년 뒤의 중국을 미리 내다본 것이 되었다. 닉슨이 중국을 방문했을 때가 1972년이었다. 그러나 닉슨이 미리 내다보았던 중국은, 중국의 지도자들이 제대로 역할을 했을 때, 소련, 인도, 일본, 멀리는 미국을 걱정하지 않는 중국이었다. 그러나 오늘의 세계는 거꾸로 소련, 인도, 일본과 미국 등 전 세계가 중국의 패권을 우려하는 지경에 이르고 말았다.

덩샤오핑을 통해 중국의 미래를 보다

> 저우언라이에게 덩샤오핑은 믿음이자 희망이었다.
> 덩은 저우언라이의 기대에 보답했다.
> 오늘날 중국의 실체와 미래는 저우언라이가 그렸던 밑그림을
> 덩이 다듬고 빛깔을 얹힌 것이다.

《신중국사China A New History》의 저자 페어뱅크는 저우언라이의 중립성과 뛰어난 분별력을 높이 평가했다.

> 저우언라이는 위대한 능력을 지닌 매력적인 인물이다. 언제나 중립적인 위치를 지켰으며 조직의 단합을 추구했다. 또한 결코 최고의 자리를 노리는 경쟁자가 되려고 하지 않는 뛰어난 분별력을 가지고 있었다.

페어뱅크는 저우언라이의 매력에 푹 빠진 사람 중 하나다. 저우언라이를 '명철보신明哲保身'의 달인이라고 말하는 사람도 있다. '명철보신'이란 말을 긍정적으로 풀이한다면, 분별력과 중립성이 그 말의 중심가

치가 된다. 언제나 정세를 객관적, 합리적으로 받아들이며, 가볍게 싸움에 말려들지 않으며, 중심을 잡고 자기 분수를 지킨다는 뜻이다.

그는 평생을 통해 의미 없는 권력투쟁에 말려들지 않은 것으로 유명하다. 몸을 사리는 것이 아니라 스스로 낮춰야 할 때 낮출 줄 알았고, 전체와 대의를 존중한 것으로 평가받고 있다. 페어뱅크가 "그가 48년간이나 공산당의 중앙정치국에 몸담았다는 것은 세계 신기록의 하나다"라고 찬탄할 정도다.

아무리 심하게 병을 앓고 있다고 하더라도 마오쩌둥은 절대 권력자였다. 권력의 추이에 누구보다도 예민하고 투쟁적인 마오쩌둥이었다. 그의 병중에 정치적인 발언으로 함부로 나설 저우언라이가 아니었다. 실제로 저우언라이가 죽었을 때, 마오쩌둥도 저우언라이 못지않게 병이 심각했다. 류야저우의 말을 하나 더 인용해본다. 마오쩌둥이 문병이나 조문을 하기가 거의 어려운 상태였다는 증언이다.

> 그러나 엄밀하게 말한다면 그(마오)에게는 이미 갈 능력이 없었다. 그 역시 병으로 죽음을 앞두고 있는 상태였다. 그로부터 몇 달이 지나지 않아 마르크스가 있는 저승에서 그와 저우언라이가 만났다는 사실이 이를 잘 말해주고 있다. 솔직히 그 며칠간 그에게 특별한 잘못이 있다고는 할 수 없다. 저우언라이의 죽음에도 폭죽을 터뜨린 일이 사람들을 무척 당혹하게 한 것 말고는.
>
> _ 류야저우 지음, 박재연 옮김, 《천안문 광장》(동아일보사, 1990)

저우언라이가 죽고 며칠 뒤가 춘절이었다. 섣달그믐날 밤이지만 시내에서는 이상할 정도로 폭죽 소리가 들리지 않았다. 그런데 마오쩌둥이 거처하는 중난하이中南海 수영장에선 폭죽 소리가 요란하게 울렸다. 부축을 받은 마오쩌둥이 직접 보온병 같은 큰 폭죽에 불을 붙이는 장면도 볼 수 있었다. 폭죽도 엄청나게 큰 것으로 소문이 났다. 춘절에는 으레 있을 법한 일이었지만 그날의 이 사실을 입소문으로 들은 인민들의 실망과 분노는 커졌다.

마오쩌둥은 저우언라이의 병세에 대해 매일매일 보고를 받고 있었다. 저우언라이의 목숨이 경각에 달려 있다는 보고도 계속 들렸다. 마오쩌둥은 저우언라이의 죽음 앞뒤 시간에 침상에 누워 《루쉰 선집》을 읽고 있었다. 오후 세 시가 조금 지나 마오쩌둥은 저우언라이의 부음을 들었다. 정치국에서 보내온 보고서를 비서가 읽었다. "중국 인민의 위대한 프롤레타리아 혁명가, 걸출한 공산주의 전사 저우언라이 동지는 암으로 인해 온갖 약과 치료에도 효과가 없이……."

어떤 기록은, 보고를 듣는 동안 마오쩌둥은 지그시 눈을 감은 채, 눈물이 뺨을 적시고 목까지 흘렀다고 적고 있다. 말은 하지 않았다고 한다. 춘절에 마오쩌둥이 폭죽을 터뜨렸다는 이야기와는 사뭇 다른 이야기다.

마오쩌둥은 저우언라이의 장례식에 가지 않았다. 많은 기록들이 '가지 못했다'는 쪽으로 가닥을 잡고 있지만 여러 얘기가 있다. 장례식에 입고 나갈 옷가지를 머리맡에 놓아두었고, 휠체어와 산소마스크도 준비했다는 얘기가 있다. 보좌진이 알아서 미리 챙겼을 것이다. 그러나 장례식 하루 전날 밤, 마오쩌둥의 상태는 아주 좋지 않았다고 전해진다. 단순히 건강 문제만이 아니라고 보는 견해도 있다. 저우언라이가 숨을 거두자 마오쩌둥의 최측근이 보고를 못했다는 얘기도 있다. 반면에 앞에서 말한 대로 부음은 전했지만, 막상 장례식 일정은 알리지 않았다는 설도 있다.

그러나 따지고 보면, 폭죽을 터뜨린 것과 눈물을 보인 것, 둘 다 사실일 수 있다. 누가 진실을 알겠는가. 이런 경우, 이런 상황에 '진실'이라는 것이 도대체 존재하는 것인지조차 아리송하다. 그만큼 당시의 정황은 워낙 복잡하게 엉키고 또 헝클어져 있었다.

저우언라이는 죽기 한 해 전인 1975년 1월, 제4기 전국인민대표대회 상무위원회 제1차 회의에 참석해 〈정부공작 보고〉를 했다. 덩샤오핑이 초안을 작성한 원고였다. 그는 마지막 혼신의 힘을 쏟아 '4개 현대화 목표'를 소리 높여 외쳤다. 암세포가 전신에 퍼져 있고, 집무도 병원의 병실에서 하고 있을 때였다. 인민대회당은 폭발적인 박수의 물결로 채워졌다. '인민의 총리'로 사랑을 받는 저우언라이, 문화혁명 10년 내내 죽어라 고생만 하던 저우언라이였다. 그가 형편없이 수척해진 모습으로 단상에 나타나자, 그 자체가 감동이었다.

장칭 일당에 의해 휴지조각이 되어버린 '4개 현대화'를 저우언라이는 지치지도 않고 다시 꺼내든 것이다. 장내는 숙연했고, 또 다른 열기로 가득했다. 이 소식을 들은 마오쩌둥의 표정은 무덤덤했다고 전해진다. 그러나 장내를 울린 박수 소리는 그의 귀에도 쟁쟁했을 것이다.

실제로 마오쩌둥이 저우언라이를 경계하고, 그가 자신보다 더 오래 사는 것에 대해 예민했다는 증언들이 많다. 국정 운영에서 마오쩌둥은 저우언라이를 절대적으로 필요로 했지만, 혁명과 국가건설의 지향점에 있어서 둘은 철저하게 달랐다.

마오쩌둥은 저우언라이가 자신보다 더 오래 살 경우, 자신이 추구한 혁명의 이념성과 지속성이 철저하게 파괴되리라는 것을 훤히 내다

보고 있었다. 문화혁명의 정당성만은 어떻게 하든 꼭 붙들고 싶은 것이 마오쩌둥의 욕망이었다. 이런 이야기들은 아직까지는 중국공산당이 공식적으로는 인정하지 않는 부분이다. 그러나 6년 전, 저우언라이의 아내 덩잉차오의 일기가 제한적으로나마 공개되면서 저우언라이의 죽음을 앞두고 마오쩌둥이 보여주었던 동태와 동선動線이 그대로 드러났다.

저우언라이의 죽음과 관련해서 인민들의 노여움을 살 만한 조짐들이 외국의 중국 외교 공관에서도 발견되었다. 외국에서 저우언라이는 마력의 정치인이다. 인기가 높은 수수께끼의 사나이다. 그의 죽음은 서방 인사들에게는 충격이었다. 외국 언론들이 대서특필했다. 그러나 정작 외국의 중국 공관에서는 반기조차 올리지 못했다. 대사관 옥상에 중국 국기 오성홍기五星紅旗가 반기로 걸렸다가 한 시간 만에 다시 원상복귀되었다. 추도회도 열지 못했고 애도 전문도 받을 수 없었다. 본국으로부터 내려온 훈령 때문이었다. 주재국의 의회나 관서에는 반기가 걸려 있는데 정작 중국 대사관에는 아무런 이상이 없다는 듯이 국기가 평온하게 펄럭였다. 당시는 장칭을 비롯한 4인방이 마오쩌둥을 둘러싸고 전횡을 일삼던 때였다.

전국에 방영되는 기록영화는 마오쩌둥이 홍위병을 접견하는 자리에서 저우언라이가 린뱌오에게 길을 비켜주는 장면을 보여주었다. 저우언라이가 황푸군관학교 정치부 주임일 때 린뱌오는 학생이었다. 린뱌오는 '저우 총리' 밑에서 국방부장(장관)을 지냈다. 그런 그가 문화혁명 초반에 급상승해 저우언라이의 서열을 앞질렀다. 어느 군중집회에서 저우언라이가 연설을 하는 장면도 있다. 저우언라이의 연설에 이어 마오쩌둥의 아내 장칭이 팔을 높이 치켜들고 "총리에게 배웁시다!

총리에게 경의를 표합시다!"고 큰 소리로 외친다. 저우언라이 역시 이내 팔을 높이 올려 "장칭 동지에게 배웁시다! 장칭 동지에게 경의를 표합시다!"고 외친다. 한 편의 만화 같은 이런 장면들을 담은 기록영화가 전국을 누볐다. 이런 걸 볼 때마다 중국 인민들의 가슴은 아프고 저렸다.

문화혁명이 중반을 돌아 후반으로 달려가면서 저우언라이의 절망감은 더 깊어졌다. 저우언라이는 마오쩌둥에 대한 저항과 적응을 적절히 배합하면서 혁명의 속도를 조절하고 있었다. 그는 어떻게 하면 하루 빨리 나라를 안정시킬 수 있을지만을 생각했다.

네 차례나 큰 수술을 받을 정도로 중병에 있으면서도 그는 잠시도 국정에서 손을 떼지 않았다. 1974년 6월 1일 입원한 해방군 305병원 병실이 그의 집무실이었다. 그해 12월이 되면서 그는 어려운 결단을 내렸다. 창사長沙에 머물고 있던 마오쩌둥을 찾아갔다. 의료진이 한사코 말리는데도 뜻을 굽히지 않았다. 마오쩌둥과의 어려운 담판을 통해서 문화혁명 말기의 인사를 마무리했다. 덩샤오핑이 다시 전면에 나섰다. 1974년 12월 23일의 '창사결책長沙決策'이다.

저우언라이는 죽음을 앞두고 자기 자신이 당대에 할 수 있는 일에는 한계가 있다는 것을 잘 알고 있었다. 그는 중국의 미래에 대해 더 마음을 썼다. 덩샤오핑에 대한 기대와 신뢰가 그것이었다. 덩샤오핑을 통해 중국의 미래를 바라보았다.

저우언라이에게 덩샤오핑이란 존재는 믿음이자 희망이었다. 저우언라이는 마오쩌둥에게 자기 후임으로 덩샤오핑을 추천했다. 그러나 마오쩌둥은 엉뚱하게 화궈펑華國峰이라는 무명의 측근을 그 자리에 앉혔다. 그는 4인방에 속하지도 않았고 그렇다고 저우언라이나 덩샤오

저우언라이는 덩샤오핑이 마오쩌둥의 뒤를 이어 중국의 미래를 이끌 것으로 보았다. 덩샤오핑은 저우언라이에게 믿음이자 희망이었다. 맨 뒷줄 왼쪽부터 덩샤오핑, 허룽, 저우언라이. 1961년.

핑의 사람도 아니었다.

4인방 세력은 국정을 운영하는 데에 턱없이 능력이 모자랐다. 대신 그들은 '영구 혁명'을 내세워 마오쩌둥의 마음을 붙들었다. 그 대칭에 있는 덩샤오핑은 '마오쩌둥의 혁명'에는 늘 걸림돌이었다. 안심이 되지 않았다.

덩샤오핑은 결국 저우언라이의 추모 열기로 빚어진 톈안먼사태를 뒤에서 조종했다는 누명을 쓰고 또 한 번 마오쩌둥에 의해 실각되었다. 그러나 그는 4인방이 무너지면서 다시 극적으로 중국의 미래 속으로 돌아왔다. 덩샤오핑은 저우언라이의 기대에 보답했다. 2012년, 오늘 우리가 보는 중국의 실체와 미래, 그것은 저우언라이가 그렸던 밑그림을 덩샤오핑이 다듬고 빛깔을 얹힌 오늘의 중국, 그것이다.

저우언라이의 죽음, 중국 인민을 깨우다

저우언라이는 1976년 10월 그날까지 죽지 않고 살아 있었다.
그는 덩샤오핑이 우뚝 서는 그날에야 비로소 눈을 감았다.
아니 저우언라이는 2012년 봄, 현재에도 살아 있다.
그의 눈동자가 중국의 미래를 지켜보고 있다.

예젠잉 원수의 집 벽에 〈착해도捉蟹圖(게 잡는 그림)〉 한 폭이 걸렸다. 1976년 10월 16일, 중국공산당 중앙은 공식적으로 4인방이 분쇄되었음을 알렸다. 중국의 저명 화가 황융위黃永玉는 '4인방 타도'의 공적과 위업을 기리기 위해 게 잡는 그림을 그려 예젠잉에게 보냈다.

하필이면 왜 게였을까. 게는 옆으로만 간다. 어깃장 걸음이다. 중국 인민의 눈에 장칭과 4인방의 행보는 영락없는 게걸음이었다. 마오쩌둥을 등에 업고 10년 내내 혁명 타령만 늘어놓았다. 심지어는 같은 해 정월 '인민의 총리' 저우언라이가 세상을 뜨자 추모조차 못하게 횡포를 부렸다. 9월에 마오쩌둥마저 세상을 등졌다고는 하지만 한 달이 지나도록 세상은 뒤숭숭하기만 했다. 이런 때 4인방이 잡혔다는 소식은, 인민의 막힌 숨통을 확 터주었다. 예젠잉 원수가 4인방 타도의 주인공이었다.

게 그림 이야기가 퍼지자 시중의 게가 동이 났다. 게는 단번에 최고의 술안줏감이 되었다. 많은 술꾼들은 마오쩌둥의 아내 장칭과, 장춘차오張春橋 등 남자 셋을 의미하는 암게 한 마리와 수게 세 마리를 세트로 사서 먹었다. 4인방에 대한 분풀이로 이 이상의 카타르시스가 없었다.

4인방 타도는 전소 중국 인민의 축복이었다. 10월 21일, 베이징 톈안먼광장은 150만 군중으로 넘쳤다. 그해 4월 1일 청명절 날, 저우언라이의 '웅장한 무덤'이었던 톈안먼광장은 불과 여섯 달 만에 분노와 애도의 광장에서 환희와 축복의 광장으로 변했다. 공장에서, 농촌에서, 각 직장과 집에서, 또 학교에서 사람들은 제 발로 걸어나와 톈안먼광장과 창안제長安街를 메웠다. 아침부터 저녁까지 사람들은 폭죽을 터뜨리며 웃고 떠들고 환호하며 광장과 거리를 누볐다.

덩샤오핑은 그해 7월 6일 훙군의 대명사였던 주더 원수의 부음訃音을 들었다. 베이징 동교 민항 17호에 연금되어 있을 때였다. 주더의 나이 90세였다. 가장 열악한 시절에 그도 한을 품고 이승을 떴다. 이날 중난하이의 관사로 돌아가려던 덩샤오핑 부부의 계획이 며칠 연기되었다.

7월 28일 새벽, 덩샤오핑 일가는 관사에서 지진을 맞았다. 복도 천장의 큰 판자가 무너져내렸다. 덩샤오핑 부부는 수면제를 먹고 깊이 잠들어 있었다. 자녀들이 안에서 잠긴 문을 따고 겨우 마당으로 모셨다. 여진을 걱정하며 밖에서 밤을 샜다. 관사에서도 덩샤오핑의 연금은 계속되고 있었다.

9월 9일 오후 3시, 덩샤오핑은 마오쩌둥의 영면 소식을 라디오 방송을 통해 들었다. 그리고 한 달이 채 못 되어 4인방의 완전 몰락을 인편으로 알게 되었다. 4인방이 체포당한 다음 날인 10월 7일, 옛 전우로부터 이 놀라운 소식을 들은 사돈이 아들로 하여금 바로 알리게 했다. 급하게 달려온 사위를 덩샤오핑의 가족이 둘러쌌다. 욕조에 물을 틀었다. 콸콸 물 흐르는 소음 속에서 모두 이 엄청난 비밀 이야기에 귀를 모았다. 덩샤오핑의 가족은 중요한 이야기를 나눌 때면 욕조의 물을 틀어 도청을 막고 있었다.

저우언라이는 죽기 사흘 전인 1월 5일, 또 한 번의 수술을 받았다. 덩샤오핑, 리셴녠李先念, 왕둥싱汪東興이 수술을 지켜보았다. 병세가 위독하다는 사실이 알려지자 예젠잉 등이 바로 달려왔다. 저우언라이는 예젠잉에게 당부했던 자신의 말을 떠올렸다. 4인방에게 절대로 권력을 넘겨주어서는 안 된다는 다짐을 예젠잉은 분명히 기억하고 있을 것이다.

90세의 주더가 저우언라이의 유체 앞에서 마지막 작별의 경례를 올렸다. 열두 살 아래 20대의 저우언라이를 통해 30대의 주더가 베를린에서 공산당에 입당한 지 얼마 만인가. 쑹칭링宋慶齡, 예젠잉, 리셴녠, 그리고 덩샤오핑이 비통한 마음으로 저우언라이의 유체 앞에서 고개를 숙였다. 1월 10일과 11일, 당과 정부 지도자들과 각계 대표 1만여 명이 베이징병원에 안치된 저우언라이에게 작별인사를 했다.

저우언라이의 죽음 앞에서 4인방은 인민들의 슬픔에 어깃장을 놓고 있었다. 어깃장 정도가 아니라 인민들의 자발적인 애도와 추모에 대해 노골적으로 훼방과 거역을 일삼았다. 저우언라이가 사망한 다음 날인 1월 9일, 4인방은 신화통신에 보도통제를 지시했다. 애도기간 동안 4인방은 '인민들이 상장을 두르거나 차는 것', '저우언라이의 영정을 거는 것', '영당靈堂을 설치하는 것', '추도 화환을 보내는 것', '추도회를 여는 것' 등에 대해 금지명령을 내렸다. 또한 4인방은 각 가정과 기관을 뒤져서 앞의 위반사항을 엄하게 단속했다. 그뿐이 아니었다. 문예기관에 압력을 넣어 총리의 애도 기간에도 평소와 다름없이 모든 공연 활동을 하도록 했다. 덩룽의 《불멸의 지도자 등소평》에서 하나의 사례를 읽어본다.

> 협화協和병원의 저명한 산부인과 의사 린챠오즈林巧稚는 그가 가장 경애하는 총리 저우언라이의 영정을 병원 벽에 걸어놓았는데 조사원이 병원에 파견되어 강제로 총리의 영정을 떼어내버렸다. 칠순이 넘은 린 의사는 화가 나서 눈물을 흘렸고 조사원이 돌아가자 다시 고집스럽게 영정을 높이 벽에 걸어놓았다. 인민들이 저우언라이에 대해 가졌던 사랑은 마음속 깊이 항상 새겨져 있어 빼앗아갈 수도 약탈해갈 수도 없는 것이었다. 4인방에 대한 인민의 증오는 이미 하늘에 가득 찬 원한으로 변하였다.
>
> _ 덩룽 지음, 임계순 옮김, 《불멸의 지도자 등소평》(김영사, 2001)

1월 11일, 저우언라이의 유해는 바바오산八寶山 혁명공동묘지로 옮겨졌다. 백만 인파가 눈물로 배웅했다. 창안제 양쪽에 빽빽하게 줄을 선 사람들은 영구차가 앞으로 다가올 때마다 목메어 울었다. 조문 기간 동안 인민들의 자발적인 추모행사는, 단속에도 아랑곳하지 않고 전국 각지로 번졌다. 많은 사람들이 팔에 상장을 차고, 종이로 만든 흰 꽃을 들고 톈안먼광장의 인민영웅기념비 둘레로 모여들었다. 사람들은 나름으로 각종 형식의 추모행사를 벌였다.

베이징만이 아니었다. 상하이, 톈진, 난징南京, 충칭, 시안, 우한武漢, 광저우 등 전국의 크고 작은 도시에서 잇달아 추모행사가 열렸다. 4인방에 대한 억제할 수 없는 분노와 나라의 장래에 대한 다함없는 걱정과 근심이 저우언라이에 대한 추모 열기로 표출되었다.

1월 15일, 추도회에서 덩샤오핑은 추도사를 읽었다. 추도회 장면이 텔레비전을 통해 전국에 방영되었다. 덩샤오핑은 이날 이후 텔레비전 화면에서 사라졌다. 9월 마오쩌둥이 죽었을 때에도 덩샤오핑의 행방은 묘연했다. 하지만 4인방이 타도된 지 아홉 달 뒤인 1977년 7월, 덩샤오핑은 다시 중국의 역사 전면에 등장했다. 덩룽의 표현대로 "중국의 미래와 운명이 관련된 중요한 복귀, 찬란한 복귀"였다.

3월 19일 베이징의 한 소학교 학생들이 톈안먼광장의 인민영웅기념비 앞에 저우언라이 총리를 추모하는 화환을 바쳤다. 24일에는 난징의 군중들이 큰 규모의 추도 기념식을 가졌다. 3월 30일부터 인민영웅기념비 둘레에 저우언라이를 추모하고 4인방을 비방하는 표어들이 나붙기 시작했다. 4월 1일, 청명절을 앞뒤로 중국 인민들은 저우언라이 추모를 앞세워 4인방에 대한 통렬한 반대운동에 나섰다. 광장 주변의 소나무에는 작은 병瓶들이 줄줄이 매달렸다. 작은 병, 즉 '소병小瓶'은 중국어로 덩샤오핑의 '샤오핑'과 발음이 같다. 작은 병들은 덩샤오핑을 찾는 군중의 마음을 담고 있었다. 중국인들의 은근한 표현 방식이었다.

4월 3일 밤, 왕훙원王洪文 등이 직접 톈안먼광장의 실태를 살폈다. 사진을 찍고 증거를 확보했다. 현장에서 27명이 공안에 체포되었다. 이튿날부터 4월 1일 이후 벌어진 집회와 소요에 대해 대대적인 범인

1976년 1월 8일 저우언라이가 숨을 거두었다. 1월 15일 추도회에서 추도사를 읽는 덩샤오핑. 마오쩌둥은 자신 대신 덩샤오핑이 추도사를 읽도록 했다. 1976년 1월 15일.

색출작업에 들어갔다. 저우언라이의 '웅장한 무덤' 위에 쌓였던 화판들이 200대의 트럭에 실려 사라졌다. 화판을 철거하면서 공안은 57명을 신문했고, 그중 5명을 체포했다.

4월 5일 오후, 베이징시 당위 제1서기 우더吳德는 텐안먼사태를 '반혁명 사건'이라고 선포하고 군중들의 해산을 명령했다. 했다. 밤 9시가 넘어 1만 명의 민병과 3,000명의 경찰이 광장으로 진입했다. 수많은 사람들이 몽둥이로 얻어맞고 38명은 감옥으로 보내졌다. 인적은 사라졌으나 기념비 앞엔 핏자국이 선명했다.

4월 7일 아침, 마오쩌둥은 조카 마오위안신毛遠新으로부터 4인방의 보고를 한 시간 남짓 들었다. 죽기 넉 달 전, 마오쩌둥의 건강은 말이 아니었다. 그러나 그의 정신력은 멀쩡했다는 얘기가 가능하다. 그의 다음 지시가 그걸 증명해준다.

> 덩샤오핑을 당적만 남겨두고 그의 모든 직무를 해제한다. 이후 그의 행동을 주시하라. (중략) 이번 사태는, 첫째는, 수도 베이징에서, 둘째는, 더구나 톈안먼광장에서, 셋째는 불 지르고 공격까지 했다는 것, 이 세 가지가 엄중하다. (중략) 화궈펑을 총리로 임명한다.

덩샤오핑은 다시 실각했고 종적이 묘연해졌다. 당연히 4인방은 만세를 불렀다. 그러나 사실 바로 이 순간, 노련하고 노회한 마오쩌둥은 앞을 내다보고 걱정하는 책략과 묘수를 둔 것이었다. 왕둥싱은 4인방의 만세 소리에 위기를 느꼈다. 누구의 손에 의해서 덩샤오핑이 체포되고 타도되는 상황이 일어날지도 모른다고 생각한 왕둥싱은 마오쩌둥을 찾았다. 왕둥싱은 덩샤오핑이 공격당할지도 모른다고 보고했다.

마오쩌둥은 덩샤오핑을 다시 공격해서는 안 되고 잡아가서도 안 된다고 하면서 왕둥싱에게 무슨 방법이 없냐고 물었다. 왕둥싱은 덩샤오핑을 어디론가 피신시켜야 하는데 동교 민항의 한 집으로 피신시킬 수 있다고 건의했다. 마오쩌둥은 그렇게 하라고 말했다.

덩룽이 그의 책에서 밝힌 사실이다. 덩샤오핑 부부는 다시 동교 민항 17호에서 연금생활을 하게 되었다. 그러나 이번 연금은 옛날 장시성에서 보낸 연금과는 성격이 달랐다. 보호 차원의 정치적 피신이었다.

마오쩌둥은 문화혁명 초기, 주자파走資派의 두 거두를 실각시켰다.

그러나 그때에도 마오쩌둥은 류사오치와 덩샤오핑을 구별하고 차별했다. 이 두 번째의 숙청에서도 마오쩌둥은 덩샤오핑의 정치생명을 결정적으로 보호했다.

마오쩌둥은 끝까지 문화혁명을 정당화시키고자 했다. 그러나 덩샤오핑은 타도를 각오하면서까지 문화혁명의 정당성을 수긍하지 않았다. 4인방에게는 문화혁명의 역할을 맡길 수는 있으나 나라의 장래는 역시 덩샤오핑의 몫이라는 것이 마오쩌둥의 일관된 생각이었다.

세상에선 덩샤오핑의 이 두 번째 실각을 두고 많은 억측이 있었다. 광둥 군구의 보호를 받고 있었다는 둥, 베이징 군구에 갇혀 있었다는 둥 기록마다 달랐다. 왕둥싱은 마오쩌둥의 지시에 따라 덩샤오핑의 행방에 대해 입을 다물었다. 장칭 등이 수시로 추궁했으나 대답하지 않았다.

임종을 앞두고서 저우언라이는 깊은 회의에서 벗어나지 못하고 있었다. "잉차오, 왜 투쟁은 끝없이 해야 하는 거요? 마르크스 철학은 투쟁의 철학인 거요? 도대체 누구와 투쟁하는 거요? 어찌해 나라가 이 지경까지 온 거요? 알 수가 없소. 이해가 되지 않소!" 1975년 5월 10일, 덩잉차오의 일기에 기록된 저우언라이의 분노와 탄식의 목소리다.

그해 10월 3일에는 아내에게 "나는 내가 걸어온 길을 늘 되돌아보곤 하오. 나는 마르크스주의를 믿고, 공산주의가 인류의 이상을 실현하기 위한 것으로 믿소. 그런데 건국 26년이 지났는데도 정치투쟁은 끝이 안 보이오. 이렇게 나간다면 나라는 재난에 빠질 거요. 이것도 사회주의 사회라 할 수 있소? 이것도 인민이 주인이 되는 사회라 할 수 있소? 나의 일생은 아직도 서생의 티를 벗지 못했구려. 실망을 안고 돌아가오"라는 탄식도 했다.

이 무렵부터 저우언라이는 깊은 자괴감과 자책감으로 몸부림쳤다. 죽음의 시간을 바로 눈앞에 두고도 저우언라이에겐 마오쩌둥과, 문화혁명 그 광란의 끝이 보이지 않았다. 공산주의에 대한 극도의 실망감이 그를 옭죄었다.

> 한 차례 정치폭풍이 오고 있다. 아직도 투쟁해야 하는가? 언제까지 투쟁해야 그만둘 것인가? 공산당 철학은 투쟁 철학이란 말인가? 사회주의 현대화 건설도 투쟁을 통해서만 이뤄지는 건가?
>
> _ 1975년 12월 3일.

> 나라가 아주 불행하다. 건국 26년인데 6억 인구가 아직 밥도 제대로 먹지 못하고 공산당 노래만 하고 지도자 찬양만 하고 있다. 이것은 분명 공산당 실패의 한 장후(章)이다.
>
> _ 1975년 12월 28일.

죽음 일주일 앞둔 1월 1일 새벽, 저우언라이는 또 혼자 깊은 탄식에 빠진다. 나라 걱정이 극에 달하고 있다.

> 지금 나라는 안팎으로 적들에 둘러싸여 경제 위기에 처해 있다. 누가 사회의 흐름을 주도해야 하는가? 바로 인민이다! 깨어난 인민이다!

새해 들어 둘째 날인 1월 2일, 저우는 또 아내에게 중난하이를 떠날 것을 당부하면서, 유해를 남기지 말고 묘도 세우지 말라고 이른다. 덩잉차오의 일기는 근래에 와서 비로소 공개되었다. 저우언라이의 병상일지이기도 한 덩잉차오의 일기는 사료로 가치가 매우 높다. 그만큼 중국공산당에게는 민감한 자료다.

특히 마오쩌둥과 관련된 부분은 그동안의 마오쩌둥 중심 중국공산당 역사와 배치되고, 긴장을 유발할 소지가 많다. 따라서 중국공산당이 매우 조심스럽게 다룰 수밖에 없다. 마오쩌둥의 역사적 공과功過에 대한 중국공산당의 공식 평가는 '공로 70퍼센트, 과오 30퍼센트'로 정착되어 있다. 이 원칙을 쉽게 허물 수가 없다. 역사 기록들의 행간을 읽으면, 저우언라이의 비중과 업적이 모두 마오쩌둥의 공으로 채색되어 있는 걸 쉽게 볼 수 있다. 마오쩌둥과 저우언라이를 괄호 안에 넣는 이유를 알 것 같다.

덩잉차오는 마오쩌둥이 세상을 뜨자 공산당 중앙정치국에 자신의 일기를 어떻게 처리할 것인가 알아보았다. 예젠잉은 정치국 상임위원회를 대표하여 "현재 일이 너무 많고 복잡하니 일단 잘 보관하고 있으라"며 공개하지 말 것을 당부했다. 1981년 7월 2일, 덩잉차오는 다시 이 문제를 당에 제기했다. 그때도 당시 공산당 주석이었던 후야오방胡耀邦은 공산당의 처지를 내세워 공개 여부를 유보했다. 후야오방은 "상임 위원들과 일부 정치국 위원들이 모두 보았는데 아직은 보관하고 있는 것이 좋겠다. 당은 여러 가지를 고려해야 하는 사정이 있다. 당의 단결과 이미지, 마오쩌둥 주석의 공과 문제 등을 고려하지 않을 수 없다"고 정치국을 대표해서 알려왔다.

1992년 7월, 덩잉차오가 세상을 떠나자 일기는 중앙정치국 산하 기관으로 옮겨졌다. 2004년 3월, 중국공산당은 덩잉차오 일기를 검토해서 제한된 범위 안에서 당사黨史에 반영하되 정치적 결론은 내리지 않기로 결정했다. 이 일기가 비록 제한적이긴 하나 공개된 것은 저우언라이 서거 30년을 맞이해서다. 2006년 1월 8일, 중국공산당 중앙당학교와 중앙이론연구실, 중앙당사연구실은 '지우언라이 사상 연구토론회'를 열었다. 이 자리에서 덩잉차오의 일기는 비로소 공개되었다.

그러나 완전한 공개는 아니었다. 다만 내용들의 일부가 인터넷 등을 통해 시중에 알려진 상태다. 마오쩌둥이 저우언라이가 중병에 시달릴 때 한 번도 문병가지 않았던 사실과, 자신이 직접 추도사를 읽지 않고 덩샤오핑에게 맡겼던 사정의 뒷이야기도 덩잉차오의 일기를 통해 처음으로 세상에 알려진 것이었다.

그렇다면 저우언라이가 병상 집무를 하면서 극도의 실망감과 절망감에 시달리고 있을 때, 마오쩌둥은 저우언라이를 어떻게 바라보고 또 대응하고 있었을까.

1975년 5월 3일, 예젠잉과 천시롄陳錫聯은 마오쩌둥에게 "주석께서 한번 문병 가는 것이 어떻겠습니까?" 하고 물었다. 이에 마오쩌둥은 한마디로 차갑게 대답했다. "나는 의사가 아니오." 마오쩌둥이 직접 주재한 중앙정치국 회의에서였다. 9월 28일에는 예젠잉과 주더, 리셴녠, 리더셩李德生 등 일곱 명의 정치국 위원들이 마오쩌둥에게 간곡하게 건의를 했다. "주석께서 50년 전우를 문병할 수 있기를 바란다"는 내용의 공동서명한 건의서를 정중하게 보냈다. 그러자 마오쩌둥은 조카 마오위안신을 통해 "나는 다른 사람들에게 어떤 강요도 하지 않았고 다른 사람들이 나에게 강요하는 것도 바라지 않는다"라며 거절의 뜻을 전했다.

마오쩌둥의 건강이 저우언라이의 추도식에 못 갈 정도로 나쁘지 않았다는 것이 나중에 밝혀졌다. 중앙정치국은 1월 12일 마오쩌둥 주석에게 저우언라이의 추도식에 참석할 것인지, 덩샤오핑에게 추도사를 시킬 것인지 의견을 물었다. 마오쩌둥은 구두지시를 통해 "강요하지 말라. 덩이 추도사를 하는 것이 합당하다"고 대답했다.

1월 8일 저우의 죽음으로부터 시작된 중국의 정치상황은 거대한 지각변동이자 긴장과 박진감이 넘치는 완벽한 드라마였다. 불과 열 달 사이에 분노와 좌절은 환희와 희망으로 승화되었다.

저우언라이는 1976년 10월까지 죽지 않고 살아 있었다. 나라의 안위를 걱정하고, 미래에 대한 꿈도 차마 접지 못했다. 그는 4인방이 사라지고 덩샤오핑이 우뚝 서게 되어서야 비로소 눈을 감았다. 그의 평생의 꿈이 이뤄지리라는 확신을 갖게 되었다. 그가 병상에서 죽음을 앞두고 외롭게 외쳤던 "누가 사회의 흐름을 주도해야 하는가? 바로 인민이다! 깨어난 인민이다!"의 그 인민들이 톈안먼광장, 그 넓은 인민의 광장을 저우언라이의 무덤으로 만들면서 마오쩌둥의 시대는 침몰하기 시작했다.

저우언라이가 사망한 지 35년이 지났지만 중국은 여전히 그를 필요로 한다. 그의 꿈과 희망과 비전이 어떤 모양으로, 때로는 올곧게, 때로는 왜곡과 굴절을 거치며 구현될지 그것은 중국의 미래이고 운명이다. 그것에 주목하고 대응해야 하는 것은 또한 우리 몫이다.

2장
코뮤니스트 저우언라이

상하이 노동자 봉기와 4·12정변

> 저우는 노동자 봉기를 주도하면서 지난날의 실패를 통해 교훈을 찾아냈다. 당 중앙의 지도사상에 "정권 쟁취의 목적성이 없다"는 반성이었다. 그는 '정권 쟁취'라는 목표를 확실히 했다.

1927년 3월 21일의 상하이 노동자 무장봉기와 장제스의 4·12정변은 중국의 공산혁명사에서 하나의 분수령이 되었다. 스물아홉 살의 저우언라이가 총지휘한 이날의 제3차 상하이 노동자 봉기는, 낮 12시, 상하이 지역의 모든 교통수단이 일시에 정지되면서 막을 올렸다. 한 시간 뒤, 지역의 관공서, 경찰서, 우체국과 통신시설들이 무장한 노동자들에게 공격을 당하고, 이튿날 새벽 4시 무렵에는 상하이의 기간시설 대부분이 공산당 손안에 들어갔다. 그러나 그 여파는 국민당의 무자비한 보복과 탄압으로 나타났다. 4월 12일 새벽, 장제스의 국민당군이 상하이로 진입, 공산당을 소탕하기 시작했다. 장제스의 '반공 쿠데타'로 4·12정변으로 불린다. 30년 뒤, 저우언라이는 다음과 같이 회고하며 가슴 아파했다.

나는 무장봉기를 지휘할 책임을 지고 있었지만 경험도 부족한 데다 정치적인 역학관계를 잘 이해하지 못했다. 나는 봉건적인 가정에서 태어난 지식인이었던 것이다. 나는 경제적인 생산과정에 참여한 적이 없었기 때문에 노동자, 농민대중과 접촉할 기회가 거의 없었다. 나의 혁명 경력은 해외에서 시작된 것이었고, 혁명에 대해 내가 지니고 있던 보잘것없는 지식조차도 책을 통해 얻은 것이었다.

저우언라이다운 진솔한 고백이다. 모든 잘못을 자기 책임으로 돌리는 통절한 자기성찰이다.

'정치적인 역학관계'란 말은, 장제스에 대한 기대와 오판誤判을 두고 한 말일 것이다. 당시 공산당 무장 세력의 주적은 북양군벌北洋軍閥이었다. 노동자 봉기는 북양군벌 세력에 타격을 가해 북벌에 나선 장제스의 국민혁명군에게 길을 터주려는 것이었다. 그러나 장제스는 거꾸로 공산당을 탄압할 좋은 기회로 삼았다. 공산당과 국민당의 돌이킬 수 없는 '무한 전쟁'이 선포되는 순간이었다. 이날부터 중국공산당의 모든 활동은 지하로 숨어들었다.

1926년 10월, 중국공산당 상하이구 위원회는 북벌군北伐軍의 진격에 맞추어 제1차 노동자 무장봉기를 일으켰으나 실패하고 만다. 북양군벌 세력은 더 모질게 공산당을 탄압했다. 1927년 2월 중순, 다시 제2차 봉기를 선포했으나 노동자들이 잇단 파업으로 지쳐 있었고, 사전 준비도 부족한 상태여서 불발이 되었다. 중앙당과 상하이구 당위원회는 저우언라이를 중심으로 특별군사위원회를 만들었다.

저우언라이는 제3차 노동자 무장봉기를 준비하면서 그동안의 실패를 통해 원인과 교훈을 찾아냈다. 그것은 당 중앙의 지도사상에 "정

황푸군관학교 정치부 주임 시절의 저우언라이. 20대였던 저우언라이는 정치공작에서 두각을 나타내며 공산당을 이끌었다.

권 쟁취의 목적성이 없다"는 강한 반성이었다. 저우언라이는 당이 정권 쟁취를 목표로 하지 않고 철두철미, 야당의 입장만을 독립적으로 견지하고 있다며 당을 강하게 몰아세웠다. 그의 주장을 간추려본다.

> 당이 정권 탈취에 관심이 없어 국민혁명 시기에 보조적인 역량으로 전락하고, 계속 보조적인 구실만 했기 때문에 군사행동 역시 중요시되지 않아 노동자들의 무장이 이뤄지지 않았다. 그 때문에 지금처럼 독립적인 행동이 필요한 상황에서 독립하지 못하고 있다. 스스로의 힘이 부족하기 때문에 준비가 없는 것이다.

자체 군사력을 키워야 한다는 저우언라이의 집념이 돋보인다. 그는 '정권 탈취'라는 목표를 분명히 하고, 정권 탈취를 위한 주력부대부터 만들어야 한다고 강조했다. 당시 중앙당 총서기였던 천두시우는 '무장'에 대한 개념부터 저우와 달랐다. 천두시우에게 무장봉기란, "단지 군중들이 무기를 빼앗아 당 대표대회를 여는" 정도의 것이었다. 당 대표이던 천두시우의 이런 생각은 당시 상하이구 당위원회의 한 보고서에 남아 있다.

> 무장폭동은 민중들의 무장폭동이며, 수많은 민중들이 거리로 뛰쳐나와 여기저기서 무기를 빼앗아 무장하는 것이지, 미리 무장을 해서 봉기를 할 수 있는 것은 아니다.

저우언라이는 무장봉기를 하려면 먼저 주력군을 양성하고 작전계획을 세워야 한다고 주장했다. 그가 구상한 개괄적인 군사계획에는 무장역량 조직, 무기 준비, 군사 훈련 강화, 적군 공작 강화, 그리고 지도기구 구성이 포함되어 있었다. 특히 그의 핵심과제는, 자신이 직접 이끄는 무장군대를 조직하는 것이었다.

그 무렵 저우언라이의 활동의 단편들이 적혀 있는 보고서가 있다. 노동자 봉기에서 저우언라이와 함께 지도 역할을 했던 쉬메이쿤徐梅坤의 〈상하이 노동자의 제3차 무장봉기를 회고하며〉 중에서 한 대목을 뽑아본다.

> 저우언라이 동지는 노동자 규찰대 훈련에 심혈을 기울이며, 직접 푸둥浦東과 난스南市, 샤오사두小沙渡, 양수푸楊樹浦, 상무인서관商務印書館 등에 가서 군사 훈련을 시키고, 노동자들에게 사격과 진격, 방어 기술들을 가르쳤다. 그는 매우 민첩하고 융통성이 있어 노동자들 사이에서 크게 존경을 받았다.

상무인서관은 그 무렵 상하이에 있던 중국의 대표적인 출판사였다. 지금은 베이징 왕푸징王府井에 있다. 지금처럼 1920년대에도 상하이는 중국의 경제 중심지였다. 제국주의 열강이 모두 노리는 곳이 상하이였다. 상하이는 열강들의 중국 침략의 거점이었다. 당시 상하이에는 프랑스 조계와, 영국, 미국, 일본이 공동으로 관리하는 공동 조계지租界地가 있었다. 조계지는 중국 정부의 힘이 미치지 못하는, 강대국들의 배타적 관할 구역이다.

상하이 한국 임시정부 청사도 프랑스 조계 안에 있었다. 중국공산당 상하이 군사위원회도 프랑스 조계 안의 허름한 3층짜리 건물에 세들어 있었다. 상하이는 군벌들이 앞 다투어 탐내는 요충지였고, 한편으로는 노동자들의 힘이 가장 막강한 상공업 도시이기도 했다.

노동자 봉기군은 1차적으로 북양군벌과의 전쟁에서 승리를 거두었다. 저우의 회고담이다.

> 폭동을 일으키기 전에 군사 준비를 충분하게 하여 짧은 기간 안에 자위대와 규찰대를 각각 800명과 2,300명씩 모을 수 있었다. 적(북양군벌)들의 힘이 약한 곳에서는 이내 승리를 거두었고, 자베이(閘北)에서만 오래 격전을 벌였는데 비쑤청(畢庶澄)의 군대 수천 명이 베이(北) 역에 집중되어 있었기 때문이었다. 군중들은 28시간에 걸친 격전 끝에 결국 베이 역을 점거하고 적들을 섬멸시킬 수 있었다.

하지만 노동자들의 승리를 장제스가 가로챘다. 그때만 해도 장제스의 국민혁명군은 군벌 타도와 북벌이라는 공동목표를 가진 우군이자 동지였다. 3월 20일 상하이 총노동조합은 상하이 근교까지 진주한 국민혁명군에게 봉기 계획을 미리 알렸다. 그러자 장제스는 오히려 바이충시(白崇禧) 장군에게 상하이 진입 중지 명령을 내렸다. 북양군벌 군대와 노동자 무장 세력이 정면으로 충돌해 양쪽 모두 치명적인 타격을 입을 때까지 기다리자는 의도였다.

그들은 승리를 가로챈 정도가 아니라 거꾸로 공산당을 공격하고 탄압했다. 공산당이 미처 생각하지도 못했던 배신이었다. 1927년 4월 12일, 장제스 군대가 상하이로 진입했다. 불과 3일 사이에 300여 명이 사망하고, 500여 명이 체포되었으며, 5,000여 명이 행방불명되었다. 실종자는 거의 사망자로 추계되었다. 4월 12일 이후 저우언라이는 '장제스가 상하이에서 제국주의와 중국은행들과 결탁하고 1,000

만 위안을 빌려 상하이 등지에서 대학살을 저지르고, 공산당원들을 무참히 살해하거나 체포하고 있다. 장제스 세력이 완전히 기반을 구축하기 전에 군대를 출격시켜야 한다'고 당 중앙위원회에 의견서를 보냈다.

> 장제스의 배신적 행위가 이러할진대 아직도 망설이면서 장제스와의 화의를 꾀하거나 그와의 투쟁을 장기간 뒤로 미루려 한다면 장제스의 동남정권은 갈수록 더 공고해질 것이며 그와 제국주의자와의 관계도 갈수록 더 깊어질 것이다.

그는 구체적인 정황 설명과 함께 적정敵情 분석까지 하며 사태의 심각성을 강조했다. 저우언라이는 당시의 우한의 공산당 정부가 시급히 군사를 동원해 난징으로 진격한다면 측면공격의 효과를 볼 수 있다고 했다. 반대로 우한 정부가 북벌을 계속하여 설사 베이징이나 톈진을 공격할 수 있다고 하더라도 장제스 정권이 이미 공고해진 상황에서는 승산이 어렵다고 보았다. 저우언라이는 또한 장제스 군대의 현황과 각 부대의 사정을 들어, 난징을 함락하기만 하면 상하이와 쑤저우蘇州에서는 싸우지 않고서도 결판을 낼 수 있을 것이라고 전망했다.

> 전반 국면으로 보면 정치적으로 더는 화해하거나 타협하는 정책을 써서는 안 된다. 상하이에서는 폭동 후에 이미 이런 큰 잘못을 빚었다. 이제 더 전진하지 않는다면 장제스는 진격하고 우리는 후퇴하게 되어 우리 측도 그로 하여 동요하게 될 것이며 정권에 대한 영도권은 완전히 우익의 수중으로 넘어가게 될 것이다. 이렇게 되면 비단 좌익

들이 실망할 뿐 아니라 혁명 전체가 완전히 실패하게 되리라는 것은 의심할 바 없다.

그러나 우한의 중국공산당 대표 천두시우와 소련 고문단 보로딘은 저우언라이의 주장과 건의를 묵살했다. 그는 1927년 4월과 5월, 잇달아 열린 제5차 전국대표대회와 제5기 중앙위원회 제1차 전체회의에서 중앙위원, 정치국 위원으로 선출되어 5월 22일부터 우한에서 열린 중앙정치국 상무위원회에 참석했다. 5월 25일 회의에서 저우는 군인(군사)부장으로 임명되었다. 필요할 때에는 상무위에 참석하도록 결정되었다. 5월 29일 열린 정치국 상무위원회는 저우언라이가 장궈타오張國燾의 중앙 상무위원 직무를 대리해서 맡도록 결정했다. 스물아홉 살의 저우언라이가 중국공산당 중앙의 핵심지도부에 진입하게 된 것이다. 중국공산당 역사에서 매우 의미 있는 결정이었다. 이후 저우언라이는 1976년 1월까지 반세기 동안 중국공산당 최고지도자의 노정을 걷게 되었다.

3월의 상하이 제3차 노동자 무장봉기가 역풍을 맞아 많은 희생자를 냈지만, 자체 군사력을 확보하려는 저우언라이의 집념과 염원은 좀처럼 가라앉지 않았다. 8월에 저우언라이는 난창에서 직접적인 군사봉기에 불을 댕긴다. 그때의 덩잉차오는 영문도 모르고 다시 어디론가 사라지는 남편 저우언라이를 그냥 배웅해야만 했다.

홍군의 출발,
국민당으로부터의 독립 선언

> 군부와 보위부를 다 쥐면 어떤 권력이 될까?
> 한 시절, 저우는 한 손에 창을 들고 한 손에 칼을 잡은
> 억세게 힘센 사나이였다.
> 저우는 중국공산당 특무와 특과의 창시자이며 책임자였다.

저우언라이가 살아서 마지막으로 쓴 제사題詞가 있다.

굴을 깊이 파고

먹을거리를 비축하며

패왕을 자처하지 말라

〔深挖洞 廣積糧 不稱霸〕

죽음을 여섯 달 앞둔 시점, 어렵게 붓글씨를 쓰면서 저우언라이는 왜 하필 이 말을 골라 썼을까. 마지막 제사이니만큼 글씨로는 유언이나 다름없다. 마음 깊이 짚이는 것이 있었을 것이다. 나라의 장래를 생각하는 간절함, 자신의 평생을 돌아보는 마음, 이런 것들이 섞여 있

었을 것이다. 하지만 달리 생각해보면 "굴을 깊이 파고, 먹을거리를 비축하며, 패왕을 자처하지 않는다"는 말처럼 저우언라이의 일생을 축약한 말도 달리 없다.

그는 항상 몸을 낮추었고, 일에 대한 집념이 강했다. 잘난 척하지도, 높은 자리를 넘보지도 않았다. 스스로를 낮추고 감추는 훈련이 잘 되어 있었다. 그는 적지인 장제스 치하의 '백구'에서 오랜 시간을 보냈다. 1925년 유럽에서 돌아와 1949년 총리를 맡기까지 지하 활동, 노동자 무장봉기, 군사 봉기, 특무 업무와 비밀협상 등 위험한 일만 골라 했다.

중국 공산당이 성공할 수 있었던 3대 무기로 '통일전선', '군사 봉기', '당 건설 사업'을 꼽는 사람들이 있다. 그렇다면 중국공산당의 인물들 가운데 3대 무기에 가장 가까이 접근했던 사람은 누구일까. 당대 중국의 공산혁명가들 가운데, 이 세 가지 무기를 고루 활용해서 당에 이바지했던 사람은 저우언라이밖에 없다. 마오쩌둥은 제쳐두고라도, 주더, 류사오치, 린뱌오, 어느 누구도 이에 해당되지 않는다. 주더와 린뱌오는 군사 부문에서, 류사오치는 노동운동과 당무에서 인정을 받은 것이 전부다.

군부와 보위부를 다 잡으면 어떤 권력이 될까. 중국에서는 총잡이를 창간자檜杆子라 하고, 칼잡이를 도파자刀把子라 한다. 총잡이는 군대이고, 칼잡이는 경찰, 공안 등 보위保衛 업무와 특수공작 활동을 말한다. '창간'은 창과 방패이기 때문에 군대를 일컫는 말이다. 마오쩌둥의 '정권은 군대로부터 나온다'는 유명한 말도 한자로 쓰면 '창간자리면출정권檜杆子里面出政權'이다.

한 시절, 저우언라이는 중국공산당 안에서 한 손에 창을 들고, 또

한 손엔 칼을 쥔, 즉 창간자이며 도파자를 겸한 억세게 힘센 사나이였다. 그는 중국공산당 특무와 특과特科의 창시자이며 최초의 책임자였다. 1927년 5월, 상하이에서 극적으로 탈출하여 우한에 잠입한 저우언라이는 중국공산당 중앙상무위에서 '중앙 군사부장'으로 임명되자, 군사위에 '특무공작과'를 만들었다.

중국공산당은 1921년에 창당되었다. 1927년이면 중국공산당의 나이는 겨우 일곱 살인 셈이다. 제1차 국공합작을 깨버린 장제스는 강한 군사력과 자금력, 조직력을 가지고 무자비하게 신생정당인 공산당의 목을 졸랐다. 생존마저 부지하기 어려운 세월이었다. 이리 쫓기고 저리 부대끼며 지하투쟁과 근거지 마련에 목숨을 걸었다. 무엇보다 다급한 것은 중국공산당 자체의 군사력을 확보하는 일이었다. 이에 버금가는 것이 자체 보위능력을 키우는 일이었다. 20대 청년 공산당원인 저우언라이에게 군사력과 보위능력의 확보라는 숙명적 과제가 한꺼번에 주어진 것이다.

난창기의가 일어난 1927년 8월 1일은 중국공산당 역사에서 '길이 빛나는' 날이다. 중국공산당 혁명군의 첫 봉기가 바로 난창기의였다. 중국공산당의 건군일建軍日은 8월 1일인데 중국공산당 홍군의 탄생을 기념해 정해졌다. 난창기의의 주도자는 저우언라이였다. 이는 중국공산당 홍군 창건의 중심역할을 저우언라이가 했음을 의미한다.

난창기의가 일어나기 바로 직전인 7월 중순 상하이에서 저우언라이의 행방이 묘연해졌다. 저우언라이는 아내 덩잉차오에게 "오늘 주장九江으로 간다"는 말만 하고 집을 나섰다. 어디로, 무얼 하러, 어떻게 가느냐, 서로 묻지도 말하지도 않았다. 지하 활동과 비밀 유지가 생명인 그들 부부에게는 서로 묻지도, 대답하지도 않는 것이 목숨보다 소중한 불문율이었다. 문자화되지 않은 자기들만의 이 율법은 총리가 된 뒤에도, 또 저우가 죽을 때까지도 철저하게 지켜졌다. 덩잉차오는 각박했던 그 시절을 다음과 같이 회고했다.

> 우리는 말없이 악수만 하고 헤어졌다. 그때는 백색테러의 공포 속에 살 때라 한번 헤어지면 언제 다시 만날지 기약할 수가 없었다. 물론 우리는 동지 사이이고 부부이지만 매번 생이별이었고, 여차하면 사별死別이 될 수도 있는 처지였다. 얼마 뒤 국민당 신문을 보고서야 난창기의가 일어난 줄을 알게 되었다.

리핑이 쓴 《저우언라이 평전》에서 한 줄을 따와서 난창기의를 풀어본다.

> 1927년, 저우언라이는 스물아홉 살의 나이로 두 차례의 무장봉기를 주도했다. 첫 번째 무장봉기는 3월에 있었던 노동자 제3차 무장봉기였다. 이 사건에서 시위대는 상하이에 있던 북양군벌 군대를 궤멸시키고 상하이를 점령해 도시에서 전개된 무장봉기로서는 처음으로 승리를 거두었다. 두 번째 무장봉기는 바로 8월 1일에 있었던 난창봉기로서, 이 사건은 국민당 반동파에 대한 최초의 무장저항이었으며, 시위대가 난창을 점령하면서 끝이 났다.
>
> _ 리핑 지음, 허유영 옮김, 《저우언라이 평전》(한얼미디어, 2005)

상하이 봉기와 난창기의는 당시 중국은 물론 세계를 놀라게 했다. 상하이 노동자 무장봉기는 중국노동운동사에 하나의 획을 긋는 기념비적인 사건이었다. 난창 무장봉기는 중국공산당 자체 군사력의 출발점이 되었다. 상하이 노동자봉기가 북양군벌과의 싸움이었던 것과 달리 난창기의는 중국공산당군이 장제스의 국민당군과 정면으로 맞붙었던 최초의 군사봉기였다.

저우가 우한과 주장을 거쳐 난창에 숨어든 것이 7월 중순경이다. 그는 주장과 난창 등지에서 허룽賀龍, 주더, 류보청劉伯承, 예팅 등과 비밀회동을 하며 난창기의를 조직했다. 이후 8월 1일 중국공산당 중앙이 파견한 전적前敵위원회의 서기 직분으로 난창기의를 주도했다. 이날 오전 저우는 주더, 허룽, 예팅, 궈모뤄郭沫若, 쑹칭링 등 25인으로 구성된 혁명위원회를 구성해, 〈8.1 혁명선언〉, 〈8.1 혁명 선전대강宣傳大綱〉, 〈토지혁명 선전대강〉을 발표했다. 국민당 좌파였던 쑹칭링과 궈모뤄는 당시 난창에는 없었다. 그러나 궈모뤄는 8월 4일에 혁명 대열에 합류하여 공산당에 입당했다.

당시 난창기의에 앞장섰던 주더, 허룽, 예팅, 류보청 등은 모두 국민혁명군 소속이었다. 그러나 그들의 목표와 지향은 장제스의 반대편에 서 있었다. 그런 모순은 언젠가는 폭발해야 했다. 그 촉매제의 역할을 중국공산당 중앙에서 파견된 저우언라이가 맡았다. 난창기의는 중국공산당 군인들이 국민혁명군 간판을 가진 채 같은 국민당군을 공격했다는 것이 특징이다.

허룽이 총지휘, 예팅은 전적 총지휘, 류보청이 참모장을 맡았다. 허룽이 군장인 국민혁명군 제20군, 예팅이 이끄는 제11군과 주더가 부군장으로 있던 제9군의 일부 병력이 난창기의의 주력부대였다. 이 부대들 병력이 중심이 되어 중국공산당의 독립적인 군대가 탄생했다. 당시 주더는 제9군의 부군장이면서 난창시市 공안국 국장이었다.

중국공산당 중앙 대표 겸 중앙남방국 서기를 맡아보던 시절. 옌안에서 류사오치와 함께. 1939년 7월.

그는 혁명군의 선배로서 발이 넓었고 정보에 밝았다. 독일에서 맺은 인연이 이번 거사를 통해 두 사람을 다시 한 번 평생 동지로 맺어주었다.

전적위원회 지휘본부는 당시 장시대려사江西大旅社로 불리던 4층 건물로 1957년, 이 건물은 난창기의 기념관으로 복원되었다. 기념관 앞뜰에 당시 주역들인 저우언라이, 허룽, 류보청, 주더, 예팅의 청동조각상이 서 있다. 혁명부대의 출동에 앞서 저우언라이는 건물 층계에 서서 역사적인 선언을 했다.

군벌 군대에 의한 혁명은 승리할 수 없다. 우리는 반드시 우리 자신의 무장武裝을 가지고 반혁명을 타도해야 한다. 오늘 우리의 기의는 승리했다. 이제부터 이 기의에 참가한 부대는 공산당의 영도를 받는다.

중국공산군인 홍군의 출발 신호였으며 장제스의 지휘를 받던 국민혁명군으로부터 공산당 부대의 독립선언이었다.

중국 인민해방군은 중국공산당의 군대다. 국가의 군대, 즉 국군國軍이 아니다. 군의 통수권은 당의 군사위원회 주석이 쥐고 있다. 국가에 대한 당의 영도권이라는 특이한 체제를 이해하지 못하는 한, 당의 군대 개념도 쉽게 파악되지 않는다.

난창기의에서 군대 지휘를 맡았던 주더, 허룽, 류보청, 예팅 등은 다들 저우언라이보다 나이가 많았다. 그들은 전투 경험이 풍부한 실전의 장수들이었다. 당시 그들은 국민혁명군의 단위 부대를 지휘하며 군벌을 타도하는 북벌군의 지도자로 이름을 날리고 있었다. 반면에 저우언라이는 군대의 정치공작에서는 실적을 쌓았지만 전투 경험은 그들에 미치지 못했다. 저우언라이는 난창기의의 공을 늘 선배 장군들에게 돌렸다. 자신은 당의 명령에 따라 전적위원회 서기로 기의를 주도했을 뿐이라는 아주 겸손한 자세로 일관했다.

1961년 9월 18일, 저우언라이는 루산盧山에서의 당 회의에 참석했다가 베이징으로 돌아가는 길에 잠시 난창에 들러 이곳 기념관을 찾았다. 그는 이날 모처럼의 방문에서도 자기 공을 내세우는 말은 일체 하지 않고 허룽, 류보청, 주더, 예팅 등에게 공을 돌렸다. 2층 25호 방은 원래 지휘본부로 쓰던 방이었다. 자신의 사진이 걸려 있었지만 저우언라이는 이날 이 방도 그냥 지나치면서 "나는 이 방에 머문 적이 없어요"라고 말했다. 장시성 당위 서기가 "그래도 이 방에서 일이야 보셨겠지요?"라고 묻자 잠시 고개를 끄덕이곤 이내 화제를 돌려 난창기의의 잔여 부대를 이끌고 징강산에 합류한 주더의 공적을 높이 치하하는 말을 했다. 난창기의가 실패로 돌아가자 저우언라이는 주더와 함께 잔여 부대를 이끌고 광저우에 갔다가 주더와 헤어진다.

    저우언라이는 평소에도 낮은 데로 임하는 겸허한 처신으로 많은 사람들의 존경과 사랑을 받았다. 자존심 강하고 카리스마가 넘치는 마오쩌둥과의 마찰과 괴리가 최소한으로 유지될 수 있었던 것도 이러한 저우의 인품과 태도 때문일 것이다.

혁명의 핵심, 정치공작을 지휘하다

"우리는 군대에 당 대표와 정치부를 두었는데
중국 역사상 처음 있는 일이었다.
당에서 정치공작을 맨 먼저 한 사람은 저우언라이였다.
그는 정치공작에서 최고이다."

 군의 건설과 일선 지휘에서도 성과를 거둔 저우언라이였지만, 역시 그의 본령本領은 정치공작이었다. 저우언라이라는 고기가 물을 만난 듯이 마음껏 역량을 발휘할 수 있는 영역이 정치공작, 정치 활동이었다.
 저우언라이는 황푸군관학교 시절, 혁명군대의 정치공작에서 두각을 나타냈다. 그는 혁명군의 정치공작은, 지도급 군인에게 혁명에 대한 관념을 더욱 투철하게 하고, 사병들에겐 혁명의 상식을 심어주는 것이라고 강조했다. 그는 부지런히 공산당원들을 황푸군관학교에 끌어들이고, 황푸군관학교의 비당원들에겐 공산당의 영향력을 넓혀나갔다.
 황푸군관학교의 교관이자 학생 총대장이었던 장쯔중張治中이 1925년 여름 어느 날, 저우언라이를 찾아가 공산당 가입 의사를 밝혔다.

저우는 한참 생각에 잠기더니 그의 뜻을 받아들일 수 없는 사정을 밝혔다.

공산당은 물론 선생의 입당을 환영합니다. 하지만 공산당은 국민당 고위 간부의 입당을 받아들이지 않겠다는 약속을 국민당에 한 바가 있습니다. 지금은 때가 좋지 않으니 적당한 시기를 기다려봅시다. 공산당은 앞으로 묵묵히 선생을 지지할 것입니다.

저우언라이의 이 짧은 몇 마디 속에는 그의 깊은 속마음과 길게 앞을 내다보는 중국공산당의 책략이 진하게 깔려 있다. 저우언라이는 정치공작의 목적의식이 뚜렷했다. 황푸군관학교로 끌어들이는 젊은 동지들에게 그는 늘 이렇게 말했다.

지난날의 황푸군관학교는 정치공작이 전혀 없는 허울뿐인 학교였다. 장제스 교장실 앞에 걸린 나무족자에는 "높이 올라 바다를 바라보고, 말에 올라 중원을 평정하네"라는 위유런于右任의 글씨가 쓰여 있을 뿐, 학생들 손에 쥐어준 책이라곤 장제스 교장이 쓴 《쩡궈판曾國藩과 줘중탕左宗棠의 군사관리 어록》 정도였다. 이런 책 따위로 어떻게 학생들을 진정한 혁명군으로 키울 수 있겠는가? 우리가 이런 상황을 바꾸고 레닌이 창시한 '붉은군대'의 경험을 이 학교에 도입시켜야 할 것이오.

그는 혁명군대의 정치공작에 대해서 확고한 이론을 갖고 있었다. '군대의 정치공작부는 혁명의 핵심 정신'이라고 했다. 특히 그는 병사들의 의식화 과정에 주의를 기울였다. "군대는 오로지 병사들에게 달려 있다. 병사들이 많아야 제대로 된 군대가 될 수 있다"는 것이 그의 지론이었다. 또 그는 혁명군대와 인민의 관계는 늘 밀접해야 한다고 강조했다. 바로 이 핵심 역할을 정치공작부가 해야 한다는 것이었다.

저우언라이가 가장 아꼈던 덩샤오핑이 바로 정치공작의 달인이었다. 덩샤오핑은 베이징의 중앙무대로 진출하기까지의 긴 세월을 일선부대의 정치위원으로 보냈다. 군사 지휘와 정치공작, 이 분야에서 저우언라이와 덩샤오핑이 두각을 나타내고 성과를 드높였다는 사실도 인상적이다.

마오쩌둥도 저우언라이의 정치공작에 대해서만은 공개적으로 인정을 했다. 좀처럼 남을 치켜세우지 않는 마오쩌둥이었다. 그런 그가 중국공산당 활동의 핵심 분야인 정치공작에서 저우언라이를 으뜸으로 평가했다는 건 의미 있는 일이다. 1965년 2월 21일, 마오쩌둥은 저우언라이, 구무谷牧, 버이버薄一波 등과 함께한 자리에서 정치공작 이야기를 하다가 불쑥 저우언라이에게 말을 건넸다.

> 우리 당에서 정치공작을 맨 먼저 한 사람은 저우언라이 총리였소. 저우언라이 총리 당신은 장제스 황푸군관학교 시절의 정치부 주임이었고, 홍 제1방면군의 당 대표였지 않소? 정치공작에선 최고의 존재요.

마오쩌둥은 1940년대에도 당의 정치공작을 높이 평가했다.

> 그때 우리는 군대에 당 대표와 정치부를 두었는데 이러한 제도는 중국 역사에서 처음 있는 일이었다. 이러한 제도에 의거하여 우리는 군대의 면모를 일신했다. 1927년 이후의 홍군과 오늘날의 홍군과 팔로

군八路軍은 모두 이런 제도를 계승하여 발전해왔다.

1950년 10월, 저우언라이의 수양딸 쑨웨이스와 결혼식을 올린 진산金山은 당대 최고의 배우였다. 그의 회고다.

항일전쟁 초기, 나는 상하이의 제2극단을 이끌고 전운이 가득한 상하이를 떠나 우한으로 갔다. 그때 우한에 주둔하고 있던 팔로군에서 저우언라이를 처음 만났다. 저우는 머리가 다소 길었고, 짙은 감색 양복을 입고 있었다. 그의 두 눈에선 범상치 않은 광채가 뿜어져 나왔다. 그는 마치 오래전부터 알고 지내던 사이처럼 미소를 지으며 손을 내밀었다. 그의 온화하고 친절한 태도에 잔뜩 긴장했던 내 마음도 조금씩 안정을 되찾았다. 저우와 몇 마디 나눈 뒤 나는 우리 극단도 옌안으로 함께 가겠다고 말했다. 그러나 저우는 나에게 우한에 남아서 선전공작을 맡아달라고 부탁하는 것이었다.

새로운 중국이 건국되고 진산이 혜성처럼 나타났다. 중국청년예술극원의 랴오청즈廖承志 원장이 사람들에게 부원장 진산을 소개했다. 그 옆에는 총감독 쑨웨이스가 서 있었다. 진산은 17년 동안 국민당 통치구역 안에서 공산당 신분을 감추고 활동했다. 저우언라이의 지시에 따른 그의 잠복은 성공했고, 저우언라이의 수양딸 쑨웨이스와 결혼도 했다. 리펑의 다음 글은 중국의 정치공작에서 저우언라이의 역할과 위상을 잘 말해준다.

정치공작에 있어서 최고의 실력을 갖추었던 저우언라이. 국민당에 몰려 산베이에 머물며 고립되어 있던 시절, 저우언라이는 사실상 참모총장 역할을 맡아 했다. 오른쪽부터 마오쩌둥, 주더, 저우언라이, 친방셴. 1936년경.

훗날 대혁명이 실패한 후 장제스 군대에서는 정치부와 당 대표 등이 폐지되고 황푸군관학교 시기의 혁명정치공작은 공농혁명군과 홍군에만 남아 있게 되었지만, 중일전쟁 중의 팔로군과 신사군新四軍, 그리고 이후의 인민해방군이 계승하고 발전시켰다. 이 모든 정치공작의 기초를 다진 사람이 바로 저우언라이였다.

_ 리핑 지음, 허유영 옮김, 《저우언라이 평전》(한얼미디어, 2005)

앞에서 잠깐 나온 이야기이지만, 중일전쟁 말기, 장제스는 국민군에 다시 정치부를 만들었다. 오랫동안 폐기처분했던 정치공작 부서를 부활시켰다. 장제스의 최측근인 천청陳誠이 부장을 맡고, 저우언라이가 부부장을 맡았다. 저우언라이는 중국 정치공작의 창시자이며 그 방면의 제1인자로 공인되고 있다.

저우언라이의 주도로 일어난 1927년 8월의 난창기의는 결과적으로 실패한 봉기가 되었다. 농촌 지역의 혁명 근거지와 연계되지 않은 도시 중심의 산발적인 무력봉기만으로는 국민당군과 대적할 수 없다는 교훈을 남겼다. 그리고 더욱 강력한 자체 군사력을 확보해야 한다는 당위성도 제고되었다. 광둥을 거쳐 11월 상순, 지친 몸으로 다시 상하이로 돌아온 저우언라이는 정치국 확대회의에 참석, 스스로 '중앙특과'라는 정보보위 조직을 정식으로 가동하기 시작했다. 보위 업무란, 소극적으로는 자기 기관이나 조직을 적으로부터 보호하고, 적극적으론 적진에 파고들어 정보 탐지, 교란, 이간 등 이른바 '간첩' 활동을 하는 것이다. 협상과 배려로 상대의 호감을 사는 저우언라이는 난창봉기 이후 중국공산당 보위 업무의 창시자, 총사령이 되었다.

특무 활동과 사상 교육

> 공산당과 대칭의 자리에 있는 사람들에게
> 공산당의 사상교육은 공포의 대상이다.
> 한 시대와 사회에 대한 저항과 반감의 시스템은
> 당연히 이념교육, 사상훈련을 최우선으로 하기 마련이다.

1927년 11월 중국공산당 '중앙 특과'가 정식으로 발족했다. 특과는 이후 1과 총부, 2과 정보, 3과 홍대, 4과 무선통신 등 네 개 과로 확대되었다. 특과의 중요 과업은, 지하조직인 중국공산당 중앙정치국이 안전하게 회의를 열고 업무를 수행할 수 있는 '장소'를 마련하는 일이었다. 특과는, 공공조계 지역인 윈난루雲南路 447호 생려의원生麗醫院 위층에, 후난성에서 비단 장사를 하는 사람의 이름을 빌려, '푸싱상호福興商號'라는 위장간판을 내걸고 비밀 사무실을 차렸다.

이 건물은 항상 사람들이 붐비고 하루 종일 징과 북이 울려 시끄러운 상하이 시내 한복판에 자리하고 있어서 비밀 아지트로는 안성맞춤이었다. 중국공산당 중앙의 근거지를 찾아 혈안이 된 국민당 특수요원들도 이런 시끄러운 시내 중심가에 공산당 근거지가 있을 줄은 미처 몰랐다. 저우언라이와 리리싼이 늘 이곳을 근거지로 활동했다. 물론 비밀 아지트는 이곳 말고도 여러 곳이 있었다. 그중 저장중루浙江中路 112호 2층에서는 저우언라이가 각 지방 지도자들의 보고를 받고 업무를 협의했다. 이 밖에 거덩루戈登路 산징리善慶里의 작은 건물에는 중앙당 요원들이 서류를 검토하고 문서의 초안을 만드는 비밀장소가 있었다.

이 무렵 상하이는 국민당 통치의 심장부였다. 이 심장부에 중국공산당은 당 중앙과 공산당 장쑤성 위원회 등 겹겹으로 지하조직을 구축하고 있었다. 저우언라이는 이러한 여러 핵심기관의 장소 물색을 비롯하여 인력 배치도 세심하게 했다. 그 무렵 중앙기관에서 일했던 한 요원은 이렇게 회고하고 있다. 리핑의 책에서 인용한다.

> 공산당 제6차대회 이후 당은 우한에 있던 나를 상하이로 불러 슝진딩의 공작을 도와주고(슝진딩은 당시 공산당 중앙의 회계로서 정치국의 기밀공작을 담당하고 있었다), 신분 엄호용인 '푸싱상호'를 맡아서 경영하도록 했다. (중략) 그날 나에게 맡겨진 임무는 바로 회의가 열리는 동안 망을 보는 것이었다. 회의가 끝난 후 내가 슝진딩 동지에게 "회의가 열린 곳은 어떤 기관인가요?"라고 물었더니, 슝진딩 동지는 작은 소리로 그곳은 중앙군사위원회이고, 나와 이야기를 나누었던 사람은 바로 군사위원회 주석인 우하오(저우언라이) 동지라고 알려주었다. (중략) 저우언라이 동지가 가장 자주 왔다. 하루는 저우언라이 동지가 나에게 이렇게 말했다. "회의가 열리는 이곳은 매우 중요하고 비밀스런 곳이란다. 여기에서 일하려면 담이 크고 신중해야 한다." (중략) 그리고 며칠 후, 그가 보낸 사람이 찾아와 나에게 경고신호를 보내는 법과 기밀서류를 보낼 때 불심검문을 피하는 방법 등을 가르쳐주었다. 그곳은

1928년 11월부터 1931년 4월까지 중앙정치국의 회의 장소로 사용되다가 구순장顧順章이 반란을 일으킨 후에야 폐쇄되었다.

모든 정보기관이 다 그렇듯이 중국공산당의 중앙 특과도 복합적인 정보조직이었다. 그러나 한마디로 요약하면 당의 특수임무를 집행하는 무장조직이었다. 중앙기관과 각급 당 조직을 보호하고 체포된 동지들을 구출하고 반역자를 징벌하는 것은 말로 하는 것이 아니었다.

중국공산당은 특히 사상적인 면을 중시했다. 이런 경향은 중국공산당의 특징이자 장점이었다. 달리 표현하면 살아남기 위한 몸부림이었다. 국공합작 시절 동지였던 장제스와 왕징웨이汪精衛는 계속 공산당의 목줄을 거세게 잡아당기고 있었다.

> 장제스와 왕징웨이는 반공 쿠데타 이후 잇따라 공산당원과 혁명 군중들을 대대적으로 검거하고 살해를 일삼았다. 1927년 4월부터 1928년 여름까지 희생된 공산당원과 혁명군중의 수는 무려 31만에서 34만여 명에 이르렀다. 따라서 공산당원의 수도 제1차 국내 혁명전쟁 시기의 6만 명에서 1만여 명으로 줄어들었다.

국민당의 공산당 탄압은 점점 더 심해졌다. 결정적 순간에 위축되거나 신념이 흔들려 공산당을 배신하고 국민당에 투항하는 사람이 증가했다. 이런 시점에서 저우언라이는 당원들의 사상개조에 주력했다. 1928년 11월 당시, 중국공산당 당원의 75퍼센트가 농민이었지만, 계급의식과 사상동향은, 공산당이 말하는 소부르주아계급의 성향을 그냥 그대로 갖고 있었다. 이때 저우언라이는 당이 발표한 〈당 전체의

장시소비에트에 합류한 저우언라이. 저우언라이는 군사와 특무 방면에서도 발군의 실력을 발휘하며, 혁명에 있어서 군사력의 필요성을 일찍부터 강조했다. 오른쪽에서 세 번째가 저우언라이, 여섯 번째가 마오쩌둥이다. 1931년 12월.

동지들에게 고함〉이라는 글에서 다음 사항을 특별히 강조했다.

> 당을 볼셰비키화 하려면 우선 프롤레타리아계급의 기초를 강화하는 동시에 당 조직에 대한 개조를 계속해야 한다. 특히 소부르주아계급의 이데올로기에 강하게 반대해야 한다.

한편 마오쩌둥도 같은 시기, 농촌에 혁명 기지를 만들면서 농민의 사상개조를 역점 과제로 삼는다. 1928년 11월, 마오쩌둥도 같은 맥락의 고민을 토로하고 있다.

> 우리가 프롤레타리아 사상의 문제를 인식한다는 것은 매우 중요한

의미를 지닌 것이다. 변방 지역 각 현의 당은 거의 모든 구성원이 농민이나 다름없기 때문에 프롤레타리아계급의 사상을 교육하지 않으면 잘못된 방향으로 흘러가기 쉽다.

공산당과 대칭의 자리에 있는 사람들에게 공산당의 사상 교육은 때로 공포의 대상으로 다가간다. 공산당이든 아니든, 한 시대와 사회에 대한 저항과 반감의 시스템은 당연히 이념교육, 사상훈련을 최우선으로 하기 마련이다. 리핑은 《저우언라이 평전》에서 마오쩌둥과 저우언라이가 한 시대에 나란히 사상개조에 눈 돌린 사실을 극적으로 묘사하고 있다.

> 두 명의 위대한 인물이 한 명은 공산당 통치 지역에서, 다른 한 명은 국민당 통치 지역에서, 그리고 한 명은 지방에서, 다른 한 명은 중앙에서 서로 같은 목소리를 내고 있었던 것이다.
> _ 리핑 지음, 허유영 옮김, 《저우언라이 평전》(한얼미디어, 2005)

중국의 당 관련 저술들이 대체로 그러하듯, 리핑 역시 그의 시각이나 논점은 중국공산당의 정통 논리에 근거하고 있다. 우리에겐 낯설고 이질감마저 있다. 그러나 중요한 것은 중국공산당이 그러한 단련을 통해서 한 시대의 혁명을 승리로 이끌어냈다는 사실이다.

중국공산당 중앙특과는 1927년에 설립되어 1935년에 해산되었다. 그중 4년은 저우언라이가 특과를 직접 관장했다.

시안사변, 폭풍의 중심

> 공산당의 구호는 간단명료했다.
> "중국인은 중국인을 치지 않는다."
> 국민당에 대해서는 울림이 강한 화살을 쏘아댔다.
> "중국인이 중국인을 치면서 일본인은 치지 않는다."

1936년 12월 12일 발생한 시안사변은 중국공산당과 국민당이 내전을 중지하고 항일전쟁을 수행하게 된 결정적인 계기가 된 사건이다. 중국의 한 기록은 이때 저우언라이의 역할을 다음과 같이 전한다.

> 시안사변이 일어나자 저우언라이는 당과 인민이 부여한 중책을 지고 가장 복잡하고 가장 위험한 시기에 시안에 도착, 줄곧 폭풍우의 중심에 섰다. 열악한 환경에서 그는 두려움 없이 침착하게 자기를 잊고 사업하여 난국을 안정시킴으로써 인민혁명 사업에 대한 그의 충성심을 나타냈고, 위대한 정치가로서의 탁월한 능력을 보여주었다.
> 뤄루이칭羅瑞卿 등 그의 동지들은 "시안에서의 저우언라이의 노력이 없었다면 마오쩌둥과 중공의 시안사변 방침이 관철될 수 없었을 것

이고 내전이 또다시 일어났을 것이다. 저우언라이는 당의 혁명사업과 중화민족을 위해 불후의 공훈을 세웠다"고 평가했다.

사건은, 공산당을 소탕하라고 닦달하는 총사령관 장제스를 그의 부하들이 무력으로 구금한 데서 비롯되었다. 항명 치고는 최고의 항명이었지만 중국공산당은 이를 '무력으로 간청을 했다'는 의미의 '병간兵諫'으로 표현한다.

1936년 12월 12일 시안에서, 장제스 휘하의 동북군 사령관 장쉐량張學良과 서북군(17로군) 사령관 양후청楊虎城이 병력을 동원해서 새벽잠을 자고 있는 총사령관을 기습했다. 국민당 군대의 최고위 장성들인 천청, 장딩원蔣鼎文, 주소우량朱紹良, 위리황衛立煌 등도 장제스와 함께 구금되었다.

장쉐량과 양후청은 즉각 장제스의 구금 사실을 알리는 다음 전문電文을 중앙정부와 각 군, 인민들에게 보냈다. "1, 총통의 각성을 촉구하기 위해 거사했다. 2, 당분간 시안부西安府에 머물도록 요청했다. 3, 총통의 신변 안전을 보장한다."

이어 〈8개 항목의 결의사항〉도 밝혔다.

1. 난징 정부 개편, 모든 정파 참여, 구국救國 공동 분담.
2. 내전 즉각 정지, 무력항일 정책 실시.
3. 상하이 애국운동 지도자(7명) 석방.
4. 모든 정치범 사면.
5. 집회 자유 보장.
6. 정치적 자유 보장, 애국단체 조직의 권리.

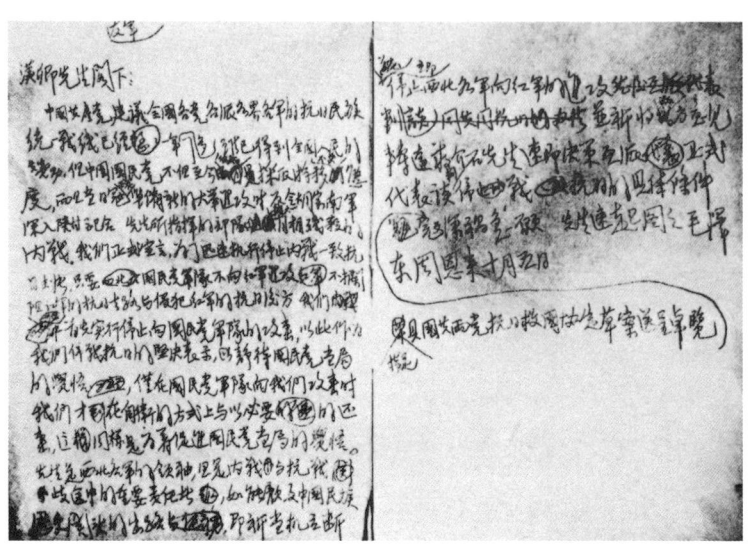
시안사변 전, 마오쩌둥과 저우언라이가 장쉐량에게 보낸 서신. 항일과 자위自衛 원칙에 대한 내용이 함께 들어 있다. 1936년 10월 5일.

7. 쑨원의 유지 관철.
8. 전국 구국회의 즉각 소집.

저우언라이는 12월 15일 새벽 말을 타고 바오안寶安을 떠나 옌안으로 갔다. 시안으로 가기 위해서였다. 그리고 17일 장쉐량이 보낸 전용기 편으로 시안에 갔다. 오후 6시쯤 시안 비행장에 내린 저우는 곧바로 장쉐량 공관으로 갔다. 그들은 8개월 만에 다시 만났다. 이번에는 비밀회담이 아니었다.

앞선 1936년 4월 9일, 저우언라이와 장쉐량은 옌안에서 단둘이 만났다. 정보통 리커눙李克農이 수행했지만 방에는 들어가지 않았다. 당시의 옌안은 중국공산당의 수도가 되기 전으로, 국민당이 통치하고 있었다. 푸스󠀀膚施라는 이름의 마을에 있는 천주교 교회당이 두 사람의 역사적인 비밀회담 장소였다. 회담은 저녁부터 이튿날 새벽 4시까지 이어졌다. 회담의 핵심은 항일전쟁과 장제스의 처리였다. 장쉐량은 내전을 중단하고 항일연합전선을 꾸리는 데에 전적으로 동의하며, 장제스도 설득이 가능하다고 말했다. 저우언라이도 장쉐량의 의견을 존중하며, 장제스 문제에 대해서도 계속 검토하겠다고 말했다.

장제스가 장쉐량의 설득과 간청을 받아들여 내전을 중단하고 공산당과 합작하여 함께 항일전쟁을 할 수 있을까. 당시로서는 누구도 장담할 수 없는, 가장 절실하면서도 아주 예민한 문제였다. 이 일을 장쉐량이 해내겠다고 의욕을 보였다. 두 사람 다 회담에 만족했다. 4월 22일 저우언라이는 장쉐량에게 편지를 보내 "평생에 잊지 못할 일"이라고 그날의 감동을 전했다.

장쉐량도 회담을 마친 뒤 저우언라이의 측근에게 "아주 좋은 친구를 만난 것 같습니다. 저우언라이 선생처럼 조리 있고 명쾌한 분은 아직 만나본 적이 없습니다. 장제스 총통과는 수년간 함께 했지만 그가 홍군을 소탕하고 난 뒤에도 과연 일본과 대항해 싸울 것인가를 확신할 수가 없습니다"고 말했다. 장쉐량은 뒷날 저우언라이와의 그날의 만남에 대해 여러 차례 회상하는 얘기들을 했다. 1993년 1월 14일, 장쉐량은 일본 《도쿄신문》과의 인터뷰에서 저우에 대해 다음과 같이 말했다.

> 그도 나처럼 성격이 민첩하고 과감했고, 우리는 솔직하게 마음을 털어놓는 사이가 되었습니다. 저우언라이는 능력이 뛰어나고 대담한 인물이었습니다. 공산당은 바로 마오쩌둥과 저우언라이 두 사람에

의해 발전되었다고 봅니다.

장쉐량은 일본의 신문 기자와 인터뷰하기 몇 해 전에도 타이베이에서 일본의 엔에이치케이NHK 방송 기자와 만나서 당시의 저우를 회고한 적이 있었다.

저우언라이 동지는 식견과 언행이 비범한 분이었습니다. 처음 만나는 자리였지만 우리는 마치 오랫동안 알고 지내던 친구처럼 가깝게 되었습니다. 회담에서는 우리는 내전을 종식시키고 함께 항일투쟁을 벌여야 한다는 데에 서로 공감했습니다.

당시 장쉐량은 중국공산당을 소탕하는 국민당 초비사령부의 부사령관 겸 대리 총사령관이었다. 총사령관은 장제스가 직접 맡았다. 장쉐량은 또 국민당 육군의 1급 상장上將에 육해공군 부사령관이었다. 장제스가 가장 신임하고 의지하는 젊은 장군이었다. 그럴 이유가 충분했다. 장쉐량은 유명한 동북 군벌 장줘린張作霖의 아들이자 동북 지역을 상속받은 2세 군벌이었다. 1935년 일본이 동북을 실질적으로 지배하기 전까지 장쉐량의 세력은 막강했다. 그러나 그는 결국 동북 지역에서 밀려나 장제스의 품으로 갔다. 열세 살 위인 장제스를 아버지처럼 따랐다. 장쉐량의 다른 모습을 알려주는, 재미있는 기록도 있다.

그러나 장제스의 등 뒤에서 장쉐량은 총통을 갈아치울 음모를 꾸몄다. 프랑스와 영국을 합친 것보다 더 넓은 땅을 차지하고 있던 그가 장제스의 부하 노릇을 하는 것은 어색하지 않을 수 없었다. 그는 중국 전체를 지배하기를 갈망했다. 이런 목적을 위해서 먼저 소련에게 접근하기로 한 그는 1933년 유럽에 머물고 있을 때 소련 방문을 시도했으나 그를 극도로 경계했던 소련은 그의 방문 요청을 거절했다.

_ 장융, 존 핼리데이 지음, 황의방 외 옮김, 《마오: 알려지지 않은 이야기들》(까치글방, 2006)

그의 가슴 한복판에는 일본에 대한 원한이 사무쳐 있었다. 그의 아버지가 일본군이 주도한 열차 폭발사고로 폭사당했기 때문이다. 그러나 그가 아버지처럼 따르고 모시는 장제스는 일본군과 공산군을 저울질하며 위험한 정치게임을 하고 있었다. 그 당시 장제스는 자신들이 당면한 가장 큰 위협은 일본군이 아니라 공산군이라고 생각하고 있었다.

장제스는 일본군의 무력행동에 대해 장쉐량의 군대가 함부로 대응하지 못하도록 지시를 내리고 있었다. 장제스는 동북 지역에서의 일본군의 무력행동을 단순한 국지적 도발이라고 강변했다. 그 결과는 일본이 중국의 동북 3성을 점령하는 것으로 나타났다. 장쉐량은 1936년 3월, 공산당 대표인 류딩劉鼎이 처음으로 그를 찾아왔을 때 속마음을 털어놓았다. "일본 사람들은 내 부친을 죽이고 우리 집안을 쑥대밭으로 만든 원수입니다. 반드시 복수하고 말 겁니다."

장제스가 그에게 맡긴 당면 과업은 공산당 소탕이었다. 그러나 공산당 소탕도 그리 만만한 전쟁은 아니었다. 홍군은 상상 밖으로 녹록치 않았다. 게다가 동북군 내부가 크게 흔들리고 있는 것도 문제였다. 몇 차례 교전에서 장쉐량 부대는 모두 패했고, 얼마 뒤 동북군 3개 사단이 홍군에 의해 궤멸되었다. 동북 지방이 고향인 동북군의 많은 장병들은 낯선 지역에서의 잦은 전투에 사기가 떨어졌다. '우리가 왜 같은 중국인과 싸워야 하느냐'와 같은, 전쟁에 대한 회의가 스며들었다.

그 무렵 저우언라이는 공산당 중앙에서 동북군 공작위원회를 만들어 서기를 맡고 있었다. 국민당 동북군에 대한 정치공작의 총책임자였다. 1935년 12월, 저우는 간촨현甘泉縣에 주둔하고 있는 동북군과 항일협정을 맺어 팽팽하던 대치 상황을 풀었다. 일종의 상호불가침조약이었다. 전투에서 포로로 잡힌 동북군 장병들을 홍군 훈련에 참가시켰다. 적군의 포로로 보지 않고 같은 동맹군으로 간주하며 우대했다. 1936년 1월, 와야오바오瓦窯堡에서 열린 열병식에서 저우는 동북군과 홍군이 힘을 모아 함께 일본군과 싸우자고 역설했다.

장쉐량의 고민은 날로 커지기만 했다. 마음에는 '정지내전 공동항일停止內戰 共同抗日'이 자리 잡고 있으나 그가 집행해야 할 과제는 '바깥의 적을 물리치기 위해서는 먼저 나라 안을 안정시켜야 한다攘外必先安內'였다. 하지만 국민당의 구호는 민심에 호소하는 울림에서 공산당에 미치지 못했다. 그러나 공산당의 구호는 간단명료했다. '중국인은 중국인을 치지 않는다中國人不打中國'였다. 국민당을 향해서는 '중국인이 중국인을 치면서 일본인은 치지 않는다中國人打中國人不打日本人'라며 공격했다. 그리고 '내전을 종식하고 함께 항일투쟁을 하자停止內戰 共同抗日'는 민족적 명분을 강조했다.

저우언라이와 장쉐량의 만남은 향후 중국의 운명을 가른 시안사변으로 직결된다. 1936년 4월의 극적인 만남 이후 불과 여덟 달이 조금 지나 두 사람은 이젠 시안에서 세계의 이목을 집중시키며 공개적으로 만나게 된다. 장쉐량은 장제스를 구금하고 난 뒤 바로 중국공산당에 연락을 취했다. "중화민족의 미래와 항일투쟁을 위해서 장제스 등을 감금하고, 애국지사의 석방과 공산당의 연합정부 구성을 요구했다. 더 좋은 의견이 있으면 서둘러 답신하기 바란다."

중국공산당의 회신은 저우언라이의 '시안행'이었다. 저우가 시안으로 가서 직접 장쉐량을 만나 앞으로의 대계(大計)를 협의하겠다는 것이었다. 그 사이 장쉐량은 장제스를 설득하느라 애를 먹고 있었다. 장제스 처리에 대한 장병들의 공기도 심상치 않았다. 시간은 가는데 뾰족한 방법이 없었다. 묘수가 나오지 않았다. 저우언라이를 기다리는 수밖에 없는 것이 장쉐량, 양후청의 처지였다.

장쉐량의 복안은 간단했다. 장제스를 설득해서 항일 연합전선을 만든 뒤 그를 항일투쟁의 최고 지도자로 모신다는 것이었다. 그러나 국민당 안에도 여러 갈래의 세력과 주장들이 난무했다. 장제스를 반대하는 세력도 있었고 장제스 구금을 계기로 국공내전의 확대를 부추기는 세력도 있었다. 다른 방면의 상황도 예측이 되었다. 장제스가 살해당하는 경우였다. 그렇게 되면 내전은 걷잡을 수 없이 커지고 나라 자체가 파국으로 치달을 수밖에 없다. 공산당의 우려도 심각했다. 장제스 한 사람을 거세한다고 강대한 국민당 세력이 바로 와해되는 것은 아니었다.

장쉐량은 일단 장제스가 자기 제안을 받아들이기만 하면 국민당 정부가 있는 난징으로 그를 돌려보낼 생각이었다. 그는 장제스를 배신하지 않고서도 항일전쟁을 공산당과 함께 수행할 수 있는 방법으로 장제스의 구금을 택했던 것이다. 저우언라이는 시안사변을 적극 지지하며, 장쉐량과 뜻을 같이하겠다고 다짐했다. 장쉐량은 이 모든 난제를 저우언라이와 더불어 풀어나가고자 했다.

그리고 닷새 뒤인 12월 17일, 기다리던 저우언라이가 왔다. 저우는 장쉐량과 만나고 18일에는 양후청과도 만났다. 저우언라이의 생각은 명확했다. 장제스는 실질적으로 중국의 대부분 지역을 통치하고 있다. 그를 압박해 항일에 나서도록 하고 그를 전국의 항일 지도자로 내세우면 항일전쟁도 전면적으로 유리해진다. 하지만 장제스를 처단해버린다면 내전은 더욱 확대될 것이다. 이것은 일본을 유리하게 하는 것이 된다. 기습이 성공해 장제스의 구금이 가능했지만 그의 세력은 그대로 남아 있었다. 장제스에 대한 문제는 여러 모로 신중하고 현실적인 것이어야 한다는 것이 저우언라이의 일관된 관점이었다. 그런 처지에서 그는 장쉐량을 지지했다.

중국공산당도 갑자기 일어난 이 사태를 두고 당황할 수밖에 없었다. 시안의 분위기를 확실하게 알 수가 없었다. 장제스 처리를 두고는 여러 의견들이 분분했다. 당초 공산당의 방침은 '장제스를 반대하고 항일투쟁을 한다'는 것이었다. 그 방침대로라면 이번 시안사변은 장제스를 거세할 수 있는 좋은 기회였다. 마오쩌둥도 이러한 강경방침을 가지고 있었다는 여러 증언들이 있다. 그러나 저우언라이가 시안에 와서 실타래를 하나둘씩 풀어가면서 중국공산당의 입장은 명확해졌다. 저우언라이로부터 시안의 상황을 보고받은 공산당 중앙은 이튿날 공개적으로 시안사변의 평화적 해결을 지지하고 호소한다는 당의 입장을 밝혔다.

장제스의 처남이며 국민당 실세의 한 사람인 쑹즈원宋子文이 난징에서 시안으로 오기로 했다. 저우언라이와 장쉐량은 쑹즈원이 오는 것을 전제로 시안사변의 평화적 해결을 위한 다음 5개 조항에 대해 합의를 보았다.

1. 내전을 정지하고 중앙군을 모두 동관 밖으로 내보낸다.
2. 전국에 명령을 내려 장제스를 지지하여 항전한다.

3. 쑹즈원이 책임지고 난징 과도정부를 세우고 친일파를 숙청한다.
4. 항일군을 설립한다.
5. 정치범을 석방하고 민주주의를 실현하며, 대중을 무장하고, 구국회의를 소집하는데, 시안에서 먼저 준비회의를 연다.

장제스와의 담판,
항일의 뜻을 함께하다

"우린 모두 황제黃帝의 자손들,
서로 죽이거나 싸우지 말아야지요. 내정 문제는
모두 정치적으로 풀어야 하며 함부로 무력을 써선 안 되지요."
쑹메이링이 저우언라이에게 말했다.

1936년 12월 18일, 저우언라이는 양후청을 만나 지난밤에 장쉐량과 합의한 것에 대해 설명해주었다. 양후청과 장쉐량의 처지는 미묘하게 차이가 있었다. 양후청은 먼저 공산당이 장제스의 신변을 보장하는 데에 놀라움을 표시했다. 다음으로 그는 장제스가 난징정부로 무사히 돌아간 뒤에 있을 보복을 걱정했다.

　양후청은, 공산당은 장제스와 10여 년 남짓 불구대천의 원수로 지내왔는데, 장제스가 붙잡힌 마당에 당장 죽이지는 않더라도 가만두지는 않을 것으로 생각했다는 것이다. 그런데 공산당이 시안사변의 평화적인 해결 방침을 내세우다니, 상상 밖의 일이라는 것이었다. 양후청의 우려는 '과연 장제스가 앞으로 진정 항일을 할 것인가?'와 '장제스가 시안사변을 일으킨 사람들에게 보복은 하지 않겠는가?'로 정리할 수 있다.

양후청은 솔직하게 자신의 속마음을 저우언라이에게 털어놓았다. 공산당과 국민당은 적대적인 관계이므로 그 지위는 서로 대등하여 싸울 수도 있고 화평할 수도 있다. 그러나 자신은 장제스의 부하이다. 장제스를 경솔하게 풀어주었을 때 어느 날 서로 반목하는 경우에는 그 처지가 공산당과는 다를 수 있다고 말했다.

저우언라이는 양후청의 우려를 차분하게 풀어나갔다. 전국의 각계 인민들이 장제스의 항일투쟁을 촉구하고 있다. 국제 여건도 장제스의 항일투쟁에 기대를 걸고 있다. 미국과 영국을 포함하여 반反파시스트 진영이 모두 장제스의 항일노선을 희망하고 있다. 현 단계에서 장제스는 항일을 하면 살고 하지 않으면 죽게 되어 있다. 그를 항일투쟁에 끌어들이는 것은 결코 불가능한 일이 아니다. 보복 여부는 전적으로 장제스 자신의 의지에 달린 문제다. 군대가 단결되고 전 국민이 단결되어 강력한 역량을 이룬다면 장제스는 보복할 마음이 있어도 하기 어려울 것이다. 양후청은 저우언라이의 설복을 고맙게 받아들였다. "저는 장쉐량 부사령관을 따르는 사람으로서 지금부터 중국공산당의 의견을 경청하고 존중하겠습니다. 장 부사령관이 이미 공산당의 의견에 동의했다면 저도 기꺼이 따르겠습니다." 그러나 양후청의 우려는 우려로 끝나지 않았다.

시안사변 직후 양후청은 잠시 외유를 다녀오고 나서 12년 동안 구금생활을 했다. 구이저우貴州의 시펑息烽과 충칭의 미중합작소를 전전하며 사실상의 옥살이를 하다가 1949년 9월 6일, 국민당의 특무에 의해 살해되었다. 국민당은 충칭에서 쫓겨 가면서 그에 대한 보복을 마무리한 셈이다.

충칭시 교외에 사재동渣滓洞이라는 이름의 감옥이 있다. 원래는 광부들의 숙소였는데 경치가 빼어나다 해서 장제스의 별관으로도 쓰였다. 건물 한 모퉁이에 '중정실中正室'이라고 쓴 팻말이 아직도 남아 있다. '중정'은 장제스의 호다. 이곳은 내전이 다시 일어나자 공산당 정치범들을 투옥하는 감옥이 되었고, 양후청은 그곳으로 끌려가 목숨을 잃었다.

장제스의 체포는 장쉐량의 경호대장 쑨밍쥬孫銘九가 지휘했다. 그는 새벽 3시, 200명의 병력을 주변에 잠복시켰다가 새벽 5시, 150명의 병사들을 트럭에 싣고 화청지 안의 장제스 숙소로 들이닥쳤다. 이후 쑨밍쥬는 상처를 입고 산속에 숨어 있던 장제스를 발견하자 바로 경례를 올렸다. 장제스가 "자네가 나의 동지라면 나를 이 자리에서 쏘아 죽이고 모든 걸 끝내게"라고 말하자 쑨밍쥬는 "저희는 위원장님을 쏠 생각이 없습니다. 다만 위원장님께서 조국을 이끌고 항일투쟁을 하시기를 요청할 뿐입니다"고 대답했다. 쑨밍쥬는 장제스를 양후청의 공관인 신성대루新城大樓로 호송했다.

비밀리에 장쉐량이 저우언라이와 긴밀하게 연락하며 협조하고 있는 그 사이에도 장제스는 장쉐량에게 공산당 토벌명령을 계속 내리고 있었다. 10월 31일에는 토벌 총공격명령을 내렸다. 12월 4일 시안에 도착한 장제스는 총공격을 다시 채근했다.

1936년 12월 7일 장쉐량은 다시 장제스에게 "오늘날 가장 중요한 과제는 항일이며, 홍군 문제는 정치적으로 해결해야 합니다. 동북군은 지금 항일 감정이 아주 높아서 억누를 수가 없습니다"라고 호소했으나 받아들여지지 않았다. 12월 10일 장쉐량, 양후청 두 사람은 거사를 결심하고 11일 지휘본부를 양후청의 공관인 신성대루로 하기로 했다. 장제스가 호송된 곳이 바로 이 지휘본부였다.

저우언라이는 평화적 해결 방안 말고는 시안사변을 풀어나갈 다른 방도가 없다고 확신했다. 저우언라이는 연일 당 중앙과 연락하며 시안의 사정을 설명하고 설득에 나섰다. 시안에서 활동하던 일부 공산당 간부들도 평화적인 해결에 대해 회의적이었다. 저우언라이는 중국공산당 간부회의를 소집해서 시안사태 수습에 적극 동참할 것을 역설했다.

장쉐량은 소련의 반응에 대해서도 매우 민감했다. 그런데 사태 직후 소련의 반응이 뜻밖이었다. 사건 이튿날 소련의 언론들이 잇달아 논평을 발표하면서 장쉐량과 양후청이 왕징웨이와 결탁해서 일본의 조종으로 정치 음모를 꾸미고 있다고 비난했다. 장쉐량이 거꾸로 일본의 앞잡이가 되고 만 것이다.

일본군이 중국의 동북 지역(만주)을 점령하자 소련은 일본군의 소련 침공을 우려했다. 소련은 장제스가 하루 빨리 일본군과 본격적으로 싸워주기를 고대하고 있었다. 동북 지역을 강점한 일본이 중국 대륙으로 진공해 들어가고 장제스가 일본군과 전투를 하고 있는 한 소련에 대한 침공 우려는 그만큼 감소하기 때문이다.

장쉐량은 소련이 보인 반응의 진의가 무엇인지 궁금했다. 저우언라이에게 여러 차례 물어보았으니 저우로서도 당장은 시원한 대답을 해줄 수 없었다. 그만큼 모두가 혼란 속에서 갈팡질팡하는 상황이었다.

12월 20일, 난징에서 쑹즈원이 시안으로 왔다. 쑹즈원은 난징정부에서 친영미파(親英美派)로 통했다. 허잉친 등 친일 세력과의 갈등이 심했다. 쑹즈원이 급하게 날아온 것은 시안에서 장제스를 직접 만나고, 사태의 진상을 제대로 파악하기 위해서였다. 쑹즈원을 만난 장쉐량은 그동안의 사정을 알려주고 자신이 의도하는 바를 솔직하게 밝혔다.

시안사변 당시 중국공산당 대표 자격으로 시안을 방문한 저우언라이. 왼쪽부터 친방셴, 예젠잉, 저우언라이. 1936년 12월.

그는 동북군, 서북군과 홍군이 의논하여 평화적인 해결 방안을 마련했으며, 자신이 내세운 '8개 항'을 장제스가 받아주기만 한다면 바로 석방하겠다고 말했다.

이어 두 사람은 함께 장제스를 만났다. 쑹즈원은 장제스에게 보내는 쑹메이링의 편지를 전했다. 편지는 "쑹즈원이 사흘 안에 난징으로 돌아오지 않는다면 나는 시안으로 가서 당신과 생사를 같이하겠다"고 쓰여 있었다. 편지를 본 장제스가 눈물을 흘렸다.

쑹즈원은 저우언라이가 시안에 와 있으리라고는 미처 생각하지 못했다. 저우언라이가 이미 시안에 와 있는 걸 알고 그는 크게 놀라고 낙담했다. "저우언라이가 와 있으니 사태 해결이 아주 어렵게 되겠구나" 하고 걱정했다. 쑹즈원을 수행해온 궈정카이郭增愷가 저우언라이를 만날 것을 건의하자 쑹즈원은 허잉친에게 빌미를 줄까봐 염려되어 궈정카이에게 저우언라이와 만나라고 했다.

저우언라이는 궈정카이에게 사정을 설명했다. "이번 사변에 공산당은 참여하지 않았다. 그러나 이번 사태의 평화적인 해결을 위하여 쑹즈원이 장제스를 잘 설득해서 기존 정책을 바꾸고 국가를 위해 이바지하기를 바란다. 장제스 선생이 항일에 동의하기만 한다면 공산당은 전력을 다해 장 선생을 도울 것이다. 국민정부 옹호를 전국에 호소할 것이며 아울러 항일통일전선을 결성할 것이다." 궈정카이에게 저우언라이의 이야기를 듣고 쑹즈원은 비로소 안심했다. 그는 이튿날 난징으로 갔다가 다음 날인 22일 다시 시안으로 왔다. 쑹메이링과 함께였다. 아내와 처남을 만난 자리에서 장제스는 자신의 뜻을 밝혔다.

그는 정부를 개조하고 석 달 뒤 구국회의를 소집하며 국민당을 개혁하고 연소연공聯蘇聯共(소련과 공산당과 연합한다)에 동의하겠다고 말했다. 그리고 자신은 담판에 직접 나서지 않으며, 담판에서 타결된 사항은 자신이 '영수領袖'의 인격을 걸고 담보하지만 그 어떤 서면 서명은 하지 않는다고 전제했다. 시안 측은 이 조건을 받아들이고 12월 23일 오전 장쉐량의 공관에서 본격적인 협상에 들어갔다. 장제스 측은 쑹즈원, 시안 측은 장쉐량, 양후청, 저우언라이였다. 협상이 시작되자 저우언라이가 홍군과 공산당이 제시하는 여섯 개의 주장을 밝혔다.

1. 내전을 정지하고 군대를 동관 밖으로 철수한다.
2. 난징정부를 개조하고 친일파를 내몰고 항일 인사를 받아들인다.
3. 정치범을 석방하고 민주 권리를 보장한다.
4. 공산당 토벌을 중지하고 홍군과 연합하여 항일하며, 공산당 활동

을 합법화한다. (홍군의 독립적인 조직 영도를 유지하고, 민주국회 소집 전에 소비에트를 그대로 두며 명칭은 항일 또는 구국으로 할 수 있다.)

5. 각 당과 각 파, 그리고 각계 각 군이 참여하는 구국회의를 소집한다.
6. 항일을 지지하는 국가들과 연합한다.

저우언라이의 주장은 21일 중국공산당 중앙이 저우에게 보낸 협상 사항이었다. 이것은 또 코민테른과도 합의를 거친 것이었다. 중국공산당 중앙은 저우언라이의 현지 판단을 근거로 정책을 세우고 사태에 대비하고 있었다. 장제스가 구금되었다는 소식이 전해지자 한때 옌안의 분위기는 들떴고, 마오쩌둥도 잠시 장제스 없는 전쟁을 지지했었다는 여러 증언들이 있다. 쑹즈원은 개인적으로는 동의하지만 장제스에게 보고를 해야 한다고 말했다. 오후 회의에서는 과도 정부 조직 문제, 군대 철수 문제, 애국인사 석방 문제, 장제스 석방 문제 등이 거론되었다. 저우언라이는 쑹메이링과도 이야기를 나누었다. "중국공산당이 이미 성의를 보였으니 응당 정부의 영도 밑에 함께 노력하기 바란다"는 쑹메이링의 말에 저우언라이도 "장 선생이 항일에만 동의해 주신다면 공산당은 장 선생을 전 국민의 영수로 모실 것이며, 장 선생 말고는 아직까지 다른 마땅한 지도자가 없다"고 대답했다.

24일 오전에도 협상은 계속되었다. 쑹메이링은 내전 종식에 찬성하면서 다음과 같이 말했다. "우리는 모두 황제黃帝의 자손들이다. 응당 서로 죽이거나 싸우지 말아야 한다. 내정 문제는 모두 정치적으로 해결해야 하며 함부로 무력을 사용해서는 안 된다." 이 자리에서는 쑹즈원, 쑹메이링 남매가 확인하고 양측이 명확하게 합의한 사항들이 있었다. 중국공산당은 다음과 같은 당시 합의 내용을 오랫동안 공개하지 않고 있다가 반세기가 지난 뒤 《저우언라이 선집》을 편집하면서 비로소 공개했다. 1981년 12월, 베이징인민출판사가 펴낸 《저우언라이 선집》의 〈쑹즈원, 쑹메이링과의 담판 결과(1936년 12월 25일)〉는 다음 열 가지 합의사항을 구체적으로 밝히고 있다.

1. 쿵샹시孔祥熙와 쑹즈원이 행정원을 조직하되 쑹즈원은 어김없이 인민의 의사에 맞는 정부를 조직하고 친일파 숙청을 전적으로 책임진다.
2. 군대의 철수와 후쭝난胡宗南 부대 등 중앙군이 서북을 떠나는 것에 대해서는 쑹즈원과 쑹메이링이 전적으로 책임을 진다. 장딩원은 이미 장제스의 친필 명령을 가지고 가서 전투를 정지시키며 군대를 철수시키고 있다(지금 전선에서는 이미 철수했음).
3. 장(장제스)은 돌아간 다음 애국지도자들을 석방할 것을 승낙했는데 우리가 먼저 이를 발표해도 좋다고 했다. 쑹즈원이 책임지고 석방하기로 했다.
4. 지금은 소비에트와 홍군을 그대로 둔다. 쑹즈원과 쑹메이링은 장제스가 공산당 토벌을 확실하게 중지할 것을 담보했으며 또 장쉐량을 통해 물자를 공급할 수 있다고 했다(쑹즈원은 책임을 지고 저우언라이와 장쉐량이 의논하여 결정하는 대로 공급하기로 했다). 3개월 뒤 항전을 시작하면 홍군은 번호를 바꾸며 통일적인 지휘 아래 연합 행동을 하기로 했다.
5. 쑹즈원은 국민대표대회를 먼저 열지 않고, 국민당대회를 열어 정권을 개방한 뒤 각 당, 각 파의 구국회의를 소집하기로 했다. 장제스는 3개월 뒤에 국민당을 개편하겠다고 밝혔다.
6. 쑹즈원은 몇 차례에 걸쳐 모든 정치범을 석방하되 석방하는 방법

을 쑨孫 부인과 상의하겠다고 밝혔다.
7. 항전이 시작되면 공산당을 합법화한다.
8. 외교정책 면에서 소련과 연합하고 영국, 미국, 프랑스와 연계한다.
9. 장제스는 돌아가 스스로 책임지는 성명을 발표하고 행정원장에서 물러난다.
10. 쑹즈원은 항일과 친일파 숙청에 우리의 도움을 요청했으며 우리의 특파원을 상하이에 보내 그와 비밀리에 교섭할 것을 바란다고 했다.

저우언라이의 담판은 성공했고 공산당은 기사회생했다. 홍군에 대한 국민당군의 공격은 사라지게 되었고 공산당은 합법화되었다. 공산당 군대가 어제의 적이었던 국민당 군대와 어깨를 나란히 하며 더불어 항일전쟁에 나서게 된 것이다. 합의 사항 가운데 제6항에 "석방하는 방법을 쑨 부인과 상의한다"는 대목이 재미있다. 장제스는 하나에서 열까지 쑹즈원과 쑹메이링에게 맡겼지만 정치범의 석방 방법만은 '쑨 부인'과 상의하겠다고 했다. '쑨 부인'이 누구일까? 당시의 정황으로 보아 쑨원孫文의 미망인 쑹칭링을 가리킨 말이다. 세상이 다 알다시피 쑹칭링은 국민당 안에서도 반反장제스 노선의 기수였고, 석방 대상인 정치범들의 사정을 그만큼 아는 사람도 드물었다. 혈연으로 보아서도 미우나 고우나 쑹칭링은 쑹메이링의 언니였다. 쑹칭링은 정치범 문제를 협의할 수 있는 최고의 적격자였다.

그날 저녁 저우언라이는 장제스를 그의 거처에서 만났다. 쑹 남매가 자리를 같이했다. 장제스는 신변의 자유를 회복하기 위해서는 일정한 의사표시가 있어야 한다는 것을 알고는 있었지만 스스로 자기

입으로 말하기를 꺼려했다. 마음과 몸이 고달팠다. 장제스를 만나기 진에 쑹메이링은 저우언라이를 찾아가 장제스가 요즘 몸이 많이 불편하다고 알려주었다.

침대에 누워 있던 장제스는 저우언라이가 들어오자 겨우 몸을 일으켜 침대에 앉는 모양을 취했다. 저우언라이가 먼저 인사를 했다. "장 선생님. 지난 10년, 서로 만나지 못했습니다. 오늘 뵈오니 예전에 비해 좀 늙으신 것 같습니다." 장제스는 머리를 끄덕이며 한숨을 쉬며 말했다. "언라이, 당신은 나의 부하였소. 당신은 내 말을 들어야 하오." 이에 저우언라이는 "선생님의 '양외필선안내攘外必先安內' 정책을 거두시고, 내전을 종식하고 항일을 같이 하신다면 저뿐 아니라 저희 홍군도 모두 선생님의 지휘를 받을 것입니다"라고 대답했다.

저우언라이는 장제스에게, 왜 내전을 종식하려 하지 않는지 물었다. 쑹메이링이 대답을 대신했다. "앞으로는 공산당 토벌을 하지 않을 것입니다. 이번에 저우언라이 선생이 급하게 달려와주었기에 다행입니다. 정말 감사합니다."

뒤이어 장제스가 직접 세 가지 이행 사항, '첫째, 공산당 토벌을 중지하고 홍군과 연합하여 항일할 것이며 중국을 통일하여 자신의 지휘를 받게 할 것, 둘째, 쑹쯔원, 쑹메이링, 장쉐량이 장제스의 전권대표가 되어 저우언라이와 함께 모든 사안(앞에서 제기된 문제들)을 해결하도록 할 것, 셋째, 자신이 난징에 돌아간 뒤 저우언라이가 난징에 와서 자신과 담판할 수 있게 한다'를 밝혔다.

장제스는 많이 피곤해 보였다. 쑹 남매를 보고 "당신들이 저우언라이와 더 이야기를 나누시오"라고 말했다. 저우가 작별 인사를 했다. "선생님은 먼저 휴식하십시오. 앞으로 만나 뵐 기회가 또 있겠습니다."

시안사변의 끝,
무장 세력 속의 단기필마

장제스는 결국 문건 하나 안 남기고 시안을 떠났다.
소문이 돌자 시안의 공기는 심상치 않게 돌아갔다.
젊은 장교들이 일어나고 동북군은 분열되었다.
저우언라이가 다시 폭풍 속에 휘말렸다.

쑹즈원은 자신이 나서서 모든 것을 책임지고 집행할 터이니 자신을 믿고 1936년 12월 25일 장제스가 시안을 떠날 수 있게 해달라고 요청했다. 장쉐량은 이에 동의하고 자신도 함께 난징으로 가겠다고 말했다. 하지만 저우언라이는 장제스가 난징으로 돌아가는 데에는 원칙적으로 동의하지만, 장제스가 떠나기 전에 반드시 문건 형식의 의사표시가 있어야 하며, 장쉐량이 함께 가는 데에는 동의할 수 없다고 했다.

그러나 사태는 급하게 돌아가고 있었다. 12월 25일 오후 3시 장쉐량은 양후청을 이끌고 장제스 부부와 쑹즈원과 더불어 공관을 떠나 시안비행장으로 급하게 차를 몰았다. 아무도 눈치 채지 못하게 비밀리에 진행되었다. 저우언라이조차도 전혀 눈치 채지 못했다. 장쉐량은 자기도 장제스를 따라 난징으로 가겠다고 말했다. 그러곤 비행기

옆에서 친필 명령을 내렸다. 자신이 난징에 가 있을 동안 동북군은 우쉐중이 이끌고 양후청의 지휘에 따른다는 것이었다. 장제스 일행이 탄 비행기가 하늘에 오르자 장쉐량도 자신의 전용비행기에 올랐다. 그때가 오후 4시였다. 경비대가 쑨밍쥬에게 이 사실을 알렸고 쑨밍쥬는 바로 저우언라이에게 보고했다. 저우언라이가 쑨밍쥬와 함께 비행장으로 왔지만 그들은 이미 떠난 뒤였다.

장제스는 결국 문건 하나 남기지 않고 시안을 떠났다. 그러나 그는 영수로서 책임을 지겠다고 다짐했다. 장제스는 떠나기 직전 장쉐량과 양후청에게 책임에 대한 묘한 말을 남겼다. "오늘 이전에 발생한 내전은 자네들이 책임지고 오늘 이후로 발생하는 내전은 내가 책임지겠네. 앞으로 나는 절대로 공산당을 토벌하지 않을 것이네. 나의 착오는 내가 인정하네. 자네들도 착오가 있는데 자네들도 반드시 인정을 해야 하네"가 그것이다. 그동안 항일을 하지 않고 공산당 토벌을 한 것이 자신의 과오였다면 마찬가지로 그것을 빌미로 자신을 불법적으로 감금하고 압박한 것은 분명 두 사람의 과오였다고 못 박은 것이다. 결과적으로 장제스는 내전 종식과 공산당 토벌 중지의 길을 택했다. 그는 책임을 다한 것이었다. 같은 이유로 두 사람에게도 그는 책임을 지웠다. 가혹하고 잔인한 것이었다. 장쉐량에겐 평생 구금으로 책임을 물었고, 양후청에게는 목숨을 빼앗는 것으로 책임을 추궁했다.

장제스를 풀어준다는 소문이 돌자 시안의 공기는 심상치 않게 돌아갔다. 12월 25일 아침 동북군과 17로군의 일부 장령將領들이 연명連名으로 쑹즈원에게 편지를 보냈다. 그 내용이 자못 격했다. 그들은 담판 결과에 대해서는 반드시 서명이 있어야 하고, 중앙군이 먼저 동관 동쪽으로 철수해야 장제스를 석방할 수 있다고 강하게 주장했다. 그렇지 않으면 설령 장쉐량, 양후청 장군이 동의를 한다고 해도 그들은 결사적으로 반대할 것이라고 했다. 편지를 본 장제스는 쑹즈원에게 장쉐량을 만나 즉시 시안을 떠나게 해달라고 부탁하도록 했다. 장쉐량은 뜻밖의 사태 진전에 긴장했다. 차라리 장제스를 일찍이 빼돌리는 것이 낫겠다는 판단을 했다. 성격적으로 장쉐량은 솔직하고 직선적이면서 다분히 충동적이고 감정적이었다.

비행기가 뤄양洛陽에 도착하자 장제스는 장쉐량에게 즉각 명령을 내렸다. 양후청에게 즉시 천청, 장딩원, 주소우량, 위리황 등을 석방하라는 지시를 내리라는 것이었다. 시안 측은 그대로 이행했다.

난징에 도착한 장쉐량은 그날로부터 자유를 잃었다. 열사흘 장제스 연금의 대가는 자신의 평생 연금이었다. 12월 31일 고등군사법정은 장쉐량에게 10년 징역형을 내렸다. 며칠 뒤 장제스는 특별사면령을 내렸지만 군사위원회에 신변을 넘겨 엄격하게 단속하도록 지시했다.

장쉐량은 장제스 구금이 구국을 위해 어쩔 수 없이 취한 행동이었지만 인간적으로나 실정법으로나 죄를 지었다는 인식만은 확실히 하고 있었다. 그는 스스로 장제스를 따라가 용서를 빌고 싶었다. 그러면 대의로 보나 현실로 보나 쉽게 용서를 받고 다시 전쟁터로 갈 수 있다고 판단했다. 그만큼 그는 단순하고 정치적 책략에 미숙했다.

장쉐량이 난징에서 구금되었다는 소식은 시안을 다시 들끓게 했다. 주전파와 주화파가 팽팽하게 맞섰다. 쑨밍쥬가 이끄는 소장파 장교들은 장쉐량을 구출하기 위해 중앙군과 정면으로 한판 붙어야 한다고 주장했다. 점차 젊은 주전파의 주장이 시안 사회 여론의 주류가 되기 시작했다. 그러나 양후청은 장제스의 보복이 두려웠다. 장쉐량의 경우를 보면 자신의 앞날도 어두웠다. 장쉐량 구금 이후 홍군과 동북군, 17로군이 그 대응을 논의하던 중 이듬해 2월 2일, 동북군의 원로파인 왕이저王以哲가 살해되었다. 원로파와 소장파 사이의 의견 대립과 갈등은 날이 갈수록 깊어갔다.

당시 시안에서 저우언라이의 위상이란, 따지고 보면 장쉐량과 양후청이 모시고 온 손님일 따름이었다. 독자적으로 판단하고 행동에 옮길 처지가 아니었다. 마음대로 명령을 내릴 사정도 아니었다. 우군의 내부 싸움에 함부로 간섭할 수도 없었다. 다만 건의하고 방안을 만들어 설득하고 협조하는 것이 전부였다.

그는 각계 인사들과 광범위하게 접촉하면서 단결과 평화적인 해결을 촉구하는 데에 활동의 중점을 두었다. 하지만 동북군 소장파의 과열도 어떻게 하든 조절해야 했다. 1월 27일 저녁, 20여 명의 소장파 장교들이 저우언라이를 찾았다. 소장파들은 장쉐량이 돌아와야 철수하겠다고 버텼다. 저우언라이는 이러면 전쟁이 일어난다고 설득했다. 철수한 뒤 내부 단결을 강화하며 장쉐량의 복귀를 요구할 수도 있다고 말했지만 소장파들은 듣지 않았다. 저우언라이도 격앙된 목소리로 맞서며 공산당의 입장을 밝혔다. "중국공산당은 장제스에 대해 깊은 원한을 갖고 있다. 우리는 이를 영원히 기억할 것이다. 중국공산당은 장쉐량과 동북군과의 혈연적 관계를 영원히 잊지 않을 것이다. 장 장군에게 유리한 일이라면 우리는 온힘을 다 쏟을 것이다. 그러나 무작정 싸우면서 그의 석방을 고집하는 것은 그에게도 도움이 되지 못한다."

하지만 그들은 홍군이 자기들과 함께 출병할 것을 거세게 요구했다. 늦은 밤이 되었다. 저우언라이는, 이 문제는 아주 어려운 문제이므로 더 상의해보고 대답하겠다고 말하고 그들과 헤어질 수 있었다.

소장파들이 떠난 지 얼마 안 되어 17로군의 난한천南漢宸이 저우언라이를 찾아왔다. 그는 저우언라이가 17로군에 심어놓은 공산당원이었다. 그는 양후청이 장제스의 보복을 아주 겁내고 있다고 보고했다. 새벽 3시에 양후청이 난한천을 찾아와 다음과 같이 말했다는 것이었다.

"당신이 이번에 시안에 왔는데 나는 당신이 공산당 입장을 견지하는 것을 반대하지는 않는다. 그러나 나는 당신들도 내 처지를 헤아려주기를 바란다."

"공산당은 국민당과 지위가 평등하기에 평화를 주장하면서 국민당과 장제스와 맞설 수 있지만 나는 장제스의 부하이다. 장제스는 눈곱만한 흠집도 용납하지 못하는 사람이다. 사태가 평화적으로 마무리된 뒤 나는 어떻게 장제스를 대해야 하는가? 평화적 해결의 대가는 결국 나의 희생이 아니겠는가? 나는 지금 형세에서 그냥 보고만 있을 수가 없다."

보고를 받고 저우언라이는 난한천에게 말했다.

"돌아가 양 선생에게 전하세요. 오늘 나는 삼원에 있는 홍군사령부 회의에 참석했다가 저녁에 돌아오는데, 양 선생에게 근심하지 말라고 일러주세요. 우리는 친구에게 결코 미안한 일을 하지 않는다고 말이오."

홍군사령부 회의에는 펑더화이, 런비스, 양상쿤楊尚坤 등이 참석했다. 이 회의는 동북군과 17로군이 모두 싸우려 한다면 홍군은 잠시 평화 해결 방침을 접고 그들의 주장을 지지하며 그들과 더불어 난징 측과 싸우기로 결의했다. 동북군과 17로군은 모두 홍군의 친구이며, 지금 이 친구들이 모두 싸울 결심을 하고 있는데 우리의 설득은 효과가 미미할 수밖에 없지 않은가. 그들의 요구를 들어주면 친구 관계가 유지되고 그렇지 않으면 등을 돌리게 된다. 홍군의 본뜻은 싸우지 않는 것이지만 현재의 정황을 감안할 때 그들을 도와 난징 측과 대결할 수밖에 없다는 것이 그날 회의의 주된 흐름이었다.

마오쩌둥과 주더도 전보로 이 방침에 동의했다. 그날 저녁 저우언라이는 시안에 돌아와 이 결정을 양후청과 소장파들에게 알려주었다. 이제 결전만이 남았다. 그런데 사태는 또 한 번 반전反轉되고 있었다.

12월 31일 저녁, 왕이저의 거처에서 국민당 군대의 최고위 간부회의가 열렸다. 양후청, 왕이저, 허주궈何柱國 등을 포함한 동북군의 지도자들과 저우언라이가 참석했다. 국민당의 최고위 회의에 공산당 간부가 참석한 것이다. 소장파는 회의실 밖에서 안의 동정에 귀를 곤두세우며 기다리고 있었다.

양후청이 먼저 저우언라이에게 의견을 물었다. 저우언라이는 "오늘 우리는 당신들의 의견을 존중할 터이니 당신들이 먼저 이야기해보라"고 말하며 사양했다. 동북군의 원로파인 우궈중이 먼저 평화적인 해결을 주장했고 왕이저가 찬동했다.

그들은 당면한 군사정세를 분석했다. 현재 중앙군으로부터 안팎으로 협공을 당하고 있는 판에 그들과 맞서 싸워봐야 승산이 없다고 했다. 동북군 장령들이 이렇게 뜻을 같이 하자 양후청도 한발 물러서고 말았다.

"도의로 말하면 싸워야 하고 이해로 따지면 평화적 해결을 주장해야 한다. 동북군이 평화적 해결을 주장한다면 우리는 그래도 조건을 내며 평화적으로 해결해야 한다고 생각한다."

양후청이 마지막으로 저우언라이의 의견을 물었다. 저우언라이는 내부 단결과 부하 설득에 더 큰 노력을 기울여야 할 것이며, 그렇지 않으면 또다시 문제가 생길 수 있다고 강조하면서 다음과 같이 결론을 내렸다.

"우리의 본뜻은 평화적 해결이었다. 그 뒤 당신들 쌍방에서 많은 사람들이 싸우기를 주장하기 때문에 단결을 염원하는 뜻에서 당신들 의견에 따라 우리의 주장을 보류하기로 했었다. 이제 당신들 모두가 평화적 해결을 주장하니 우리는 마땅히 찬성한다."

하지만 평화적 해결이라는 회의 결과에 격분한 소장파 군인들이 드디어 일을 내고 말았다. 소장파들은 그런 결론이 허주어궈와 왕이저의 농간에 의한 것이라 생각하고 두 사람을 살해하기로 했다. 2월 2일 오전, 왕이저가 쑨밍쥬가 주도한 소장파들에 의해 살해되었다. 양후청의 공관으로 몸을 숨긴 허주어궈는 목숨을 건졌다. 몇몇 청년군관들이 저우언라이의 사무실로 쳐들어왔다. 살기가 서려 있었다. 저우가 자리를 박차고 일어나 소리를 질렀다.

"이거 뭣 하는 짓들인가? 자네들이 그런다고 장쉐량 사령이 돌아오기라도 한단 말인가? 아니야. 아니, 이러면 오히려 장 사령을 해치는 걸세. 자네들은 단결을 파괴했고, 동북군을 분열시켰어. 장제스가 하고 싶어도 못하는 일을 자네들이 하고 있는 거네. 자네들은 지금 죄를 짓고 있어."

소장파의 희망과 전망은 빗나갔다. 주화파인 원로들만 제거하면 대세는 주전으로 돌아설 것으로 그들은 보았다. 그러나 그들의 과격하고 급진적인 행동들은 동북군 내부의 단결을 와해하는 역효과를 가져왔다. 왕이저는 동북군 안에서 나름으로 신망이 두터운 장령이었다. 그의 피살은 동북군 장병들의 의분을 자아냈다.

웨이난渭南에 주둔해 있던 동북군 부대는 왕이저의 피살 소식을 듣자 곧바로 총부리를 시안으로 돌렸다. 그들은 쑨밍쥬 등이 시안에서

쑹칭링과 함께한 저우언라이. 시안사변 당시, 장제스는 정치범 석방 문제를 쑹칭링과 협의했다. 반장제스 노선인 쑹칭링이었지만 그 문제에 있어서만큼은 쑹칭링이 적격자였다. 1961년.

떠날 것을 요구했다. 쑨밍쥬 등 주동자 세 사람은 의논 끝에 '첫째, 세 사람이 죄를 인정하고 자살한다. 둘째, 자수하고 조사를 받는다. 셋째, 홍군 쪽으로 보내진다'의 세 가지 방안을 내놓았다.

저우언라이는 그들을 운양雲陽에 있는 홍군 주둔지로 보냈다가 다시 톈진으로 보내주었다. 소장파가 떠나자 보복에 나섰던 세력들도 목표를 잃어버려 저절로 잠잠해지고 말았다. 이로써 동북군은 한 차례 대규모 내부 분란을 조용히 극복할 수 있었다.

저우언라이는 소장파를 홍군 지역으로 보냄으로써 그가 소장파를 지나치게 감싼다는 비난을 각오해야 했다. 그러나 저우언라이는 소장파의 시안사변에서의 공로를 인정했다. 그들이 왕이저를 살해한 것은 잘못된 일이지만 목적은 장쉐량을 살리기 위한 것이었다. 저우언라이

2장 코뮤니스트 저우언라이 《 163

는 여러 사정을 고려해 쑨밍쥬 등을 살려냈다.

이 며칠이 저우에게는 아주 간고한 시기였다. 도처가 지뢰밭이었다. 여러 갈래의 세력들이 일촉즉발의 위기를 안은 채 으르렁댔다. 그러나 알고 보면 그들은 모두 공산당의 우군들이었다. 상황은 수시로 변했다. 긴장의 연속이었다. 대응과 처리가 조금이라도 소홀하면 모든 노력이 한순간에 물거품이 되고 마는 상황이었다.

장쉐량이 떠나고 양후청이 힘을 잃은 상황에서 공산당인 저우언라이가 저울추 역할을 했다. 시안의 국면은 분열되고 지리멸렬했다. 이 틈새에서 저우언라이는 정력적으로 공산당의 활로를 찾아 나섰다.

2월 6일, 양후청 부대는 모두 시안을 떠나 삼원으로 갔다. 2월 8일, 중앙군 한 개 사단이 평화적으로 시안으로 들어왔다. 국민당의 특무 활동이 활발해졌다. 시안사변을 비난하는 구호와 표어들이 거리를 누볐다.

이에 중국공산당 중앙은 저우언라이에게 상황이 급하면 즉시 삼원으로 철수하라는 전문을 보냈다. 대부분의 공산당 일꾼들을 시안에서 철수시킨 저우언라이는 혼자 남아 칠현장 1호에 홍군 판사처辦事處를 만들었다. 판사처를 거점으로 해 항일 결의를 홍보하고, 평화수호 의지를 선전하고, 국공합작에 대한 성의를 표명하고, 통일전선 사업의 기틀을 은밀하게 다져나갔다.

국민당과 공산당이 연합하는 항일전쟁으로 이어진 시안사변에서, 저우언라이가 한 역할은 분명했다. 그는 장제스 감금이라는 극단의 사태를 평화적으로 해결하고, 장제스를 중심으로 항일연합전선이 형성되는 과정에서 중심 역할을 한 것이다.

마오쩌둥이 산이라면
저우언라이는 물이다

> 그는 철저한 중국공산당의 얼굴과 입이었다.
> 공산당의 이념과 지향을 밖으로 전달하는 것은
> 저우언라이의 '존재'에 의해서만 가능했다.
> 그 '존재감'이 대단한 위력을 발휘하고 있었다.

제2차 세계대전의 종말 앞뒤로 중국의 형세는 복잡하고 착잡했다. 이 무렵 저우언라이는 장제스, 마오쩌둥, 두 사람의 '성역聖域'과 '진지陣地'를 자유자재로 드나들며 전쟁과 협상이라는 두 마리 토끼를 몰고 있었다. 그는 장제스가 통치하는 '백구'와 마오쩌둥이 지배하는 '적구'를 오가며 현란한 모션으로 양쪽에 볼을 공급해주는 시대의 링커 역할을, 얄미울 정도로 완벽하게 수행했다.

또한 그는 중국공산당의 얼굴과 입이기도 했다. 옌안의 공산당 진지는 두꺼운 베일 속에 깊숙이 감춰져 있었다. 공산당의 이념적 지향과 정책을 밖으로 전달하고 대변하는 것은 저우언라이라는 '존재'에 의해서만 가능했다. 그 존재감이 대단한 위력을 발휘하고 있었다. 바깥세계에 노출된 그의 하나하나가 중국공산당의 그것이라 해도 지나

저우언라이는 마오쩌둥이라는 산과 덩샤오핑이라는 길을 잇는 물이었다. 저우언라이는 철저한 중국공산당의 얼굴과 입이었다. 의장대를 사열하는 저우언라이의 모습. 1959년.

친 말이 아니었다.

그 무렵 충칭을 중심으로, 공산당에 동조하지 않으면서도 장제스에게 거부감을 표시하는 중립 인사와 지식인 그룹이 여러 갈래로 활동하고 있었다. 그들의 영향력은 컸고, 국민 여론의 흐름을 좌우했다. 그들의 향배는 관심과 주목의 대상이었다. 그들 중도파 그룹과 국민당 내 좌파 성향의 유력인사들이 저우언라이의 인간적 흡인력에 매료되었다. 그들은 국민당과 공산당이 날카롭게 싸울 때에는 완충역할을 했지만 결정적 순간에 공산중국 건국을 도왔다. 결국 '통일전전전략'의 키잡이는 저우언라이였다.

저우언라이는 특유의 열정과 인간미를 외국인 앞에서도 유감없이 뿜어냈다. 전후 국공협상 때, 미국의 국익을 앞세워 장제스 국민당을 지원했던 미국의 조지 마셜 장군도 저우언라이를 높이 평가했다. 귀국해서 국무장관이 된 마셜은, 외교에서 저우언라이에게 한 수 배웠다는 말도 했다. 항일전쟁에는 이겼지만 국공내전에서 참담하게 패배한 장제스가 푸념처럼 되뇌는 말이 있었다. 바로 "공산당의 마술 때문에 졌다"라는 말이다. 장제스가 한탄한 '공산당 마술'의 몇 퍼센트가 저우언라이의 몫일까.

중국혁명을 성공으로 이끌었고, 오늘날의 중국을 이룩하는 데 중요한 역할을 한 마오쩌둥과 저우언라이, 덩샤오핑이 중국 현대사에서 차지한 역할을 굳이 간명하게 이야기해야만 한다면 그들은 각각 산과 물, 길의 역할을 하지 않았을까 생각한다.

> 마오쩌둥이 산이라면 저우언라이는 물이고, 덩샤오핑은 길이다. 산을 넘고 물을 건너 길을 만든 것이 오늘의 중국혁명이었다. (중략) 출

생지만 해도 마오쩌둥은 후난성 샤오산韶山 출신이고, 저우언라이는 물 많은 장쑤성江蘇省의 화이안淮安 출신이다. 덩샤오핑은 험한 '촉도蜀道'로 알려진 쓰촨성四川省 광안廣安 출신으로, 첩첩산중에서 막힌 길을 뚫어야 하는 운명을 타고 났다. (중략) 산은 남 앞에 우뚝 서기를 좋아하고, 하늘 가까이 높은 데에서 전 국면을 아래로 내려다본다. 산은 실체가 분명하고 항상 비바람과 맞선다. 물은 공명정대하고 공평무사하다. 산의 독존과 아집도 삼켜버리고, 자정自淨과 순리, 인욕과 헌신으로 일관한다. 산이 우뚝 솟아 천하를 호령할 때, 물은 그 산 그림자까지 안으며 산을 포용한다.

_ 이중 지음, 《모택동과 중국을 이야기하다》(김영사, 2002)

오늘의 중국인들은 대체로 마오쩌둥, 저우언라이, 덩샤오핑, 세 사람의 지도자를 껴안고 산다. 미우나 고우나, 남이 욕하거나 말거나, 오늘의 중국을 있게 한 세 지도자를 하나의 괄호 안에 넣고 은근히 자부심마저 갖는다. 문화혁명 때 엄청난 고초를 겪었던 사람도, 그 이전의 반우파反右派 투쟁 때 억울하게 '우파 고깔'을 써야 했던 사람의 아들딸들마저도 마오쩌둥에 대해서는 용서 이상의 이해하는 마음을 내비칠 때가 많다. 자기 부모가 비판당하고 매도당했던, 그 쓰라렸던 '현장'을 그들은 쉽게 잊지 못한다. 어릴 때는 미처 몰랐지만, 그런 불행이 마오쩌둥의 총괄적 지휘 아래 진행되고 자행되었다는 역사적 사실을 나중에 알았을 때의 분노와 배신감도 엄청 컸다.

그러나 이젠 모두 반세기 전의 일들이다. 그때의 10대는 이제 60대가 되었다. 그들은 그때의 굶주림과 핍박을 한시도 잊을 수 없다. 그러나 그들은 지난날의 가열苛烈한 '투쟁의 시대'가 아닌, 치열한 '경쟁의 시대'에 살고 있음을 나날이 확인하고 있다.

경쟁의 사회구조 속에 시장경제가 자리를 잡았다. 다 같이 못사는 것이 미덕이었던 시대는 지나가버렸다. 굶주림은 옛날이야기가 되었다. 오늘의 중국은 여러 면에서, 가난과 혼란에 시달렸던 옛 시대와의 화해가 이루어지고 있다. 오늘의 10대는 50년 전 그 시대의 '우파 고깔'과 '홍위병' 이야기 같은 걸 구전口傳으로 듣거나 책을 통해 읽으면 "그런 만화 같은 일이 다 있었나?" 하고, 그런 사실마저 믿으려 하지 않는다. 윗세대가 겪었던 참담한 체험들은, 오늘날 중국의 젊은 세대들의 상상력이 미치지 못하는, 아주 먼 나라의 이야기가 되었다.

'가장 좋은 것은 물과 같다'는 상선약수上善若水는 《도덕경道德經》에 나오는 노자老子의 말로, 물을 본받자는 의미일 것이다. 물은 늘 낮은 곳으로 흐른다. 거슬러 올라가는 법이 없다. 낮은 곳에서 겸허한 자세로 남을 껴안는다. 물은 장애물을 만나면 맞붙거나 싸우지 않고 둘러간다. 대신 틈이 보이면 스며든다. 물은 그렇게 빈 곳을 채우기도 한다. 물은 물방울에서 시작하지만 마침내는 큰 강물이 되어 바다에 이른다. 언뜻 보기에 약하고 가벼운 물이지만 때로는 무서운 파괴력으로 산을 삼키기도 한다.

정치는 민심이란 배를 잘 다스리면 성공한다. 물이 한번 뒤집으면 배는 침몰한다. 물은 참을 수 있을 때까지는 참는다. 마오쩌둥의 문화혁명 10년을 저우언라이는 물이 되어 참고 때를 기다렸다. 10년이 되자 민심은 마오쩌둥이 젓고 있는 배를 뒤집었다.

> 마오쩌둥은 지난 세기 확실하게 우뚝 솟은 존재임에는 틀림없지만 저우언라이를 징검다리로 삼아 덩샤오핑 시대로 이어지는 역사의 흐

름이 따르지 않았더라면 그에 대한 평가는 어쩌면 전혀 다른 방향으로 갔을지도 모르겠다는 생각을 이따금씩 해본다.

한 시대를 누볐던 위대한 반란자나 폭군쯤으로 폄훼되기 십상이었을 것이다. 혁명을 위한 혁명, 파괴를 위한 파괴로 일관했던 마오쩌둥 자신의 정치적 성격과 함께, 전쟁과 투쟁으로 일관했던 그의 시대조차도 몽땅 부정될 수도 있는 문제이기 때문이다.

마오쩌둥과 그의 시대에 대한 부정은 중국공산당에겐 치명적인 비극이다. 마오쩌둥이 산이라면 저우언라이는 물이고 덩샤오핑은 길이다. 산을 넘고 물을 건너 길을 만든 것이 오늘의 중국이다.

_ 이중 지음, 《오늘의 중국에서 올제의 한국을 본다》(지식산업사, 2008)

저우언라이의 앞에 마오쩌둥이 있었고, 저우언라이 뒤에 덩샤오핑이 존재했다. 그들을 이어주는 징검다리가 저우언라이였다. 마오쩌둥과 덩샤오핑을 인간적으로, 또 업무 면에서 맺어주는 역할이 아니라, 정치적 성격과 지향이 판이한 두 시대를 매개하는 역사적인 역할을 저우언라이가 떠맡았다.

대륙에 선 공산중국, 건국 그 후

> 근대적 교육을 받은 중국의 지식인들은
> 국민당에 대한 희망을 포기했다.
> 공산당은 인민의 상처를 치유하고 희망을 주는 대안으로 부상했다.
> 그 중심에 저우가 늘 있었다.

저우언라이는 1949년 3월 25일, 베이징으로 입성했다. 30년 전인 1919년, 5·4운동 때, 베이징 대학생들의 석방을 요구하며 톈진 학생들과 더불어 용감하게 달려갔던 그 베이징이었다. 베이징에 입성한 그가 역점을 둔 분야는, 건국과 국정 수행 준비였다. 저우는 통일전선 전략을 주도하면서 이른바 '제3세력'을 새로운 '건국 세력'으로 묶는 데 성공했다.

미국은 제2차 세계대전 후 한때 국공합작 협상을 주도하다시피 했다. 마오쩌둥과 장제스의 만남도 미국 대통령 특사인 헐리Patric Hully가 적극 주선한 것이었다. 이때 미국이 지향했던 것이 두 당의 평화적 공존과 '연합 정부' 구성이었다. 연합 정부는 훗날 중국에게는 장밋빛 환상의 대표적 사례가 되었지만 1949년 10월, 베이징에서만큼은 전

항일전쟁 승리 후 예젠잉과 함께한 저우언라이. 예젠잉은 저우언라이의 최후까지 병석을 지켰으며, 나중에는 4인방을 분쇄하는 데 주도적 역할을 했다. 1945년 8월.

혀 다른 성질과 형태로 모습을 드러냈다.

민주 인사, 자유주의 지식인 그룹, 무당파 지도자들, 이른바 '제3세력'이 중국공산당과 합작하여 새 정부를 만들어냈다. 연합 정부라는 긍지를 가질 만도 했다. 저우언라이는 연합 정부의 정무원(현재의 국무원) 총리로 새로운 출발을 했다. 중국인들에게 숭앙과 존경을 받던 여러 분야의 최고 지도자들과 자유주의자들이 대거 새로운 중국의 건국에 참여했다. 그때의 상황을 어느 외국인 학자는 다음과 같이 진단했다.

국민당 지구 안에서 활동하던, 근대적인 교육을 받은 자유주의 지도자들은 중국공산당에 넘어갔다기보다는 오히려 국민당에 대한 희망을 포기했다고 할 수 있다.

아주 견고해 보이던 하나의 체제가 무너지는 것은 그 체제에 대한 희망을 상실했을 때다. 상실감과 상처는 체제에 대한 반감과 반란으로 분출된다. 국민당은 인민의 상실감과 절망의 원인을 만들었고, 공산당은 이를 무한대로 부추겼다. 공산당은 스스로 상처를 치유하는 역할을 자처했고, 절망의 시대에 대안으로 부상하는 데 성공했다. 총리 저우언라이가 정무원 전체 직원들 앞에서 말했다. 1949년 11월 어느 날 아침이었다.

> 우리는 새로운 혁명의 질서를 수립하고, 그중에서 새로운 것을 발견하고 확실히 이해해야 합니다. 이러한 원칙을 가지고 개혁하면, 과거의 것을 모두 쓰레기라고 하지는 않을 것입니다. 쓰레기 속에서 우리가 필요로 하는 것을 찾을 수도 있습니다. 그러므로 과거의 요소들을 비판적으로 받아들이고 이용해야 합니다. 새로운 집을 지을 때 예전에 사용했던 목재들을 다시 사용할 수도 있지 않습니까?

과격하며, 때로는 무자비하게 무장 폭력에 앞장섰던 '혁명 청년'이 새로운 인민정부의 행정 수반이 되었다. 점진적이고 조화로운 세계를 지향하는 '경세가'의 길로 들어섰다. 시대가 요구하고 인민이 필요로 하는 '변신'을 저우는 과감하게 했다. 저우언라이가 내각 구성에 들어간 때는 1949년 가을이었다. 중앙인민정부의 출범을 앞두고 정부 기구의 인사 배치가 무엇보다 중요했다. 정무원 부장(장관)들은 바로 임명해야 했다. 정무원 및 각 기구의 주요 책임자 대부분은 저우언라이가 추천한 인물들을 마오쩌둥과 의논하고 정치국에서 심사하는 과정을 거쳐 결정했다.

이때 저우언라이는 이른바 '민주 인사'들을 기용하는 데 중점을 두었다. 건국 과정에 이바지한 공로로 보아서 민주당파의 주요 책임자들에도 마땅한 위치를 주어야 했다. 저우언라이는 국민당 통치구역에서 오랫동안 활동했다. 각 당파 사람들을 두루 사귀었고, 속사정에 밝았다. 한 사람 한 사람씩 점찍어나갔다.

먼저 수리水利부장에는 푸쭤이傅作義 장군을 추천했다. 국민당 군대의 사령관으로 홍군의 평화적인 베이징 입성을 도왔던 그는 수리시설 건설의 경험이 있었다. 부부장으로는 리바오화李葆華를 배치하여 푸쭤이를 돕도록 했다. 리바오화는 베이징시 당위의 부서기였다. 비공산당원 부장(장관)에 공산당원 부부장(차관)이었다. 저우언라이는 푸쭤이에게 수리부장을 맡기면서 수리부 지도부의 인선도 부탁했다. 푸쭤이는 민주 인사 두 사람을 추천했는데 장한잉張含英과 류야오장劉瑤章이 그들이다. 장한잉은 국민당 황허黃河 수리위원회 기술전문가였고, 류야오장은 국민당 허베이성河北省 당부 주임위원 겸 베이징시 시장이었다. 국민당 베이징시 시장이 공산당 정부의 수리부 지도부로 발탁된 것이다.

저우언라이가 가장 많이 공을 들여 발탁한 인사는 황옌페이黃炎培 부총리였다. 국민당 시절, 모든 관직을 고사한 저명한 학자 량후이梁希도 임업林業개간부 부장으로 초빙했다. 농업부 부장 리수청李書城도 저우가 직접 챙긴 민주 인사였다. 정무원 지질地質부장으로는 리쓰광李四光을 임명했다. 저명한 지질학자, 지층학자, 고생물학자인 리쓰광과 량후이 등은 당대의 으뜸가는 과학자들이었다.

정무원 부총리 네 명 가운데 두 명이 민주 인사로 채워졌다. 공산당과 비공산당이 반반씩 차지한 셈이다. 두 명의 민주 인사 부총리는 황옌페이와 궈모뤄였다. 정무위원 열다섯 명 가운데 아홉 명이 비공산당원이었다. 총리를 포함한 정무원 전 구성원은 모두 스물여섯 명이었다. 그 가운데 열네 명이 비공산당원이었다.

저우언라이는 이러한 화합체제가 오래가야 한다고 생각했다. 그는 민주당파 인사들과의 장기간 공존을 위해 많은 노력을 기울였다. 처음에는 위화감도 많았다. 국민당 출신들은 대체로 전문 분야에서 일했던 경력을 가지고 있었다. 저우언라이가 언젠가 그런 어려움을 이야기한 적이 있었다.

> 당 밖의 인사들이 처음 우리 간부들과 함께 일할 때, 더러는 오만하고 공산당 간부들을 업신여기는 모습들이 보였다. 하지만 우리 간부들의 새로운 인식을 보고는 자신들의 모자람을 인식하고 모든 걸 우리에게 물어보며 점차 진보하기 시작했다. 당의 간부들은 당 밖 인사들이 우리가 협력해야 할 대상이란 사실을 알고 모두 한 가족이라고 생각해야 한다.

이러한 저우언라이의 노력은 많은 사람들의 감동과 호응을 불러일으켰다. 황옌페이는 〈1949년을 영원히 기억하며〉라는 글을 통해 자신의 감동을 진솔하게 나타냈다.

> 내 나이 이미 일흔둘이다. 태어나 이제까지 72년이나 살아온 내가 다만 1949년을 기념하려는 까닭이 무엇일까? 그해 2월 15일 국민당의

감시를 피해 베이징으로 와서 정치협상회의를 준비하고 정부에 참여해 오늘에 이르기까지 그 무엇 하나도 나를 감동케 하지 않은 것이 없었다. 특히 나는 '인간'의 위치를 처음 발견했고, '군중'의 힘을 새롭게 깨달을 수 있었다.

1878년생인 황옌페이는 문화혁명이 일어나기 1년 전인 1965년 12월 베이징에서 세상을 떠났다. 초대 농업부장이었던 리수청도 같은 해 8월 베이징에서 병사했다. 그도 특이한 경력의 소유자이자 비범한 이력을 가진 원로 혁명가였다. 1882년생으로 1904년 봄, 일본 육군사관학교 5기생으로 군인의 길을 걷기 시작했다. 신해혁명이 일어나고, 쑨원의 혁명동지인 황싱黃興이 전시 총사령이 되자 그는 참모장이 되었다. 1912년 1월, 난징 임시정부가 수립되자 그는 쑨원의 군사비서가 되었다. 저우언라이는 쑨원 시대의 노혁명가를 농업부장으로 발탁해 새로운 중국의 폭넓은 인사를 성공적으로 이끌었다.

중국민주건국회 중앙 부주석 쑨쇼우춘孫曉村은 〈내가 겪은 제1기 인민정치협상회의〉라는 글에서 "당시 중앙인민정부에서 부장 이상 직급을 맡은 민주 인사는 전체 성원의 3분의 1이 넘었다. 그들은 모두 신망이 높은 분들로서 인민들의 깊은 신임을 받고 있었다. 돌이켜보면 이러한 인사 배치는 공산당이 영도하는 다당多黨합작을 통해 능력에 따라 인재를 등용하는 원칙을 충분히 구현한 것이었다"라고 그때의 감동을 밝혔다.

50대 초반의 정력이 넘치는 총리는 일에 대해서도 물불을 가리지 않았다. 그의 이러한 집무 태도는 해방군 305병원에서 암 치료를 받으며 병실에서 나라 안팎을 열정적으로 챙길 때까지 이어졌다. 총리

비서로 저우언라이를 보좌한 양차오楊超도 그 무렵 저우언라이의 모습을 다음과 같이 회고했다.

총리 집무실에 있는 총리의 침상 위에 벨이 설치되어 있었다. 총리가 벨을 누르면 서둘러 집무실로 가서 지시를 받아 업무를 처리했다. 때로는 총리가 화장실에서도 나를 불러 업무보고를 하라고 했다. 밤낮없이 바쁜 일 때문에 비서실 직원들은 녹초가 되었지만 총리는 왕성한 활력과 명철한 두뇌를 유지했다.

혁명가, 경세의 길로 들어서다

> 국민당은 인민의 상실감과 절망감의 원인을 만들었고
> 공산당은 이를 무한대로 부추겼다.
> 공산당은 스스로 상처를 치유하는 역할을 자처했고
> 절망의 시대에 대안으로 부상하는 데에 성공했다.

공산중국 건국 직후 저우언라이는 한 외국인 친구에게 다음과 같이 말했다.

> 건국하기 전에는 혁명청년으로 오로지 승리하는 것만이 목표였고 임무였지요. 그때는 오히려 지금처럼 힘들지 않았어요. 그러나 막상 전쟁에서 이기고 나라를 세우니 문제가 엄청 많고 복잡해졌어요. 크고 복잡한 나라를 관리하는 지도자가 되고 보니 책임질 일도 많고 해결해야 할 과제들이 헤아릴 수 없이 많은 거요. 옛날보다 훨씬 더 많이 힘들어졌어요.

혁명과 전쟁, 건국과 국정, 중국공산당에게는 이 네 가지 과제가 한 줄기일 수 있다. 중국공산당 정부는 1949년 10월, 30년 가까운 혁명과 전쟁 끝에 탄생했다. 그리고 60년이 지난 오늘에도 중국공산당은 줄기차게 국정을 이끌고 있다. 전쟁에 이겨 세워진 혁명정권이 60년을 이어오다니, 세계 정치사에 드문 일이다.

1970년대까지만 해도 중국에서는 '혁명'이 최고의 가치였고, 다른 무엇과도 바꿀 수 없는 절대의 이념이었다. 혁명과 전쟁이 '대파大破'라면 건국과 국정은 당연히 '대립大立'이다. 마오쩌둥은 지속적인 '대파'를 통해서 새로운 세계를 꿈꾸었고, 그것을 '대립'이라 했다. 저우언라이는 확실하고도 현실적인 '대립'을 통해 새로운 나라를 이룩하고자 했다.

그들은 1920년대에 만나 1976년 같은 해에 삶을 마감했다. 반세기가 넘는 그들의 활동 기간을 단지 '대파'와 '대립'이라는 이분법으로 구분할 수는 없다. 두 사람은 '대파'에는 한통속이 되어 손을 잡았고 승리까지 이끌었다. '대립'의 방법론과 방향성에서 둘이 불협화음을 낸 것도 사실이다. 그러나 둘은 대립하면서도 머리를 맞대고 손을 맞잡은 부분이 더 많다. 저우언라이는 건국 뒤 더 많이, 거의 결정적으로 '대립'에만 몰두했다. 헌신적이었다. 그렇기 때문에 그의 일생이 더욱 가치 있는 삶으로 추앙되고 있다.

1949년, 중국에는 53세의 장년 총리가 탄생했다. 그는 이제 혁명을 접고, '혁명 청년'의 열정을 국정에 쏟아붓기로 했다. 굳이 군살을 붙여 표현한다면 '혁명가'에서 '경세가經世家'로, 새로운 길을 스스로 개척하기로 한 것이다.

1949년의 중국은 건국의 축복 못지않게 재난과 재앙도 함께했다. 수해, 가뭄, 혹한, 우박, 태풍, 병충해 등 다양한 자연재해가 지난 수

십 년 동안 전쟁에 시달렸던 중국 인민들 앞에 막무가내로 들이닥쳤다. 가장 심했던 것이 수해였다. 이재민이 4,000만 명이나 되었다.

신생 정부가 이들 재난과 재해를 해결해야 했다. 중국은 마오쩌둥의 중국공산당이 영도하는 나라지만, 일차적으로, 아니 총체적으로 책임져야 하는 자리는 당연히 행정수반인 총리였다. 자연재해도 문제였지만 더 큰 과제는 당면한 민생과 허물어질 대로 무너져 내린 국가 경제였다. 과거의 유산과 잔재가 고스란히 총리인 저우언라이의 손으로 넘어갔다.

당시의 연간 생산액은 140억 위안 정도로 항일전쟁이 일어나기 전인 1937년의 절반 수준이었다. 여러 자료와 기록들이 당시 중국의 어려움을 말해준다. 식량 생산은 전쟁 이전의 4분의 3으로 줄었다. 기아 인구는 3억이나 되었다. 저우언라이는 치유를 우선했다. 그리고 중점 사업을 이야기했다.

> 쑥대밭이 된 땅 위에 높은 건물을 세운다면 금방 무너지고 말 것이다. 우선 상처들을 잘 치료하고 난 뒤에 파괴된 공업과 농업을 회복시켜야 했다.

1950년 6월까지도 국민당 잔여 부대의 저항은 계속되고 있었다. 따라서 막중한 군비 부담도 문제였다. 1949년 12월, 홍군의 수는 470만 명이나 되었다. 국공내전 중에 공산당으로 편입되었거나 포로로 잡힌 군대의 수까지 합치면 500만 명이 넘었다. 저우언라이는 이를 '승리의 부담'이라고 말했다.

저우언라이는 1945년 항일전쟁이 끝나면서 겹겹으로 변신했다.

그의 변신은 시간, 공간적으로 색깔을 달리하지만, 결국은 그의 역할이 매우 복합적이고 종합적이었음을 말해준다. 혁명가, 협상가, 군사 지휘자였으며 1949년 건국을 앞뒤로 탁월한 국정 수행자와 세계의 외교사에 이름을 남기는 명외교관으로 자리를 굳힌다.

1945년 8월에서 1949년 10월까지의 그의 동선을 간추려보면 중국 공산당 승리의 역사가 압축된 모습으로 한눈에 들어온다. 1945년 8월 이전까지 그의 행적은 남달랐다. 1936년 12월은 시안사변과 국공합작 협상, 1937년 7월은 국공합작선언의 밑그림 그리기, 1938년은 국민정부 군사위원회 정치부 부부장, 1939년 1월은 중국공산당 중앙남방국 서기, 그리고 1940년부터는 옌안과 충칭을 오가며 전쟁 지휘와 협상의 주역으로 활동했다.

1946년 1월, 저우는 미국 특사 마셜 장군, 국민당 대표 장췬張群과 잠정적으로 휴전조약에 서명하고, 충칭에서 열리는 정치협상회의에 참석했다. 1946년 5월에 공산당 대표들과 함께 난징으로 옮겨서 다시 협상을 시도하다가 11월 19일 옌안으로 복귀했다. 그리고 본격적인 전쟁 지휘로 들어섰다. 그러나 그에게는 전쟁 지휘 말고도 그만이 해낼 수 있는 독특한 분야가 있었다. 통일전선이었다. 당시 그가 했던 말이다.

> 이제 투쟁의 핵심은 누가 제3세력을 끌어모으느냐 하는 것이다. 민주동맹 전체, 또는 대부분 인사들이 국민당의 국민대회에 참석하지 않는다면 그것은 우리가 승리한 것이나 마찬가지다.

그는 또 그 무렵 상하이에 있던 쑹칭링에게 편지를 보내 승리를 장담한다. 1946년 12월 17일에 저우언라이가 쓴 편지다.

> 만약 내전이 계속된다면 장제스의 군사력은 여섯 달에서 1년 사이에 고갈되고 말 것입니다. 그렇게 되면 공산당 통치구역의 군사력이 장제스 세력과 점점 균형을 이루게 될 것입니다. 그때가 되면 장제스 통치구역 안에서 애국민주운동이 점차 확대되고 경제적인 위기가 가중되면서 인민들의 군사투쟁도 더 거세질 것입니다. 여기에 국제적인 민주주의 큰 물결이 들이닥친다면 장제스인들 굴복하지 않을 수 없을 것입니다. 우리는 반드시 승리합니다.

쑹칭링에게 중국공산당의 밝은 전망을 알리는 편지를 쓰면서 저우가 맡았던 또 다른 분야는 전방이 아닌 후방에서의 투쟁을 지휘하는 일이었다. 편지를 보내기 하루 전날인 1946년 12월 16일, 저우언라이는 중앙도시공작부 부장이라는 낯선 이름의 직위를 부여받았다. '제2전선' 또는 '제2의 전쟁터'의 지휘관이 도시공작부 부장이었다.

당시 국민당 통치구역 안에서도 국민당에 대한 저항운동이 전방 못지않게 치열한 지역이 많았다. 전방에서 무력 전쟁을 하면서 공산당은 한편으로는 적진 안에서 일고 있는 국민당 반대 여론과 투쟁을 고무하고 지도하는 공작을 했다. 국민당은 전방 못지않게 후방의 교란과 반란도 고통스러웠다. 국민당을 지원하는 미국에 대한 반미폭동도 일어났다. 1947년, 기아와 내전에 반대하는 대규모 시위가 국민당 통치구역 안에서 일어났다. 데모의 불길은 20여 개 성, 60여 개 도시로 확대되었다. 노동자 총파업, 농민투쟁과 시민운동이 동시다발로 일어나며 한 달 이상 끌었다. 마오쩌둥도 "중국에는 전쟁터가 두 곳이다. 장제스

국민당 장국이었던 푸쭤이가 시바이포를 방문한 당시. 저우언라이는 공산당이 평화적으로 베이징에 입성할 수 있도록 도왔던 푸쭤이를, 건국 후 수리부장에 임명했다. 왼쪽에서 세 번째가 저우언라이, 왼쪽에서 다섯 번째가 푸쭤이다. 1949년 2월.

정부는 이제 중국의 전 국민들에 포위되었다"고 흥분했고, 미국의 역사학자 페어뱅크도 국민당의 어려운 처지를 통렬하게 진단했다.

> 국민당은 군사적으로는 물론 경제, 정치, 그리고 정신적인 면에 있어서도 붕괴했다. 인민들은 1948년부터 1949년까지의 혼란과 위험을 겪으며 국민당 정부를 미워하고 미국의 원조를 거부했다.

통일전선 전략과 민주 인사 포섭, 도시 공작과 후방 투쟁 등은 전방 전투의 승리에 못지않게 중국공산당의 최종 승리에 중요한 요인이 되었다. 이 방면에서 저우언라이의 역할은 주지하듯이 대단했다. 앞서 옌안에서 저우언라이는 중앙군사위원회 부주석에 총참모장 대리까지 겸했다. 총참모장 펑더화이가 서부 전선으로 원정가면서 저우언라이가 그 역할을 이어받았다. 덩잉차오는 남편 저우언라이의 당시 활동을 "저우언라이 동지는 산베이에 있는 동안 사실상 총참모장 역할을 했습니다. 그 뒤 6·25전쟁 참전 시기의 전략을 포함한 거의 모든 작전 계획은 그가 제안하고 마오 주석이 동의하거나 그와 주석이 함께 논의해서 결정되었어요"라고 회고했다. 한국전쟁에서 저우언라이는 후방지원 업무만이 아니라 작전 계획까지 맡아 마오쩌둥과 함께 일선을 지휘했다는 증언이다. 군사전략가로서의 저우언라이는 늘 이렇게 마오쩌둥과 짝꿍이었다. 마오쩌둥의 호위병이었던 리인차오가 쓴 《신이 되어버린 마어쩌둥》에도 이와 유사한 부분이 보인다.

> 나는 마오 동지와 저우 동지 주변에서 해방전쟁의 모든 과정을 겪었다. 전반 국면과 관련되는 전략 방침은 말할 것도 없거니와 각 전투지구의 개개 전투에 있어서의 작전 방침도 모두 마오 동지가 저우 동지의 협조를 받아 제정한 것이다. 심지어 구체적이고 상세한 실시 계획까지도 두 분이 만들었다.

당시의 마오쩌둥은 오로지 전쟁의 승리만이 목표였다. 모든 정력을 전쟁 수행에 쏟아붓는 형국이었다. 저우언라이가 곁에 있어야 했다. 다른 세 사람의 영도들에게는 당의 감찰 업무(주더), '백구'에서의 공작(류사오치), 토지개혁(런비스)을 맡기면서도 저우언라이와는 군사지휘를 함께 맡아 했다. 이때 마오쩌둥이 "현재 우리 당이 직면한 과업은 매우 많지만 첫째 과업은 국민당 장제스를 군사적으로 격파하는 것입니다. 이것을 제쳐두고는 다른 모든 과업은 운운할 수가 없습니다"라고 강조한 것으로 보아 저우언라이의 비중을 유추할 수 있다.

저우언라이가 군사위 부주석과 총참모장 역할을 하던 그 시기, 국민당의 후쭝난 부대가 옌안을 점령하는 사태가 일어났다. 주더, 류사오치 등 중국공산당 지도부는 시바이포西柏坡로 거점을 옮겼다. 그 대신 마오쩌둥과 저우언라이는 산베이에 임시지휘부를 마련하고 해방전쟁 전반을 지휘하는 한편 후쭝난 부대의 후미를 괴롭혔다. 1950년, 마오쩌둥이 회고한 그때의 한 장면이다.

> 후쭝난이 옌안을 공격한 뒤 나와 저우언라이, 런비스 동지는 산베이의 한 움막집에 숨어살며 전국의 해방전쟁을 지휘했다.

1947년 3월 18일에서 1948년 3월 23일까지, 1년 하고도 닷새 동안 저우언라이는 총 2,000리를 행군했다. 12개의 현과 37개 마을과 진鎭을 옮겨 다니며 생활했다. 처음 몇 달은 후쭝난의 대부대가 아주 가까운 거리에서 추격하고 있어서 먹고 자는 일조차 아주 어려웠다. 이처럼 고생스러운 행군 중에서도 저우언라이는 늘 그랬던 것처럼 간부와 병사들에게 민폐를 조심하라고 타이르는 걸 잊지 않았다. 스완전石灣鎭을 지날 때였다. 논에 미처 추수하지 못한 나락들이 그대로 버려져 있었다. 부하들은, 우리가 그냥 두고 떠나면 국민당 군대가 양식으로 삼을 테니 태우자고 했지만 저우언라이는 '곡식은 인민의 피와 땀이기에 한 뿌리도 태워서는 안 된다'며 허락하지 않았다.

어릴 때, 유모에게 배운 자연교육의 영향이었을까, 공리주의자여야 할 공산당 지도자 저우는 농작물의 소중함과 신성함을 강조했다.

적이 가져가면 그 곡식은 분명 적의 자산이 되고, 적의 힘이 되고, 적의 병력이 된다. 그런 위험성을 뻔히 알고 있으면서도 저우는 백성이 먹는 곡식인데, 함부로 없애서는 안 된다고 말한 것이다.

3장
중국 외교술의 교본

혁명과 타협, 전쟁과 협상

> 코브라는 죽은 듯이 옹크려 있다가
> 갑자기 타격자세를 취하고 튕겨 오른다.
> 조용히 기다렸다가 기회를 엿보아 공격하는 것이
> 저우언라이의 처신과 같다는 것이다.

1945년 8월, 종전이 되었지만 저우언라이는 더 바빠졌다. 그의 두 어깨도 무거워져만 갔다. 충칭에서 국공 간의 정치협상을 지휘하는 것이 그의 몫이었다. 한편 옌안에서는 중국공산당 군사위원회 부주석으로 마오쩌둥과 함께 국공내전, 이른바 해방전쟁을 지휘했다. 이 무렵 그는 정치협상의 무대인 충칭과 해방전쟁의 총사령부 옌안을 바쁘게 오갔다.

1936년부터 1946년까지, 중국공산당과 국민당은 밖으로는 항일전쟁을 같이하면서 물밑으로는 정치협상을 끊임없이 했다. 중국공산당과 국민당이 실제로 상대하는 적은 둘이었다. 공동의 적인 일본과 협상상대인 '서로'였다.

공산당은 전략상 혁명과 타협, 전쟁과 협상을 같은 맥락으로 본다.

손바닥의 겉과 속이다. 전쟁만이 대결이 아니라 타협과 협상도 엄연한 대결이다. 마오쩌둥은 "혁명불망타협革命不忘安協 타협불망혁명安協不忘革命"이란 말을 즐겨 썼다. 혁명이 곧 타협이고 타협이 바로 혁명이라는 뜻으로, 대화가 대결이고 만남이 맞섬이 될 수 있다는 태도다.

협상에는 '우호적 협상'과 '적대적 협상'이 있다. 우호적 협상이란, 결과가 어찌 되었든 협상 당사자들은 일정한 비율의 만족을 같이 나눈다. 그러나 적대적 협상의 경우, 피차 성실한 준행이 어렵다. 시간이 지나면 파기되거나 사문화死文化되기 십상이다. 중국공산당과 국민당의 협상은 '적대적 협상'의 전형이랄 수 있다.

중국공산당 협상의 주역은 변함없이 저우언라이였다. 국공 협상을 비롯해 건국 후 소련, 미국, 비동맹 국가들과 치른 모든 외교전과 협상이 저우언라이의 책임 아래 진행되었다. 항일전쟁이 끝난 1945년 8월 장제스와 마오쩌둥은 충칭에서 만났다. 대략적인 합의를 하고 10월 10일, 신해혁명 기념일에 맞추어 〈쌍십회담기요雙十會談紀要〉를 발표했다. 세상은 이를 〈쌍십협정〉이라 부른다. 공산당 대표로 저우언라이와 왕뤄페이가 서명했다.

그러나 전쟁의 먹구름이 완전히 사라진 것은 아니었다. 더 많은 협상이 남아 있었다. 저우언라이는 협상의 하나에서 열까지를 모두 챙겨야 했다. 중국공산당과 국민당의 정치협상회의 '폐막식'은 1946년 1월 31일에야 비로소 있었다. 저우언라이가 어떤 모임에서 한 다음 말은 그 자신이 얼마나 고달프고 힘든 협상의 길을 걸어왔는가를 말해준다.

거의 10년 동안 나는 합작을 추진하기 위해 협상이 열리는 곳마다 따

삼방三方 대표 합의 서명 후. 왼쪽부터 중국공산당의 저우언라이, 미국의 마셜, 국민당의 장쯔중. 1946년 2월 28일.

라다녀야 했다. 지금까지 내가 살아온 세월의 5분의 1을 협상을 위해 쏟아부었다. 나는 협상 테이블에서 늙었다고 해도 과언이 아니다.

소련 최고의 외교관으로 이름을 떨쳤던 몰로토프가 서방 기자들과의 대화에서 "당신들은 지금 우리를 대하기 힘들다고 하는데, 언젠가 저우언라이라는 사람을 만나보고 나서 그런 말을 하시오"라고 언급한 데서도 저우언라이의 협상 능력을 쉽게 확인할 수 있다. 닉슨은 협상에서 저우언라이의 비범한 네 가지 점을 특별히 지적하기도 했다.

나는 저우언라이와 단둘이서 열다섯 시간 이상이나 공식회담을 했다. 그밖에도 오찬, 만찬 등 다른 공식행사에서 많은 시간을 같이했다. 그동안 나는 네 가지 점에서 그로부터 깊은 인상을 받았다. 첫째는 그의 정력이었고 둘째는 용의주도함이었고 셋째는 협상의 기술이었으며 넷째는 어떤 압력에 대해서도 흔들리지 않는 침착함이었다.

"그의 흡인력은 자석과도 같아 물리치기가 힘들다. 그는 지혜롭고, 매력 있고, 수완이 뛰어난 사람이다"라는 서방의 어느 언론인의 평가처럼, 언론인이며 역사학자인 화이트Theodore White 역시 "저우언라이 앞에서는 그 어떤 불신이나 의심도 가뭇없이 사라진다"고 탄복했다. 옌안 시절부터 저우언라이와 교류한 화이트는 뒷날, 저우언라이를 너무 믿는 것은 잘못이라고 지적하며 저우언라이의 양면성에 대해 다음과 같이 말하기도 했다.

저우언라이는 금세기 공산주의운동이 낳은 가장 탁월하면서 가장 비정한 인물이다. 그는 고양이가 생쥐를 낚아채는 것과 같은 용의주도함과 계획의 치밀함, 단호함과 결사의 각오로 어떤 일이건 해치우는 사람이다. 그러면서도 그는 따뜻한 가슴, 거역하기 힘든 인간미를 보이면서 비단결같이 부드러운, 예의바른 행동을 보여주는 사람이다.

닉슨은 중국과 수교할 당시, 대통령 안보보좌관 키신저를 몰래 중국으로 보냈다. 여러 차례 저우언라이와 접촉했던 키신저는 그에게 반하기도 했다. 키신저는 저우언라이의 특수한 성격과 특징을 꼬집어냈다. 닉슨이 한 말이다.

헨리 키신저는 언젠가 저우언라이를 코브라에 비유한 적이 있었다.

코브라는 죽은 듯이 옹크려 있다가 갑자기 타격자세를 취하고는 여차 하면 튕겨 오른다. 조용히 기다리며 자세를 갖추었다가 기회를 엿보아 수시로 공격하는 것이 저우언라이의 처신과 흡사하다는 것이다.

저우언라이는 적장 앞에서도 웃으며 손을 내밀 수 있는 사람이다. 1954년 제네바회담 때, 우연히 마주친 미국 국무장관 덜레스에게 악수를 청했다가 퇴짜를 맞았다. 하지만 악수를 거부한 덜레스는 비정하고 예의 없는 사람이 되고 말았다. 당시 덜레스는 중국에 대한 거부감과 적대감을 갖고 있는 미국 외교의 최고 책임자였다. 그는 이미 기자들에게 "내가 저우언라이를 만나는 경우란 단 한 가지 상황, 우리 두 사람의 자동차가 충돌할 때뿐"이라고 말했다. 회의 기간 내내 저우언라이와의 만남을 꺼렸던 그가 이른 아침 회의에 나갔다가 우연히, 그리고 순식간에 저우언라이와 대면하고 만 것이다. 그런데 저우언라이가 손까지 내밀었으니 덜레스로서는 엄청 당황스러웠을 것이다.

1946년 1월 30일, 협상의 주역 저우언라이를 태운 비행기(미국이 제공한 군용기다)가 시안을 떠나 산시성陝西省 친링산맥秦嶺山脈의 산간지역을 날고 있었다. 비행기가 갑자기 차가운 기류에 휩싸이면서 아래로 떨어지기 시작했다. 비행기 동체에 얼음덩어리들이 덕지덕지 붙으면서 비행기는 맥없이 아래로 추락하고 있었다. 비행기 날개는 곡예를 하듯이 아슬아슬하게 산봉우리를 스쳐 지나갔다. 기장은 짐들을 모조리 바깥으로 버리라고 명령했다. 중요한 문서만 남기고 모든 짐을 버렸지만 위험은 계속되었다. 드디어 낙하산을 메라는 기장의 지시가 떨어졌다. 심하게 요동치는 비행기 안에서 탑승자들은 겨우겨우 낙하산을 폈다. 여차 하면 모두 눈 덮인 험준한 산골짜기로 뛰어내려야 할 판이었다.

그때 한 소녀의 울음소리가 가냘프게 들렸다. 귀를 찢는 듯한 비행기 소음에 묻혀 울음소리는 들릴 듯 말 듯했다. 예팅의 딸인 열한 살의 예양메이葉揚美가 갑자기 울음을 터뜨린 것이었다. 소녀는 국민당 감옥에서 곧 풀려날 아버지를 만나러 가는 길이었다. 소녀의 좌석 밑에는 낙하산이 없었다. 저우언라이가 급하게 예양메이에게 다가가 자기 낙하산을 얼른 벗어서 소녀에게 메어주며 소녀를 달랬다.

그보다 사흘 전인 1946년 1월 27일, 저우언라이는 충칭에서 옌안으로 날아와 중국공산당 중앙에 정치협상의 진행 상황을 보고했다. 전쟁 전반에 대한 전략도 숙의했다. 그리고 31일의 정치협상회의의 폐막식에 가기 위해 29일 서둘러 옌안을 떠났다. 그러나 그날도 기상이 좋지 않아 충칭까지 가지 못하고 중도에 시안에 내리고 말았다. 시안에서 하루를 묵고 다시 출발한 비행기가 다시 냉기류에 휩싸인 것이다. 천만다행으로 비행기는 갑자기 하늘로 솟구쳤다. 둔탁한 소리를 내며 몸부림치듯 아래로 떨어지던 비행기가 한순간 위로 오르면서 냉기류를 벗어났다. 그러나 친링산맥을 넘을 수는 없었다. 다시 시안으로 돌아왔다. 옌안을 떠난 비행기가 기상 때문에 이틀이나 시안에서 지체하게 되었다.

다음 날에는 충칭의 기상 상태가 좋지 않아 착륙에 애를 먹었다. 충칭 상공의 짙은 안개 때문이었다. 비행기가 충칭비행장 활주로 위로 낮게 다가갔다간 다시 하늘로 솟구치기를 두세 번, 겨우 비상착륙에 가깝게 활주로에 내릴 수 있었다.

이날 비행기에는 마오쩌둥의 아내 장칭도 타고 있었다. 장칭은 그 무렵 이를 앓고 있어서 충칭에서 치료를 받기 위해 동승했던 것이다. 저우언라이가 장제스를 치료했던 치과의사를 소개해주기로 되어 있었다. 덩파도 타고 있었다. 에드거 스노의 《중국의 붉은 별》 앞부분에 덩파가 소개되어 있다.

> 그는 내 팔을 잡고 있던 한 손을 떼어선 손가락으로 자신의 가슴을 가리켰다.
> "선생은 어디선가 내 사진을 보았을 텐데요. 내가 덩파요, 덩파!"
> 덩파라? 덩파라면 중국 홍군의 정치보위국 국장이 아닌가! 그리고 그의 목엔 50,000위안의 현상금이 걸려 있지 않은가! 그는 자신의 신분을 밝히고는 아주 즐거워했다. 그는 악명 높은 '공비'인 자기가 적진 한복판에서 지내면서 도처에 우글거리는 첩자들을 비웃고 있는 이런 상황이 너무 재미있다는 표정을 지었다. 더구나 그는 스스로 '비적' 지역으로 들어가겠다는 미국인인 나를 만난 것이 아주 기쁘다는 표정이었다.

후에 그 덩파도 예팅과 함께 4월 8일 헤이차산 상공에서 사라졌다. 이날 예팅의 가족들도 모두 목숨을 잃었다. 부인과 아들, 딸이 한꺼번에 하늘 한가운데서 사라지고 만 것이다. 딸은 바로 석 달 전 저우언라이가 자신의 목숨줄인 낙하산을 안겨주었던 소녀 양메이였다.

충칭회담의 숨은 주역

"아마 국민당도 놀랄 거야. 그들은 설마하니
마오 주석이 친히 충칭으로 오리라곤 상상도 못할 거야.
그러니 준비가 되어 있을 리 없지. 준비된 우리가
담판에서 반드시 이길 거란 말일세."

  1945년 8월의 충칭회담은 세기의 회담이었다. 중국에 세계의 이목이 쏠렸다. 쉽게 이루어질 수 없는 만남이었다. 열세인 공산당의 수뇌가 막강한 군사력을 가진 적진 한가운데로 뛰어들었다. 쉽게 상상할 수 없는 일이었다. 이 회담의 주연은 장제스와 마오쩌둥이다. 하지만 저우언라이는 숨은 연출가였다. 저우언라이는 충칭회담을 위해 23차례나 비행기로 충칭과 옌안을 오갔다. 목숨을 건 항공 장정長征이었다. 그리고 장제스와 마오쩌둥이 국민당 정부의 임시 수도 충칭에서 만났다.
  20여 년 전에도 그들은 만난 적이 있었다. 그러나 그때의 그들은 천하제패를 겨루는 유방과 항우가 아니었다. 장제스는 황푸군관학교 교장이었고 마오쩌둥은 농민학교 교장이었다. 쑨원의 총애와 기대를 한 몸에 받던 장제스는 미래의 국민당 지도자로 발돋움하던 시절이었고, 마오쩌둥은 국공합작의 근거지인 광저우에서 활동하는 중국공산당의 중견 지도자 중 한 사람이었다.

어느 날 저우언라이가 부관에게 말을 건넸다.

"마오 주석께서 충칭에 가서 장제스와 담판하기로 했다네."

"아니, 마오 주석께서 충칭에 가시다니요?"

부관은 놀라 소리를 질렀다. 저우는 웃으며 말했다.

"자네가 놀라는 걸 보니 정말 좋은 일이긴 하구먼. 아마 국민당도 놀랄 거야. 그들은 설마하니 마오 주석이 친히 충칭으로 오리라곤 상상도 못할 거야. 그러니 준비가 되어 있을 리 없지. 준비된 우리가 담판에서 반드시 이길 거란 말일세."

마오쩌둥과 장제스의 만남이라는 소식이 전해지자 옌안은 물론 충칭에 있던 공산당 간부들도 고개를 저었다. 전국 각지의 공산당 해방구에서도 마오쩌둥의 충칭행에 부정적 반응을 보였다. 많은 사람들이 저우언라이를 찾아와 마오쩌둥의 충칭회담 참석을 막으라고 요청했다. 그리고 충칭회담이 아닌 다른 대책을 세우라고 저우를 몰아붙였다. 그들의 염려는 마오쩌둥의 안전이었다. 공산당은 장제스와 국민당을 믿지 않았다. 믿을 수도 없었다. 마오쩌둥이 충칭으로 가지 말고 장제스가 옌안으로 와야 한다는 주장도 나왔다. 저우언라이는 충칭회담의 당위성을 그들에게 말했다.

지난 20년 동안 장제스는 매일같이 우리를 없애려고 애썼지만 목적을 이루지 못했다. 마오 주석이 충칭으로 친히 간다는 소식은 이미 옌안을 진동시켰고 해방구를 진동시켰다. 온 세계가 깜짝 놀라고 있다. 사람을 죽일 수 있는 장제스의 담력은 죽음을 두려워하지 않는

3장 중국 외교술의 교본 《 197

마오 주석의 더 큰 담력에는 결코 미치지 못한다.
마오 주석이 전 민족과 인민의 이익을 위해 희생도 두려워하지 않는 모습을 보이는데, 장제스가 아무리 잔인한 사람이라 할지라도 마오 주석을 해칠 만큼의 담력은 없는 것이다.

장제스는 마오쩌둥의 충칭행을 정말로 기대했을까. 장제스가 세 번이나 전보를 쳐 초청했지만 마오쩌둥은 주더를 보낸다, 또는 저우언라이를 보낸다 하며 딴청을 피웠다. 공산당이 허허실실로 판세를 살피는 동안 장제스는 여론 몰이에 성공했다고 자위하고 있었다.

장제스는 항일전쟁 승리의 영웅이었고, 제2차 세계대전 중요 승전국의 최고 지도자였다. 미국의 루즈벨트, 영국의 처칠, 소련의 스탈린과 회담을 갖고 전후의 세계 문제를 협의하는 입장이었다. 장제스의 국내외 위상 못지않게 국민당의 위세도 공산당을 압도하고 있었다. 큰 국면은 장제스 손안에 있었다. 기록 하나를 인용해본다.

> 8년간의 긴 항전을 겪으며 공산당과 국민당은 모두 세력을 크게 확장할 수 있었지만, 공산당은 국민당에 비해 여전히 열세였다. 미국이 발표한 국방백서에 의하면 당시 국민당과 공산당의 규모가 작전 부대와 무기를 기준으로 했을 때 5대 1의 비율을 보이고 있었고, 대부분의 무기와 운송장비, 공군 등은 국민당이 독점하고 있었다.

이런 정황에서 장제스는 세 차례나 전보를 보내 마오쩌둥의 충칭행을 재촉했다. 과연 마오쩌둥이 충칭에 나타날 수 있을까. 결국 마오쩌둥은 이런저런 핑계를 대고 충칭회담을 무산시킬 것이다. 그렇게 된다면 국민의 여론, 민주당파의 향배는 장제스에게로 쏠릴 것이다. 마오쩌둥은 천하의 겁쟁이로 전락하고, 국민의 여망을 어긴 비겁한 지도자가 된다. 이는 국민당이 다시 공산당을 압박할 수 있는 명분이 된다. 바로 이것이 장제스의 노림수일 거라 저우언라이는 판단했다. 마오쩌둥이 회담에 응하지 않을 거라 국민당이 계산을 하고 있다면 그만큼 준비가 부족할 것이고, 그렇다면 준비를 철저히 한 마오쩌둥이 예상을 뒤엎고 등장한다면 그가 회담을 주도할 수도 있다.

당시는 공산당 내부에서도 충칭회담을 반대하고 있었다. 마오쩌둥이 충칭에 나타나는 일은 거의 이루어지지 않을 것처럼 보였다. 이런 상황에서 국민당은 겉으론 회담을 외치면서 정작 회담 준비는 소홀할 수도 있다는 것이 저우언라이의 치밀한 계산이었다. '이기는 쪽은 준비가 완전한 우리다.' 저우는 이긴다는 확신을 갖고 회담을 준비했다.

사실, 회담 이전에 국민당이나 공산당 모두 '시간 벌기'와 '명분 쌓기'가 필요했다. 8년 동안의 항일전쟁으로 온 국민이 지쳐 있었다. 평화와 황폐화된 국토 재건을 목말라 했다. 민주당파와 지식인들은 내전을 결사반대했다. 미국, 영국, 소련 등 전승 국가들도 중국 내전에는 고개를 흔들었다. 국민당군의 내부사정도 여의치 않았다. 국민당군의 정예부대는 항일전쟁 시기, 대륙의 서남 지구와 서북 지구에 몰려 있었다. 공산당 통제구역까지 군대를 이동시키기 위해서는 시간을 벌어야 했다. 중국 안팎의 여론이나 현실이 모두 전쟁이 아닌 평화를 갈구하고 있었다.

1945년 8월, 장제스는 마오쩌둥에게 전보를 쳤다. 충칭에서 회담을 하자고 제안했다. 장제스의 첫 번째 전보는 다음과 같다.

일본이 투항하여 세계의 영구적 평화국면이 이제 곧 실현될 것인 바 나라 안팎의 중요 문제들을 시급히 해결해야 하기에 선생을 청하여 충칭에서 해당 국가 대계를 함께 의논하고자 하니 수고스럽지만 충칭으로 와주시기를 바랍니다. 사정이 급하여 전보로 보냅니다.

마오쩌둥은 '주더 총사령이 오늘 오후 전보를 통해 우리 측 의견을 말할 것'이라는 답신을 보냈다. 그에 대한 반응을 보고 회담을 고려하겠다고 덧붙였다. 두 번째 장제스의 전문이다.

보낸 전보를 잘 받았습니다. 고대하고 있는데 아직도 떠나지 않고 있으니 섭섭한 마음도 없지 않습니다. 주 총사령의 전보에 따르면 아직도 항복 접수절차가 명확치 않다고 합니다. (중략) 주 총사령이 나라와 백성을 사랑하는 장령이라면 기율을 엄수하고 군령에 복종해 항전건국의 사명을 완수하여야 할 것입니다. 항전 8년 동안 전국의 동포들은 매일같이 고생 속에서 헤맸습니다. 이제 해방을 맞이했으니 안정된 생활로 그들을 격려해야지 절대로 질질 끌어서는 안 될 것입니다. 대전이 방금 끝났으니 더는 내부 분쟁이 없어야 합니다. 선생이 나라의 어려움을 살피고 백성들의 질고를 헤아려 함께 힘써 국가건설에 나서주기를 깊이 기대합니다. (중략) 특별히 전보를 보내 초청하니 받아주시기 바랍니다.

마오쩌둥은 저우언라이가 먼저 장제스를 찾아뵙고 상의하도록 하겠다는 답신을 보냈다. 그러나 장제스는 세 번째 전보에서도 여전히 마오쩌둥이 직접 충칭에 오기를 희망했다.

저우언라이 선생을 충칭에 파견하여 상론토록 했다니 매우 기쁩니다. 하지만 당면한 여러 가지 중요 문제들은 모두가 선생과 면담해 풀어야 하는 만큼 시시가 긴박합니다. 선생이 저우언라이 선생과 함께 충칭에 오기를 바랍니다. 이렇게 하면 중요한 문제들이 손쉽게 풀릴 수 있어 나라의 앞날에도 유리합니다. 이미 비행기로 맞이할 준비가 다 되어 있기에 다시 전보를 보냅니다.

장제스가 마오쩌둥에게 처음으로 전보를 보낸 날짜는 8월 14일이다. 마오쩌둥의 답전은 16일, 장제스의 두 번째 전보는 21일, 마오쩌둥의 답전은 이튿날인 22일, 장제스의 세 번째 전보는 22일, 마오쩌둥은 23일 마지막 답전을 보냈다.

전문을 잘 받았습니다. 선생의 성의를 깊이 느꼈습니다. 평화 건국의 대계를 함께 의논하기 위해 비행기가 도착하는 즉시 저우언라이 동지가 충칭으로 선생을 찾아뵙도록 하고 저도 충칭으로 떠날 차비를 하겠습니다. 면담을 기대하면서 특별히 답전을 올립니다.

장제스가 보낸 비행기 편으로 저우언라이를 먼저 보내 예비회담을 갖도록 하고 마오쩌둥 자신도 충칭행 준비를 하겠다고 했다. 충칭회담에 임하는 저우언라이의 결의가 남달랐다. 담판과 협상엔 나름으로 이골이 난 그였다. 공산당의 허를 찌른 대담성 앞에서 국민당은 결코 공개적으로 위해를 가하지는 못하겠지만, 그러나 역시 문제는 마오쩌둥의 신변 안전이었다. 돌발사고도 있을 수 있고, 극렬분자들의 돌출행동도 계산해야 했다. 우연한 사고와, 우연을 가장한 위해危害도 전했혀 불가능한 일은 아니었다. 항일을 위해 합작을 한다고 하면서도 얼마나 다투었던가. 사사건건 시비를 가렸고 서로를 물고 늘어졌다. 일본군 폭격기가 충칭을 연일 겨누고 있는 속에서도 국민당과 공산당은 서로 불신하며 사사건건 맞섰다.

우여곡절 끝에 마오쩌둥이 충칭에 도착한 날, 장제스는 연회를 베풀었다. 그리고 첫날만은 장제스의 공관에서 묵기로 했다. "장제스가 아무리 마오쩌둥을 암살하려 해도 자기의 저택에서는 어쩔 수 없는 상황이기에 그날 저녁은 제일 안전했다"고 어떤 기록은 적고 있다. 사실 적장의 집에 공개적으로 묵는 것이 공개적으로 안전을 담보받는 가장 좋은 방법일 것이다.

이튿날 마오쩌둥은 홍옌춘紅岩村으로 거처를 옮겼다. 홍옌춘은 충칭 시절 저우언라이가 머물던 곳이었다. 차가 떠날 때, 뒤쪽에 국민당 헌병들이 탄 지프차가 뒤따랐다. 공산당의 호위 관계자들은 아무래도 국민당 헌병들이 꺼림칙한 모양이었다. 그들을 저우언라이가 타일렀다. "자네들 생각이 잘못된 거네. 이곳은 저 사람들의 보호구역이라 저 사람들이 주인이라네. 우리는 상관할 수 없는 일이야. 저 국민당 헌병들이 여기 안전을 책임 맡는 이상 모든 책임이 그들에게 있는 거고, 때문에 오히려 더욱 안전할 수도 있는 거라네."

그러나 저우언라이는 출발하기 전 마오쩌둥의 호위병부터 선발했다. 가장 용맹한 군인 세 사람으로 채웠는데 두 사람은 마오쩌둥을 밀착경호하고, 한 사람은 자신을 따르도록 했다. 그는 마오쩌둥의 안전원칙 중 자신이 그의 곁을 떠나지 않는 것을 첫째로 했다. 저우언라이는 마오쩌둥과 휴식과 식사도 함께했다. 마오쩌둥이 이동할 때는 항상 경호원들과 함께 옆자리를 지켰다.

충칭으로 떠나는 마오쩌둥과 저우언라이, 왕뤄페이. 미국 대사 헐리와 장쯔중이 옌안 비행장으로 미중을 나왔다. 왼쪽부터 장쯔중, 마오쩌둥, 헐리, 저우언라이, 왕뤄페이. 1945년 8월 28일.

    홍옌춘은 충칭시 교외에 있었다. 때문에 조용한 환경에 경호하기도 비교적 안전했다. 그러나 홍옌춘에서 시내 공로公路까지 가는 1킬로미터 구간의 안전에 신경이 쓰였다. 저우언라이는 충칭에서의 1킬로미터는 다른 공로에서의 1만 리보다 더 중요하다고 생각했다. "홍옌춘에서 공로까지는 1킬로미터 정도인데 이 구간은 우리 안전 일꾼들이 책임을 져야 하는 거요. 이 구간에서 일이 생기면 전적으로 우리 책임이란 말이오"라고 경호원들에게 말했다. 저우언라이는 마오쩌둥이 이동할 구간을 한 걸음 한 걸음씩 재가며 경호원들을 배치하고 그들에게 구체적인 임무를 안겼다.

    교외에 있는 홍옌춘은 숙소로는 그런 대로 안성맞춤이었지만 손님들과 만나는 장소로는 교통이 불편했다. 시내의 민주당파 인사 등 여러 인사들과 만나기 위해서 마오쩌둥은 시내로 나가야 했다. 마침 장쯔중이 자신의 구이위안桂園 공관을 마오쩌둥의 숙소로 쓰라고 했다. 이에 저우언라이는 숙소로는 적당치 않다고 생각해 사양하고, 낮에만 접견실로 쓰기로 했다.

중국공산당의 사상교육에서는 종종 '홍암紅岩 정신'이란 말이 등장한다. 시가지의 상가 간판에도 '홍암' 두 글자가 예사롭게 보인다. '홍암'이란 '붉은 바위'가 아니라 '홍옌춘'을 일컫는다. 즉 홍암 정신은 홍옌춘의 역사가 품고 있는 정신을 뜻한다.

홍옌춘은 항일전쟁 국공합작 시기, 국민당의 임시 수도 충칭에 있었던 중국공산당 본부를 말한다. 공식 명칭은 '중국공산당 중앙남방국과 팔로군 충칭 판사처'다. 이 기구의 책임자가 저우언라이였다. 덩잉차오와 예젠잉, 왕빙난王炳南 등이 저우언라이를 도왔다. 이 시기에 국민당과 공산당은 합작을 하고 있었지만 그 관계는 오월동주吳越同舟와 같았다. 남의 집에 곁방살이하는 공산당 처지로는 국민당으로부터 받는 핍박과 불안이 만만치 않았다. 원래 홍옌춘은 류원장劉文章, 첸궈머錢國模 부부의 별장이었다. 바깥에서 보면 2층이지만 안은 3층으로 되어 있는 이 집을 중국공산당은 사무실 겸 주거 용도로 활용했다. 홍옌춘은 공산당의 어려웠던 한 시기를 대표한다. 이곳은 옌안, 징강산, 시바이포와 같은 중국공산당 혁명성지에 속한다. 홍옌춘이 더욱 유명해진 것은 충칭회담 기간 동안 마오쩌둥이 이곳에 머물렀기 때문이다.

마오쩌둥이 홍옌춘에 머무는 동안 보안과 경계를 철저히 해야만 했다. 음식 문제도 간단하지 않았다. 저우언라이는 마오쩌둥이 먹을 음식에도 원칙을 세웠다. "식사는 좋고 궂음을 떠나 독물만 없으면 된다. 안전이 제일이다." 요리를 할 사람은 옌안에서 데리고 왔다. 거주지 곁에 지은 임시 막사에서 요리사가 음식을 만들었다. 식재료들은 시내에서 함부로 구입하지 않았다. 식사가 있는 연회석에서 지켜야 할 준칙도 만들었다. 마오쩌둥에게는 마음대로 요리를 골라 먹지 못하게 했다. 다른 사람이 어느 것을 집으면 따라서 집도록 일렀다. 술도 마시지 못하게 했다. 술은 누가 권하든지 저우언라이가 대신해서 마셨다.

저우언라이는 마오쩌둥의 안전 책임자였다. 충칭회담 기간 중 저우는 세심하고 주도면밀하게, 그리고 성심성의를 다해 마오쩌둥을 경호했다. 그는 마오쩌둥의 의식주 모두를 직접 챙겼다. 마오쩌둥이 혼자 방에서 문건을 읽거나 휴식을 취할 때에도 저우언라이는 복도를 가볍게 오가면서 주위를 살폈을 정도였다.

회담이 채 마무리되기도 전에 미국 대사 헐리가 미국으로 돌아간다는 소식이 전해졌다. 마오쩌둥과 함께, 미국 비행기를 타고 충칭에 온 헐리였다. 그가 혼자 떠난다는 것은 심상치 않은 일이었다. 한달음에 헐리를 찾은 저우언라이가 말했다. "당신 혼자 떠나면 안 됩니다. 당신이 마오 주석을 충칭으로 모셔왔습니다. 당신이 마오 주석을 다시 옌안으로 안전하게 모셔가야 합니다. 그렇지 않으면 당신은 천하에 신용을 잃고 맙니다."

국민당 측 협상 대표인 장쯔중이 간쑤성甘肅省의 주석으로 간다는 소식도 전해졌다. 장제스가 그를 변방으로 보내는 것이라 했다. 마음이 더 다급해진 저우는 장제스를 찾아가 이야기를 했지만 미덥지 않았다. 그래서 장쯔중을 찾아갔다. 장쯔중은 예상대로 마오쩌둥의 안전한 옌안행을 책임지겠다고 다짐했다. 짱쯔중을 만나고 돌아오는 길에 저우는 보좌관에게 한시름 놓았다고 말했다. "장쯔중은 헐리보다 이치에 밝고 신용을 지키는 사람일세. 마오 주석을 옌안에서 모셔왔으면 안전하게 모셔가는 것이 도리라고 말했네. 장쯔중이 모시고 가겠다고 했으니 이제 안심이야." 저우언라이에게 장쯔중은 역시 미더운 동지였다.

회담이 끝나고 마오쩌둥이 무사히 옌안으로 돌아가자 저우언라이는 비로소 안심했다. 그는 충칭에 남아 회담 기간 동안 수고를 했던 국민당 간부들에게 연회를 베풀었다. 그중에는 국민당 헌병총사령원 장쩐張鎭도 있었는데 그는 충칭회담 기간 동안 마오쩌둥 안전의 국민당 총책임자였다. 구이위안에서 열린 연회에서 저우언라이는 장쩐에게 말했다. "공산당은 당신을 잊지 않을 것입니다." 저우언라이는 진정으로 장쩐을 고마워했다. 건국 뒤에도 통일전선 사업부 책임자들과 만나면 "장차 타이완이 해방되면 충칭회담에서 장쩐이 쌓은 공로를 절대로 잊어서는 안 됩니다"고 말했을 정도다.

비밀회담, 저우언라이 외교의 정수

> 저우언라이가 이끌었던 중미 대사급 비밀회담은
> 두 나라 외교에 아주 유용하게 작용했다.
> 공산중국이 고립되어 있을 때도,
> 중국은 은밀하게 미국과의 교섭 창구를 갖고 있었다.

공산중국이 최초로 세계적 외교무대의 전면에 나선 것이 1954년 4월의 제네바회의 때였다. 제네바회의에서는 당시의 세계 4강인 미국·소련·영국·프랑스와, 중국이 주축이었다. 저우언라이가 세계 언론의 초점이 되었다. 저우언라이는 중국 총리에서 세계적인 거물 정치가로 발돋움했다.

저우언라이가 이끄는 중국대표단은 전용기 편으로 제네바에 도착했다. 서방 매체들은 다투어 저우언라이와 중국대표단을 다루었다. 우연히, 그러나 아주 극적으로 덜레스 미 국무부 장관과 저우언라이가 마주쳤던 이야기는 앞에서 했다. 그날의 '악수 불발사건'이 말해주듯이 미국과 중국의 긴장 관계가 큰 관심사였다. 1954년 봄이면 한반도에서 전쟁의 포연이 가라앉은 지 겨우 아홉 달이 지났을 때였다.

두 나라 사이의 대립은 날카로웠지만, 물밑으로 소통도 이루어지고 있었다. 중미 대표들은 네 차례 실무급 회담을 가졌다. 이러한 접촉과 회담은 그 뒤 중국과 미국 사이 '대사급 회담'의 단초가 되었다. '중미 대사급 회담'은 국제 외교 관례로 보아 조금 특이한 성격을 갖고 있다. 폴란드의 바르샤바에서 비공개로 이루어졌던 두 나라의 대사급 회담은 15년이나 지속되었다. 외교적으로 서로 상대방을 승인하지 않은 대립상태에서 비밀 공간에서 만나 서로의 속마음을 주고받았다. 음흉하다면 음흉하고, 노회老獪하다면 아주 노회한, 국제 외교의 속살을 그대로 보여주는 대목이다. 당시 주 폴란드 중국 대사였던 왕빙난은 저서 《중미회담 9년 회고》에서 다음과 같이 회고했다.

> 두 나라가 서로 승인하지 않으면서도 회담 관계를 유지할 수 있고, 외교 관계가 없는 상태에서 서로 대사를 파견해 장기간 회담을 진행하고, 또한 쌍방이 모종의 협의도 달성하고, 아울러 협의에서 너는 너대로, 나는 나대로 적는 이러한 방식은 국제관계사에서도 전례가 없던 일이었다. 이러한 창조성은 당시 중국의 입장과 태도를 표명하고, 미국과의 직접적인 투쟁과 협상을 진행하는 구실을 했다.

중국 과학자들의 귀국 실마리를 푼 것도 '중미 대사급 회담'이었다. 이를 통해 중국 인공위성의 대부인 첸쉐선錢學森과 중국의 전투기 '젠-20'을 만드는 데 기여한 스창쉬師昌緖가 1955년에 귀국할 수 있었다. 인민대표대회 상무부 위원장 천기퉁陳其通은 1955년 6월, 첸쉐선이 보낸 구원을 요청하는 은밀한 편지를 받았다. 보고를 받은 저우언라이는 곧바로 제네바에서 중미 대사급 회담을 하고 있는 왕빙난에게

소련 최고의 외교관으로 꼽히는 몰로토프와 함께한 저우언라이. 제네바회의 때의 모습이다. 1954년 4월.

지시를 내렸다. 다음 사항을 통보하고 교섭에 임하라는 것이었다. "중국은 관련법에 따라 11명의 미국 조종사를 앞당겨 석방했다. 미국도 이에 상응하는 조치를 취하기 바란다."

왕빙난은 미국 측에 미국에 사는 중국교포들의 명단을 넘겨주고 첸쉐선 등 중국교민에 대한 불법적인 억류를 풀 것을 주장했다. 처음에 미국은 첸쉐선의 '연금'을 부인했으나 첸쉐선의 편지를 물증으로 제시하자 손을 들었다. 9월 17일 첸쉐선은 부인 장잉蔣英과 두 아이와 함께 귀국했다. 뒷날 저우언라이는 15년 동안 끌어오던 중미 대사급 회담에 대해 다음과 같이 말했다.

중미 대사급 회담이 지금까지 아무런 실제적인 성과를 거두지 못하고 있지만 우리는 두 나라의 교민 문제에 대해서는 구체적이고 건설적인 접촉을 해냈다. 우리는 첸쉐선을 돌아오게 했다. 이 일 하나를 이룬 것만 해도 회담은 가치가 있다.

왕빙난은 제네바회의에서 대표단장 저우언라이를 보좌하는 비서장으로 활약했다. 이어 1955년부터 1964년까지 장장 9년 동안 폴란드 주재 중국 대사를 지냈다. 그 기간에 열렸던 중미회담에서는 중국 측 수석대표를 맡았다. 1964년부터는 외교부 부부장이 되어 천이 부장을 보필했다. 왕빙난은 에드거 스노의 《중국의 붉은 별》의 가장 앞부분에 등장하는 특이한 인물이다.

내가 지정된 호텔에 투숙한 지 며칠이 지나자, 몸집이 크고 약간 불그레한 혈색에 살이 쪘지만 강건한 체격을 갖춘 위엄 있는 중국인이 열어놓은 객실 문으로 들어서더니, 유창한 영어로 나에게 인사를 건넸다. 그는 부유한 상인처럼 보였지만 베이징의 내 친구가 말해준 대로 자신을 왕 씨라고 소개해서 그가 곧 내가 기다리던 사람임을 알았다. 그 이후 일주일 동안 함께 지내면서 나는 왕 씨를 만난 것만으로도 시안西安부까지 온 보람이 있음을 알았다.

스노가 소개하는 왕빙난 이야기를 간추려본다. 왕빙난은 당시 공산당원들 사이에서 '왕 목사牧師'로 통했다. 상하이의 선교사학교에서 교육을 받은 그는 중국 기독교계에서 제법 이름이 알려진 인물이었다. 스노가 나중에 확인한 바에 의하면 왕빙난은 한때 자신의 교회까지 가지고 있었다. 목회牧會를 했다는 이야기다. 그는 장제스와도 알고 지내는 사이로, 한때 국민당의 고관을 지냈다고 스노는 전한다. 나중에 왕빙난은 교회 일과 국민당 관직을 떠나서 공산당과 협력하는 관계가 되었다. 그 무렵 중국공산당은 군벌이나 관리들과의 연합 내지 협력 체제를 갖기를 희망하고 있었다. '항일민족전선' 구축을 위해서는 양측을 이어주는 라인이 있어야 했다. 스노는, 왕빙난이 이 역할을 맡아 비공식 밀사로 활동한 것으로 보았다. 왕빙난의 역할에 대한 스노의 글을 더 읽어보자.

> 왕 목사는 자신이 어느 날 장쉐량을 불쑥 찾아간 것이 1936년 초인 바로 이런 시점이라고 나에게 밝혔다. 그는 장을 만나자 대뜸 "홍구紅區에 들어가기 위해 귀하의 비행기를 빌려 쓰려고 왔습니다" 하고 입을 열었다. 장은 의자에서 벌떡 일어나더니 아연한 표정으로 그를 응시했다. "뭐라고? 당신이 감히 이곳에 와서 그런 부탁을 하다니? 당신은 총살형을 당할 수도 있다는 점을 알고나 있소?" 왕 목사는 상세하게 설명했다. (중략) 왕 목사는 결국 젊은 원수의 전용기를 빌려 타고 실제로 산시성 북부의 옌안으로 날아갔다. 그는 소비에트 지역으로 들어가서 한 가지 협상원칙을 가지고 돌아왔다. 그리고 얼마 안 되어 장쉐량이 직접 옌안으로 날아가서 저우언라이를 만나 장시간 세부적인 협의를 가진 결과, (왕 목사의 말에 따르면)장은 공산당의 진심과 또 그들의 통일전선 제안이 건전하고 현실성 있는 것임을 확인하게 되었다.

덩파를 스노에게 소개해준 사람도 왕 목사였다. 공비를 소탕하는 군부대의 총사령관(대행)인 장쉐량의 근거지에서 왕 목사와 덩파가 한낮에 큰길을 활보하며 중국공산당을 위해 은밀하게 활동하고 있었다. 왕빙난이 영어를 잘하는 목사 출신이란 점도 시사하는 바가 크다. 당시의 왕빙난은 종교인이었고 최고 지식층이었다.

1936년 독일 유학에서 귀국한 그는 17로군(서북군) 사령관 양후청의 비서가 된다. 1936년 12월의 시안사변의 두 주역인 장쉐량, 양후청과 중국공산당을 이어주는 비밀연락책이 왕빙난이었다. 시안사변의 배후 역할을 충실히 했던 그는 1937년 옌안에서 마오쩌둥과 처음 만났으며, 상하이를 거쳐 충칭으로 갔다. 이후 왕빙난은 1938년에서 1947년까지 충칭에서 저우언라이의 정치비서로 활약했다.

공산중국이 세계에서 고립되어 있을 때에도 중국은 은밀하게 미국과의 교섭 창구를 갖고 있었다고 앞에서 말했다. 중국이 대단한 이유 중 하나다. 저우언라이 외교의 기본은 '구동존이求同存異'다. 서로 다른 점은 접어두고 같은 점을 찾자는 것이다. 문제점이나 갈등 요인에만 매달린다면 서로 갖고 있는 공통점이나 공동의 이익을 놓치기 쉽다.

1962년, 타이완 해협이 극도의 긴장상태에 빠졌다. 대륙과 타이완 섬 사이에 위기가 조성된 것이다. 중국의 기록은 장제스가 대륙이 자연재해를 입은 기회를 노려서 '반공 대륙 흑풍'을 일으켰다고 적고 있다. 푸젠福建 전선에 전쟁의 먹구름이 깔렸다.

세계의 초강대국 미국의 태도와 향배가 관건이었다. 실제로 타이완을 지탱해주는 힘의 원천은 미국이었다. 미국이 타이완의 손을 들어주어 함대라도 파견할 참이면 공산중국과 타이완의 싸움이 아닌, 한국전쟁 이후 10년 만에 중국과 미국이 다시 전쟁을 하는 판국이다. 이때 중미 대사급 비밀회담이 즉각 가동되었다. 중국 대표 왕빙난은 미국의 의도를 알고 싶어 했다. 미국 측 대표는 바로 반응을 보였다. 미국은 이번 위기를 가라앉히기 위해 모든 힘을 다할 것이며, 장제스가 어떤 행동을 보일 경우, 미국은 중국과 힘을 모아서 사태 악화를 막아야 할 것이라고 말했다. 이러한 정보는 중국의 태도를 결정하는 데에 결정적 역할을 했다.

중국이 12해리 영해권을 선포했을 때, 미국은 이를 승인할 수 없다고 공식으로 반대 의사를 밝혔다. 그러나 중국의 선포에 대응하는 그들의 속뜻을 대사급 회담을 통해 알려주었다. 공식적으로 승인은 하지 않되, 미국의 군함이 중국이 선포한 12해리 안으로 진입하는 일은 없을 것이라고 은밀하게 말했다.

이렇게 저우언라이가 이끌었던 중미 대사급 비밀회담은 두 나라 외교에 아주 유용하게 활용되었다. 서로 거리는 두고 있었지만 속셈만은 주고받았다. 판을 깨겠다는 으름장도 없었다. 그만큼 세련된 외교였다. 미국과 중국 간의 오랜 비밀 외교 라인도 철저하게 자국의 잇속을 차리는 외교의 한 전형이었다. 어쩌면 외교의 한 전범典範이랄 수도 있겠다.

1972년, 베이징에서 열렸던 중미 고위회담에서 저우언라이와 닉슨, 키신저는 중미 간의 현안 문제보다 한반도 현상유지에 대해 더 긴 시간을 할애해서 담론을 폈다. 중국의 위상이 지금보다 훨씬 아래였던 시기에도 두 나라는 한반도 운명에 대해 나름으로 속마음들을 주고받았다. 지금 G2가 된 두 나라가 어디서, 어떤 형태로 한반도 상황을 요리하고 있는지 우리로서는 알 길이 없다.

모스크바 담판의 주역

| 마오쩌둥은 스탈린의 '냉대'를 예견했다.
| 그는 고위 인사를 대동하지 않았다.
| '체면이 권력'이라는 말이 있다면 마오쩌둥은 권좌와 권위를
| 지키기 위해 아주 적절한 예방책을 쓴 셈이다.

제네바회의 이듬해인 1955년 4월 18일부터 24일까지 반둥회의가 열렸다. 인도네시아의 유명한 피서지인 반둥에서 열린 아시아아프리카 평화회의(AA회의)의 서두에서 저우언라이는 중국은 이번 회의에서는 공산주의 문제를 제기하지 않겠다고 말했다. 불필요한 쟁론을 피하자는 중국 총리 저우언라이의 제안에 모든 참가국들이 박수를 쳤다. 저우언라이는 회의 초반의 긴장을 푸는 데에 진력했다. 그는 다음과 같이 강조했다.

> 중국대표단은 단결의 목적으로 이번 회의에 온 것이지 절대 말싸움을 하러 온 것이 아니다.
> 우리 공산당 사람은 우리의 공산주의와 사회주의 제도가 좋다는 것

을 결코 의심하지 않는다. 그러나 우리는 이번 회의에서 개인의 사상 의식이나 각국의 정치제도를 선전하려고 온 것이 아니다. 필경 이러한 상이점相異點은 우리들 사이에 존재하고 있는 것이다.

저우언라이의 수사修辭는 위력이 대단하다. 이렇게 화려한 모두冒頭 발언을 통해 저우언라이는 자신의 매력을 100퍼센트 발휘했고, 회의의 주도권을 착실하게 잡아나갔다. 회의장은 저우언라이의 발언에 주목하기 시작했다. '공통점을 찾고 상이점은 보류하자'는 저우언라이의 외교 방침이 반둥회의를 지배하게 되었다. 저우언라이는 뒷날, 그 당시의 '구동존이'를 회고하면서 다음과 같이 부연했다.

큰 공통점에도 작은 상이점이 있고, 큰 상이점에도 작은 공통점이 있는데, 조그만 상이점도 인정하지 않는다면 대화나 외교는 논할 수 없는 것이 아닌가.

저우언라이는 "외교에는 결코 사소한 것이 없다"는 유명한 말을 남겼다. 닉슨 전 미국 대통령은 저우언라이 외교를 특히 높이 평가한 인물 중 한 명이다. 닉슨은 저우언라이와 단둘이서 열다섯 시간이나 대화를 나누어본 사람이다. 그들의 의제議題도, 당시로서는 천지를 진동시킬 중미 화해, 중미 수교였다. 예민하고 난삽하고, 자칫 정서적으로 긴장을 초래할 사안들이 많았다. 두 나라는 소련을 '공동의 적'으로 삼아 현안을 풀어나갔다.

닉슨이 중국을 방문한 1972년이면 저우언라이가 암으로 투병 중일 때였다. 인간적인 진실 이상으로 인간을 감동시키는 무기란 없다.

저우는 세계의 패자霸者인 미국을 상대하면서 인간적으로, 진솔하게 다가갔다. 소련의 팽창을 막기 위해 중국과 미국이 갖고 있는 공동이익 외에 달리 사소한 문제는 의미가 없다는 걸 확신시키려 했다. 키신저에게 이미 자기 자신이 암을 앓고 있다는 사실을 알린 저우언라이였다. 자신이 살아 있을 때를 놓치지 말라는 의미였다. 저우언라이는 자기 목숨을 담보하고 미국과의 화해와 수교를 추진하고 있었다. 닉슨의 회고다.

> 그의 기억력은 정말로 대단했다. 회의는 한번 열리면 끝도 없이 이어졌다. 어지간한 젊은 사람들조차도 통역들의 지루한 말을 들으면서 꾸벅꾸벅 조는 것이 예사였다. 그러나 오직 한 사람, 73세의 저우언라이만은 내내 꼿꼿한 자세로, 잠시도 주의를 게을리 하지 않았다.
> 논의 중인 주제를 피해가지도 않고, 장황한 연설로 분위기를 깨는 것도 아니고, 그렇다고 휴식을 요구하지도 않았다. 예를 들면 오후 회의에서 공동성명의 자구字句에 의견일치를 보지 못했다면, 저우언라이는 아랫사람에게 맡기지 않고 자기 자신이 직접 키신저를 만나 밤늦도록까지 매듭을 짓고 마는 것이었다. 그리고 다음 날 아침에 그는 주말에 시골별장이라도 다녀온 듯한 원기 왕성한 모습으로 나타나는 것이었다.

여기 재미있는 논평 하나를 소개한다. 솔즈베리는 그의 책《새로운 황제》에서, 닉슨과 마오쩌둥이 만나는 장면을 묘사하면서 저우언라이의 위상을 극적으로 표현하고 있다.

그 자리에 저우언라이만큼 당당하게 보이는 사람은 아무도 없었다. 중국 지도자의 한 사람으로 일한 지 40년 만에 그는 비로소 최고의 지위에 오른 것이다. 뛰어난 수완으로, 주도면밀하게, 그리고 조용하게 그는 권력을 인수한 것이다. 마오쩌둥은 아직 살아 있었고 장칭과 그 추종자들도 건재한 상황이었다. 그러나 주도권은 이제 저우언라이에게 있었다.

마오쩌둥의 권력은 아주 잠깐이라도 누구에게 넘겨진 적이 없었다. 마오쩌둥은 잠시도 권력의 끈을 놓지 않았다. 저우언라이는 권력의 실체인 마오쩌둥과 국정을 함께하는 국정 동반자였고, 그 역할을 한 치의 착오도 없이 이행할 따름이었다. 외교의 경우 마오쩌둥은 저우언라이에게 전권을 위임했다. 큰 윤곽은 마오쩌둥과 상의를 해야 하지만 합의를 본 사항을 실천하는 과정은 하나에서 열까지 저우언라이의 책임 아래 진행되었다.

그가 마오쩌둥의 권력에 조금이라도 눈을 돌렸더라면, 닉슨이 목격하고, 솔즈베리가 감동적으로 기술했던 그런 저우언라이의 모습은 연출되지 못했을 것이다. 그 무렵 저우언라이의 상황을 마오쩌둥의 주치의였던 리즈수이는 다음과 같이 전한다.

> 나는 저우언라이에 대해 나 나름의 개인적인 감정을 가지고 있었지만, 중난하이에 있는 많은 사람들처럼 그의 건강을 걱정했다. 그러나 저우언라이는 뜻밖으로 왕성하게 활동했다. 장시간의 업무로 잠자는 시간은 짧았지만 그는 다른 어느 지도자보다도 열정적으로 당과 국가를 위해 일하는 것이었다.

당의 최고 지도자들은 거의 숙청되었다. 때문에 저우언라이 말고는 거의 무능한 사람들만 남아 있는 형편이었다. 더구나 그들은 거의 모든 시간을 파벌싸움으로 지새는 판이었다. 저우언라이의 이와 같은 책임감은 마오쩌둥이 그에게 큰 과제들을 떠맡기면서 더욱 커져갔다. 그리고 다른 지도자들도 저우의 경험과 정력을 따라가지 못했다. 마오쩌둥 역시 기력이 너무 쇠약한 상태여서 저우가 수행하고 있는 일들을 대신해서 감당할 수 없는 처지였다.

마오쩌둥이 보인 천재적 '권력 장악' 앞에서 솔즈베리가 말한 '권력 인수'니 '주도권'이니 하는 말들은 현실감이 떨어지는 표현이다. 하지만 기력이 쇠약해진 절대 권력자 마오쩌둥을 대신해 저우언라이가 정력적으로, 또 주도적으로 국정을 챙겼다는 것만은 사실이다.

닉슨과의 회담에서도 마오쩌둥은 어눌한 말투로, 주로 철학적이며 전면적인 방향성을 대화의 소재로 삼았다. 구체적이고 현실적인 것은 모두 저우언라이의 주관 아래 진행되었다. 솔즈베리는 저우언라이가 마오쩌둥의 권력을 조용히 '인수했다'고 적었지만, 실제로는 저우언라이가 마오쩌둥의 권력을 주도면밀하게 '활용했다'고 하는 것이 더 정확한 표현일 것이다.

1949년 1월 30일, 스탈린은 자신의 오랜 측근이자 소련 정치국 위원인 미코얀Mikoyan을 시바이포로 보냈다. 신 중국 건국 8개월을 앞둔 시점이었다. 국민당군이 옌안을 점령하자 중국공산당은 시바이포로 근거지를 옮겼다. 그곳에서 중국공산당은 핑진平津, 화이하이淮海, 랴오선遼瀋 등 3대 전역戰役에서 승리를 거두고 바야흐로 천하제패를 눈앞에 두고 있었다. 중국을 방문한 미코얀은 중공군의 양쯔강 도강渡江에 제동을 걸었다. 중국 대륙의 양분을 노린 스탈린의 계책이었다. 그러나 중국공산당은 말을 듣지 않았다. 장제스의 국민당 정부가 난징에서 광저우로 도피했을 때에도 외국 공관들의 대부분이 그대로 난징에 남아 있었지만 소련의 난징 주재 대사인 로시친Roshchin만은 광저우로 국민당 정부를 따라갔다. 이 문제로 소련과 중공은 한참 신경전을 벌였다. 중국공산당은 노골적으로 불쾌감을 표시했고, 소련은 정보 수집을 위한 조치였다고 변명했다. 그 뒤 로시친은 베이징 주재 소련 대사로 부임했다. 미코얀이 방문했을 때 로시친이 베푼 만찬장에서도 마오쩌둥은 침묵을 지켜 짐짓 냉담한 태도를 보였다.

막상 중국공산당이 중국 대륙을 석권하려는 마당에, 소련의 태도에는 모호한 구석이 많았다. 스탈린은 장제스를 신뢰하지는 않았으나 만만하게 보았다. 마오쩌둥은 이제 승리자가 되었지만 역시 믿을 수 없는 '친구'였다. 그들이 장강을 사이로 대치하는 국면은 소련에게는 더할 나위 없이 유익했다. 미코얀을 상대하는 마오쩌둥, 주더, 저우언라이, 류사오치, 런비스 등 5대 영도들은 하나같이 누더기옷의 남루한 차림이었다. 술도 어지간하면 피했다. 술이 센 미코얀과 그나마 대작할 수 있는 사람은 저우언라이 정도였다.

미코얀은 저우언라이의 능력에 매료되었다. 미코얀은 '두 개의 중국'이라는 스탈린의 지시를 관철하는 데에는 실패했지만, 중국공산당 정부의 앞날에 대해서만은 낙관한다는 태도를 보였다. 저우언라이를 보았기 때문이었다.

당시 저우언라이는 마오쩌둥과 더불어 전쟁을 지휘하는 한편으로 해방구의 경제 공작과 해방전쟁 뒤의 경제 문제, 다시 말해 전쟁 승리 후 피폐해진 국민경제를 어떻게 다시 일으켜 세우느냐에 골몰하고 있

중소우호조약에 서명하는 저우언라이. 뒷줄 왼쪽이 스탈린, 오른쪽이 마오쩌둥이다. 1950년 2월 14일.

었다. 또한 건국의 준비, 새 정부의 골격과 체제, 외환과 무역 관련 사항, 민주 인사들의 포섭과 정부 참여도 그가 전담하는 분야였다.

미코얀은 저우언라이와의 단독 회담을 통해 깊은 인상을 받았다. 그는 중국 측에 대해 "중국공산당은 중앙정부 수립에서 지도자 문제로 골치를 썩일 필요는 없겠습니다. 저우언라이야말로 총리로 아주 적합한 인물입니다"라고 말했다.

1949년 12월 6일 마오쩌둥은 소련을 향해 출발했다. 그의 첫 외국 나들이였다. 중국 대륙을 석권한 승리자 마오쩌둥이 공산주의 종주국인 소련으로 스탈린을 찾아갔다. 12월 21일은 스탈린의 70회 생일이었다. 그러나 중국으로서는 사사로운 방문이 아니었다. 중국과 소련 사이에는 체결할 과제들이 많았다. 또한 중국의 입장에서는 소련의 지원과 원조가 다급했다. 해를 넘긴 1950년 1월, 모스크바에서 베이징으로 급한 연락이 왔다. 협상이 순조롭지 않으니 저우언라이가 즉각 모스크바로 와야 한다는 전갈이었다. 저우언라이는 필요한 사항들을 챙긴 뒤 곧바로 수행원들과 함께 모스크바로 떠났다.

마오쩌둥의 모스크바 첫 방문은 많은 이야깃거리를 제공했다. 소련은 마오쩌둥을 국빈으로 초청하지 않았다. 세계 인구의 4분의 1을 공산권에 편입시킨 '지도자'에게 걸맞은 대접이 아니었다. 마오쩌둥은 스탈린의 생일을 축하하기 위해 전 세계에서 모여드는 공산당 지도자들 중 한 사람으로 모스크바로 가야 했다.

마오쩌둥은 스탈린의 냉대를 예견하고 있었다. 마오쩌둥은 저우언라이 등 고위 인사들을 한 명도 데려가지 않았다. 그의 비서가 사절단의 최고위 인사였다. 마오쩌둥은 스탈린과의 첫 만남에서 주 소련 중국 대사를 배석시키지 않았다. 마오쩌둥이 아주 원색적인 말로 "내가 여기에 먹고 싸고 자기 위해서 온 줄 아시오?" 하고 분통을 터뜨렸다는 얘기가 전해진다. 마오쩌둥은 모스크바에서 27킬로미터 떨어진 교외에 있는 스탈린의 제2호 별장에 머물렀다.

마오쩌둥은 12월 21일의 스탈린 생일 축하 행사에 참가하기까지는 한가한 시간을 보냈다. 누가 보아도 푸대접이었다. 하지만 축하 행사장에서는 달랐다. 마오쩌둥의 자리는 단상의 스탈린 옆자리였고, 마오쩌둥이 연설을 마쳤을 때, 외국 대표들 가운데 유일하게 기립박수를 받았다고 공산당 기관지 《프라우다》는 전했다.

저우언라이가 모스크바에 도착하자 협상은 활기를 띠었다. 마오쩌둥은 '제2선'에 물러나고, 큰 방향이나 원칙 문제만 저우언라이와 조율했다. 마오쩌둥이 설정한 큰 목표는, '보기 좋은 것을 챙기고 먹기 좋은 것을 요구하라'는 것이었다. 보기 좋은 것이란 '동맹조약'이었고 먹기 좋은 것은 차관 등 경제 관련 사항이었다.

저우언라이의 수행비서가 본 당시의 마오쩌둥은 특별히 할 일이 없는 상태에서 매일 책만 열심히 읽고 있었다. 마오쩌둥이 책 속에 파묻혀 러시아의 피터 대제와 프랑스의 나폴레옹을 연구하는 사이 저우언라는 소련과의 담판을 통해 '중소우호조약', '중장철도, 여순구旅順區 및 다롄大連에 관한 협정', '중화인민공화국에 대한 차관 공여 협정' 등 중요한 협정을 일궈냈다.

양측의 조약 서명은 1950년 2월 14일에 이루어졌다. 신생 중국이 만족할 정도의 외교적 성과는 아니었지만 중국의 입지, 저우언라이의 협상 능력에도 한계는 있었다. 강대국과 약소국 외교가 늘 그렇듯이 약소국이 차지하는 몫은 자칫 외화내빈外華內貧이 되기 쉽다. 중국이 요청한 3억 달러의 차관을 소련이 수락했다. 차관은 5년에 나누어 제공하기로 되었다. 첫해에 받는 차관은 실제 금액의 3분의 1인 2,000만 달러밖에 안 되었다. 이유는 차관의 일부가 과거의 구매 대금으로 처리되었기 때문이었다. 차관은 전액 소련의 무기 구매로 채워졌다. 액수는 훨씬 못 미쳤지만, 차관은 결국 마오쩌둥의 희망대로 군사차관의 성격이 되었다. 차관의 절반인 1억 5,000만 달러는 해군용으로 지정되었다.

말은 '보기 좋은 것', '먹기 좋은 것'이라고 했으나 속으로 마오쩌둥이 소련에게 요구하고 기대했던 것은 따로 있었다. 도착한 날 바로 스탈린을 만났을 때 마오쩌둥이 제시한 핵심 요구사항은, 항공 산업과 현대적인 군사력, 특히 해군에 역점을 둔 종합적인 군사-산업체제의 건설을 지원해달라는 것이었다.

1월 24일에도 마오쩌둥은 스탈린을 만나 군사력 증강에 대해 다시 협의하기를 희망했으나 스탈린은 논의조차 거부했다. 중국의 군사대국 지향과 항공모함 건조 등 해군력의 증강은 뿌리가 깊다. 수십 년의 전쟁으로 황폐해진 중국 경제였다. 민생문제 해결이 그 무엇보다 다급한 시점에서 신생 중국은 '군사 강국'에 대한 집념을 불태우고 있었다.

외교에는 사소한 것이 없다

"우리에게는 나라가 크든 작든, 부유하든 가난하든
다 마찬가지라는 원칙이 있지 않소?
사람 사이에도 빈부를 가리지 말아야 하거늘
하물며 나라 사이엔 더욱 그러하지요."

외국 귀빈과의 만찬이 있는 날 저녁, 저우언라이는 미리 혼자 주방에 들러 국수 한 사발을 비웠다. 속을 조금이나마 채우기 위해서였다. 자신이 배가 고프면 접대나 식사 도중에 결례나 실수가 있을까 조심이 된다는 것이었다.

  미국 대통령 닉슨이 감탄한 저우언라이의 철저함에 대한 이야기도 유명하다. 1972년 2월, 닉슨의 베이징 방문 사흘 째 되는 날이었다. 이날 미국 대통령 일행은 체조경기장과 탁구 시범경기장을 관람하고 있었는데 때마침 경기장 바깥에는 겨울눈이 슬슬 내리고 있었다. 다음 날에는 만리장성을 관광하기로 했다. 그들이 경기장 관람을 하는 도중 동행한 저우언라이가 잠시 자리를 비웠다. 모두 예사로 보았다. 나중에 알려진 사실이지만, 그 시간 저우언라이는 다음 날 미국 대통령 일행이 만리장성으로 이동할 길의 상태와 제설작업 현장을 직접 챙기고 온 것이었다. 저우언라이는 항상 "외교에는 사소한 것이 없다"는 자신의 말을 몸으로 보여주었다.

키신저 전 미국 대통령 안보보좌관은 1971년 7월, 세상의 눈을 따돌리고 파키스탄을 거쳐 몰래 중국을 찾았다. 저우언라이는 파키스탄으로부터 키신저를 '인계' 받아 무사히 중국으로 '모셔오는' 의전 팀을 파키스탄으로 보냈다. 외교부의 구미歐美국장 장원진章文晉, 예빈禮賓국장 왕하이룽王海容, 통역 탕원성唐文生, 세 사람은 7월 8일 파키스탄으로 출발하기 전 저우언라이 총리로부터 행동지침을 받았다.

미국의 대통령 보좌관을 남모르게 '모셔오는' 이번 임무는 특별했다. 수십 년 동안 공식적으로는 접촉이 없는 미국이었다. 게다가 오랜 적대 관계로 서로가 타도의 대상이었다. 서로 문화가 다르고 자칫 초반부터 오해를 살 수 있기 때문에 긴장 관계가 조성될 수도 있었다. 저우언라이는 그들에게 '도량이 넓고 대범하라', '주눅 들지 말되 거드름피우지 말라', '예의를 다하라', '억지로 권하지 말라' 등을 당부했다. 이튿날 키신저 일행 여섯 명과 장문진 등 중국 파견 팀은 파키스탄의 칸 대통령 전용기로 베이징에 왔다. 베이징공항에는 예젠잉이 기다리고 있었다.

저우언라이는 키신저를 맞이할 준비를 철저히 했다. 키신저가 중국 땅에 발을 붙이는 순간에도 두 나라는 여전히 적대 국가였다. 곳곳에 반미선전 구호와 포스터가 붙어 있었다. 키신저가 묵을 댜오위타이釣魚臺에도 '미 제국주의를 타도하자'는 포스터가 걸려 있었다. 저우언라이는 키신저의 방을 5호실로 정하고 자신은 4호실에 묵기로 했다. 선전구호들을 말끔히 청소하고 대신 그 자리에 쉬베이훙徐悲鴻, 치바이스齊白石 등 중국의 대표적 화가들의 그림들을 걸었다.

1960년, 저우언라이 총리가 외교부장 천이와 함께 아시아 주변 국가 순방에 나선 일이 있다. 베트남 방문 중에 캄보디아 국왕이 서거했다는 소식이 전해졌다. 캄보디아도 이번 순방 과정에 있는 나라였다. 소식을 듣자 저우언라이는 바로 애도 전문을 보냈다. 그리고 대표단에게는 상복의 의미인 흰 양복을 갖추도록 지시했다. 인도 방문까지 마치고 캄보디아에 도착한 중국 대표단은 모두 흰색 양복 차림이었다. 마중 나온 시아누크 친왕이 감동을 받은 것은 당연했다. 캄보디아에서 문예공연 관람 일정을 마친 저녁 천이 부장이 저우언라이를 찾아왔다.

"총리님. 내일은 두 팀으로 나누어 활동하게 될 것 같습니다. 저는 우거쿠吳哥窟에 가 유람을 할 것이고, 총리님은 시아누크와 함께 바이마白馬에 다녀와야 할 것 같습니다."

다음 날 저우언라이 일행이 비행장에 도착하니 소형 비행기 두 대가 기다리고 있었다. 시아누크는 자기의 전용 비행기에 저우언라이를 태웠다. 기내 장식은 호화로운 편이었으나 워낙 작은 비행기였다. 두 사람 외에 시아누크의 경호원과 저우언라이 총리의 통역만 겨우 탈 수 있었다. 나머지 인원은 다른 비행기에 올랐다. 그런데 시아누크가 비행기에 오르면서 사태가 이상하게 돌아갔다. 그는 비행사를 옆으로 밀치더니 조종간을 직접 잡았다. 게다가 "총리님. 오늘 우리는 바이마로 가지 않고 외딴 섬으로 시찰을 갑니다"라고 말하는 것이 아닌가.

그 섬은 남베트남과의 경계 지점에 있는 작은 섬으로 남베트남과 캄보디아가 마찰을 빚을 때였다. 시아누크는 남베트남이 미국을 등에 업고 캄보디아를 깔보고 있으니 우리 캄보디아에도 중국이라는 뒷심이 있다는 걸 보여주고 싶었다. 중국의 총리가 자기와 함께 이 섬을 시찰한다면 이는 중국이 이 섬에 대한 캄보디아의 주권을 승인하는 셈이 된다는 생각도 했다.

귀족 출신으로 어릴 때부터 호화로운 생활이 몸에 밴 시아누크였지만 나름대로 나라를 위하는 일이라면 겁 없이 달려드는 저돌성도 있었다. 거리가 멀지 않아 비행시간은 짧았지만 저우언라이 일행 모두는 땀투성이가 되었다. 남베트남 전투기가 언제 공격을 해올지 모르는 일이었고, 시아누크의 조종술도 미덥지 않았다. 캄보디아에 오기 전 네팔 왕국을 방문했는데 네팔 국왕이 준비해준 비행기가 이륙한 지 얼마 안 되어 고장을 일으켜 자칫 추락할 뻔한 사고가 있었던 것이다. 이런 경험이 있던 사람들을 데리고 시아누크가 직접 비행기를 몰아 위험한 국경 지대로 날아 간 것이다. 조마조마한 가운데 비행기는 섬에 착륙했다. 프놈펜에 돌아와서도 긴장이 풀리지 않았다. 너무도 어처구니없는 돌발적인 해프닝이었다.

중국 대표단의 입장에서는 마땅히 강력히 항의해야 할 일이었다. 성질이 화끈한 천이는 총리에게 대놓고 화를 냈다.

"그러면 안 되지요. 제가 시아누크를 찾아 단단히 말해야겠습니다. 어떻게 그런 큰일을 저지를 수 있습니까?"

저우언라이가 천이를 달랬다.

"국왕, 국가원수가 총리를 위해 비행기를 몰았는데 뭐라고 말할 거요? 당신의 지위가 아무리 높다 해도 이 나라 원수를 넘어서겠소?"

천이는 전부터 시아누크와 가까운 사이였지만 이번 일만은 참을 수가 없었다.

"그래도 사전에 알려줘야 하는 거 아닙니까?"

"국왕이 한 일이니 이쯤 하고 그만둡시다. 우리도 그들에게 지지를 보여줘야 하지 않소? 그 섬은 옛날부터 캄보디아 섬이 아닙니까?"

시아누크가 의욕이 앞서 일을 저질렀지만, 외교적으로도 민감한 일이었다. 그러나 저우는 애써 천이를 달래며 평소의 지론을 폈다.

"이 나라 국가원수가 비행기를 몰겠다는데 내가 어찌 거절할 수 있겠소? 나라가 작을수록 우리는 더욱 존중하여 그들의 자존심이 상하지 않도록 해야지요. 우리에게는 나라가 크든 작든, 부유하든 가난하든 다 마찬가지라는 원칙이 있지 않소? 사람 사이에도 빈부를 가리지 말아야 하거늘 하물며 나라 사이엔 더욱 그러하지요."

저우언라이는 주변 국가들에 정성을 많이 쏟았다. 1950년대에 미얀마 총리 우누는 저우언라이에게 재미있는 우화를 들려주었다. 코끼리 한 마리가 사냥꾼의 그물에 걸려 고생하고 있었다. 그때 토끼 한 마리가 나타나 자기 이빨로 그물을 조금씩 썰어서 마침내 덩치 큰 코끼리를 구해냈다는 이야기였다. 우누 총리는 중국과 미얀마를 코끼리와 토끼로 비유해 결정적인 시기에는 미얀마가 중국을 도와줄 수도 있다고 말한 것이다. 이에 저우언라이는 "중국은 덩치가 크고 인구도 많지만 아직은 자원도 부족하고 개발도상국가에 지나지 않습니다. 장차 경제가 발전해 강국이 된다 하더라도 옛 친구를 잊는 일은 없을 것입니다"라고 화답했다.

한번은 저우언라이가 아프리카 어느 작은 나라의 정상을 공항에서 배웅하게 되었다. 외빈들이 비행기에 오르자 갑자기 검은 구름과 함께 비바람이 몰려왔다. 비행기는 잠시 이륙을 멈추고 비바람이 그치기를 기다렸다. 그런데 저우언라이 총리는 마냥 비바람을 맞으면서 손을 흔들며 인사를 보내고 있었다. 손님들이 비행기 창문을 통해 빨

미국의 닉슨 대통령은 1972년 2월 21일부터 7월 28일까지 중국을 방문했다. 베이징 공항에 도착한 닉슨을 저우언라이가 맞이하고 있다. 1972년 2월.

리 돌아가라고 손짓을 했지만 저우언라이는 비행기가 하늘로 이륙할 때까지 내내 손을 흔들었다.

1972년 닉슨 미국 대통령 방중 때다. 닉슨 대통령을 위해 베푼 공식 만찬에서 닉슨은 또 한 번 감탄하고 말았다. 만찬장에 연주된 음악 대부분이 닉슨이 좋아하는 곡들이었으며 그중에는 닉슨의 취임식 때 연주된 곡도 있었다. 저우언라이는 곡을 하나 고르는 데에도 세심했다.

닉슨 일행이 베이징 교외의 명십삼릉明十三陵을 찾았을 때였다. 어린 학생들이 동원되어 때때옷을 입고 일행을 환영했다. 서방 기자들의 눈에는 낯선 일이었다. 권위주의 정부의 낙후된 행태로 보였다. 서방 언론이 이런 사실을 알리고 비판 기사를 썼다. 중국으로서는 기분 상하는 일이었기에 흔히 변명하거나 오리발을 내밀기 쉬운데, 저우언라이는 솔직하게 잘못을 인정했다. "몇몇 사람이 어린아이들을 동원해서 고적이나 중국의 참모습이 아닌 또 다른 모습을 보여드리려고 했습니다. 여러분 기자들의 지적대로 관리들이 잘못한 것입니다. 우리는 무엇이든 숨겨서는 안 된다고 생각합니다. 잘못을 저지른 관리들은 자기 잘못을 인정했습니다." 정치문화가 전혀 다른 공산권 지도자가 솔직하게 사실을 인정하자 서방 언론도 좋은 반응을 보였다. 역시 저우언라이답다는 반응이었다.

닉슨 미국 대통령 방중 때 위성통신 설치 문제가 쟁점이 된 적이 있었다. 미국은 닉슨 방중 동안 베이징, 상하이, 항저우杭州 등 세 곳에 통신위성 기지국을 임시로 세울 것을 제안했다. 중국에 자국의 위성통신 시설을 잠깐 빌려주는 형식으로 하되 약 100만 달러에 달하는 임대료는 받지 않겠다고 나섰다. 미국으로서는 중국의 사정을 봐준 합리적인 요구였다. 그러나 저우언라이의 반응은 뜻밖이었다.

실무자에게 보고를 받은 저우언라이는 즉각 미국 측에 거부 의사를 보내도록 지시했다. 언론과 통신의 편의를 위해 중국 안에 임시로 통신위성을 설치하는 것은 동의하지만 임대 기간 동안 통신위성의 소유권은 중국이 가져야 한다는 것이었다. 미국은 이해가 되지 않았다. 미국 소유의 시설물을 쓰는데, 미국이 중국에 사용 허가를 받고 사용료까지 낸다는 것이 납득되지 않았다. 중국이 소유권을 가지려면 구매 형식을 거쳐야 하는데 재정부담이며 문제가 복잡했다. 그러나 저우언라이는 돈 몇 푼이 문제가 아니라 국가의 주권 문제라고 했다.

미국이 의아해하자 저우언라이가 대답했다. 중국이 일단 통신위성을 미국으로부터 임대를 하되 소유권은 중국이 가진다는 것이었다. 그러면 계산은 어떻게 되는 것인가. 저우언라이의 계산법은 간단하고 명료했다. 사용료와 임대료를 상쇄相殺하면 된다고 했다.

참으로 희한한 제안이었다. 따지고 보면 그게 그거였다. 그러나 저우언라이는 이것이 국가의 중요한 주권 문제라고 했다. 무료로 임대해준다고 해서 함부로 중국 안에 외국의 통신시설을 설치할 수는 없다고 주장했다. 미국 측 반응은 역시 저우언라이라는 것이었다.

1946년 국민당과 공산당의 협상이 가파르게 진행되고 있었다. 국민당 대표 쉬융창徐永昌이 저우언라이에게 비망록 하나를 전달했다. 비망록을 읽던 저우는 곧바로 일어섰다. 그는 벽에 걸린 쑨원의 초상화를 가리키며 노여운 목소리로 말했다.

"쉬 부장. 쑨원 선생의 초상 앞에서 묻겠습니다. 우리 중국인의 일을 어찌하여 외국인에게 중재를 맡긴단 말입니까? 우리 공산당은 개방적이며 애국적입니다. 그러나 단언하건대 공산당은 중국인의 일을 소련에게 중재해달라고 요청하는 일은 없을 것입니다. 이 저우언라이의 이름을 걸고 맹서할 수 있습니다."

쉬융창이 전달한 비망록에는 "세 명으로 구성된 대표단에서 모든 제안은 세 명의 만장일치로만 통과되며, 국민당과 공산당 사이에 이견이 있을 경우 미국 측에 중재를 요청하며 미국이 최종 결정권을 가진다"는 조항이 들어 있었다.

외교의 달인, 화술의 달인

> 어떤 질문에도 저우는 얄미우리만큼
> 핵심을 찌르는 답변으로 상대를 곤혹스럽게 했다.
> 그의 유머 넘치는 답변은 늘 웃음을 자아냈다.
> 그는 서방 언론인들의 속성을 너무도 잘 알고 있었다.

저우언라이의 외교 활동 중 사람들 사이에서 가장 많이 회자되는 것이 앞에서 살핀 덜레스 전 미국 국무장관과의 악수 사건과 함께 흐루쇼프 전 소련 수상과의 이념논쟁이다. 1950년대 말에서 1960년대 초의 중국은 흐루쇼프의 소련을 수정주의 노선이라 비난했고, 소련은 중국의 대약진운동을 시대착오적 극좌파 노선이라 비난하고 있었다. 중소 관계가 복잡하게 돌아가던 무렵, 저우언라이가 소련을 방문했다. 저우언라이는 예정대로 흐루쇼프 앞에서 소련의 수정주의 노선을 비판했다. 흐루쇼프는 정면대결을 피하고 공산주의 세계에서 가장 민감한 출신계급 문제를 꺼내 저우언라이를 역공했다.

"그래, 저우언라이 총리의 비판이 옳다고 합시다. 그런데 그런 주장을 하는 총리의 출신계급에 문제가 있다는 걸 알고나 있소? 우리

둘 사이에는 계급적 모순이 있단 말이오. 나는 노동계급 출신이고 총리는 자산계급 출신이 아니오?"

저우언라이의 출신성분을 드러낸 흐루쇼프는 저우언라이가 자산계급 입장에 서 있다고 말했다. 저우언라이가 바로 흐루쇼프의 말을 받았다.

"그래 맞는 말이오. 그런데 우리 두 사람 사이엔 계급적 모순도 있지만 공통점도 있소. 우리 둘 다 자기 출신계급을 배신했다는 것이오."

저우는 소련의 수정주의를 무산계급에 대한 배신으로 못 박고 흐루쇼프의 공격을 꺾어버렸다. 유머는 아니지만 저우언라이와 흐루쇼프가 벌인 언쟁 가운데 재미있는 것이 또 있다. 저우언라이는 흐루쇼프에게, 이젠 당신도 중국말을 배워 중국말로 이야기를 나누자고 제안을 했다. 흐루쇼프가 중국말은 배우기가 아주 힘들다고 대꾸를 하자 저우언라이가 쏘아붙였다.

"나도 러시아말을 배워 러시아말을 하는데 당신은 왜 중국말을 배울 수 없다는 거요?"

저우언라이에게는 이런 종류의 일화들이 많다. 그의 기지와 센스, 화술과 유머는 서방 지식인들의 호감을 유발하고 그의 평가를 높였다. 린뱌오가 외국으로 도망가다가 죽은 사건에 대해서도 중국은 한동안 침묵했다. 가타부타 진상을 밝히지 않았다. 대외 극비사항이었다. 소문은 무성한 데도 중국은 내내 입을 다물었다.

1971년 9월 13일, 린뱌오가 그의 아내와 막료들을 데리고 소련으로 도망을 가다가 내몽골 지역에서 추락사했다. 중국에서는 이 사건을 '9·13 사건'이라 한다. 사건이 난 지 얼마 뒤 주중 소련 대사가 사건을 탐문하려 총리를 찾았다. 공식적인 대담을 끝내고 소련 대사는 조금은 비꼬는 말투로 총리에게 물었다.

"최근 중국에는 천지를 진동시킬 큰 사건이 일어났다고 소문이 자자합니다. 무슨 일인지 좀 알려주실 수 없습니까?"

저우언라이는 별일이 아니라는 듯이 평온한 말투로 대답했다.

"아, 그거 말입니까? 큰일은 아니었어요. 무성한 숲속의 나무 한 그루가 자빠졌는데 그 나무에서 잎사귀 하나가 떨어졌을 뿐입니다."

어떤 기록은 1972년 닉슨이 중국을 방문했을 때 9·13 사건에 관심을 갖고, 한 초대연에서 저우언라이에게 다음과 같이 물어보았다고 한다.

"총리님, 내가 보기에 중국은 참 좋은 나라인데 린뱌오는 왜 소련으로 도망하려 했을까요?"

저우언라이는 망설이지 않고 답을 했다.

"이상할 거 하나 없습니다. 대자연은 이토록 아름답지만 파리는 항상 화장실만 찾는답니다."

린뱌오는 목숨을 부지하기 위해 소련으로 도망간 파리가 되었고, 소련은 구린내 나는 화장실이 되고 말았다. 미국은 소련을 견제하기 위해 중국을 끌어안아야 했고, 중국은 태평양 건너 미국과 수교해 소련의 압박을 이겨내야 했다. 그것이 중미 수교회담이었고, 그래서 닉슨이 중국을 방문했다. 소련에 대한 저우언라이의 폄훼와 야유는 아주 적절한 시기에 적절한 유머로 표출되어 나왔다.

'화장실 유머'가 또 하나 있다. 저우언라이는 중국 지도자들 가운데 외국 기자와 가장 많이 인터뷰한 지도자였다. 공식 기자 회견에서 한 미국 기자가 물었다.

"현재 중국엔 4억 인구가 살고 있는데, 화장실을 몇 개나 지어야 수요를 충족시킬 수 있다고 보십니까?"

다분히 야유성이 있는, 어처구니없는 질문이었지만 답변을 거부하기도 곤란한 자리였다. 그러나 저우언라이는 대답을 했다. 그의 답변이 장내를 웃음바다로 만들었다.

"네, 중국에는 화장실 두 개면 충분합니다."

"두 개라니요?"

"남자 화장실과 여자 화장실, 둘만 있으면 됩니다."

동문서답이었지만 이런 유머감각이 외국 기자들 사이에서 저우언라이의 인기를 높였다. 듣기 거북한 질문도 적지 않았고 적의敵意가 엿보이는 질문도 있었다. 이런 질문도 있었다.

"총리님. 우리 미국에서는 사람들이 길을 걸을 때, 머리를 들고 걷습니다. 그런데 여기 중국 사람들은 머리를 숙이고 걷습니다. 그 까닭을 알 수가 없습니다. 설명을 부탁드립니다."

아픈 데를 찔렸다고 할까, 곤혹스런 질문이었다. 논리적인 대답으론 정답이 나올 수 없다.

"아, 이것은 아주 간단한 문제입니다. 설명을 해드리지요. 미국 사람들은 한참 내리막길을 걷고 있기 때문에 당연히 머리를 쳐들 수밖에 없고, 우리 중국 사람들은 오르막길을 걷고 있기 때문에 자연히 머리를 숙이는 것입니다."

1954년 4월의 스위스 제네바회의 때 있었던 일이다. 1953년 7월에 한국전쟁이 휴전되고 이듬해 봄에 열린 제네바회의였다. 중국과 미국은 열전이 아닌 냉전으로 전면적인 외교전을 펼치고 있었다.

제네바회의의 기간 내내 저우언라이는 서방 기자들과는 친숙하게 악수를 나누었다. 어느 날 한 미국 기자가 저우에게 악수를 청했다. 저우언라이도 손을 맞잡았다. 그런데 악수를 마친 그 기자가 느닷없이 "내가 왜 중국의 호전주의자들과 악수를 하지? 안 될 일이지. 이건 안 돼!" 하고 소리 지르면서 호주머니에서 손수건을 꺼냈다. 그 기자는 손수건으로 저우언라이와 악수한 자기 손을 여러 번 닦은 뒤 손수건을 바지주머니로 구겨 넣었다. 더러운 손과 악수를 했다는 시늉이었다. 많은 사람이 보고 있었다. 저우언라이의 대응에 시선들이 모아졌다. 긴장되는 순간이었다. 잠시 미간을 찌푸리던 저우언라이가 얼른 자기 호주머니에서 손수건을 꺼냈다. 그리고 기자처럼 여러 번 손을 닦았다. 그리고 손수건을 근처에 있는 휴지통에 던지며 말했다.

"이 손수건은 더는 깨끗이 빨 수가 없어!"

저우언라이의 재치 넘치는 대응이었다. 탁월한 외교 능력으로 제네바회의에서 크게 각광을 받은 저우언라이였지만, 공식적인 외교 협상의 뒤안길에 이런 일화들이 있어서 그의 성가는 더 높아졌다.

저우언라이에 대한 외국 기자들의 질문이나 관심은 예민한 것들이 많았다. 이러한 서방 기자들의 속성은 잘 알고 있는 그였다. 하루는 미국 기자가 저우언라이의 사무실에서 파커 만년필을 발견했다. 책상 위에 놓여있는 미제美製 만년필을 본 기자는 흥미 있는 대화가 되리라 생각했다. 저우언라이에게 의표를 찌르는 질문을 던졌다.

"총리님도 우리나라 만년필을 좋아하십니까?"

공산권 영수가 자본주의 국가의 대표 브랜드를 선호한다는 것은 뜻밖이라는 것이었다. 저우언라이가 웃으며 말했다.

"이 만년필은 조선의 친구가 저에게 선물로 준 것입니다. 그 친구는, 이 만년필이 판문점 정전협상 때 미군이 사용하던 것이라고 말하면서 내게 기념으로 갖고 있으라 하더군요. 이 만년필의 내력에 의미가 있다고 생각해서 귀국의 이 파커 만년필을 간직하고 있습니다."

되로 주고 말로 받는다고 했던가. 미제 만년필을 갖고 있는 걸 조금 야유하려고 했던 질문이 한국전쟁이라는 예민한 사실까지 건드리고 말았다. 중국은 한국전쟁을 승리한 전쟁으로 치부하고 있다. 패전국 미국의 군인이 가지고 있던 미제 파커 만년필을 승전국의 총리가 기념으로 가지고 있다는 뜻이었다.

어떤 질문에도 저우언라이는 얄미우리만치 핵심을 찌르는 답변으로 상대를 곤혹스럽게 했다. 그러나 그의 유머 넘치는 답변은 늘 웃음을 자아냈다. 건국 초기, 공식 회견에서 한 서방 기자가 까다로운 질문을 했다. 함정일 수도 있는 질문을 저우언라이는 특유의 기지를 발휘해 선방했다.

"총리님. 중국에 창녀가 있습니까? 없습니까?"

저우언라이 총리가 어떤 답변을 할 것인가, 장내가 잠시 긴장했다.

"네, 있습니다."

모두 술렁거렸다. 바로 이어 저우언라이가 다시 입을 열었다.

"단, 타이완에 있습니다."

중국에 창녀가 없다고 대답하면 기자는 바로 창녀가 있는 타이완을 거론했을 것이다. 중국에 창녀가 없다고 한 이상 타이완은 중국이 아니게 된다. 있다고 대답한다면 공산국가에도 창녀가 존재한다는 자가당착의 답변이 되고 만다. 기자 질문의 초점은 바로 이것이었다. 저우는 "단, 타이완에 있다"는 말로 두 가지 모두를 해결했다.

키신저와 나눈 대화도 재미있다. 키신저가 미국 대통령 안보보좌관 자격으로 처음 중국을 방문했을 때였다. 공식회담에 들어가기 전에 키신저가 저우언라이 총리에게 부탁 하나를 했다.

"총리님. 귀국의 마왕퇴 1호 무덤 발굴은 전 세계를 진동시켰습니다. 발굴된 여자 미라는 아주 희귀한 보물입니다. 저는 우리나라 과학계의 한 저명인사로부터 부탁을 하나 받았습니다. 지구상에서 보기 힘든 물질과 미라 옆에 있던 목탄 일부를 서로 교환하고 싶어 하는데 가능하겠습니까?"

저우가 되물었다.

"키신저 선생. 귀국이 저희들에게 주고자 하는 물건이 어떤 것인지 궁금합니다."

키신저가 이내 대답했다.

"달의 흙입니다. 우리나라 우주비행선이 달나라에 가서 채집한 것이니 지구상에는 없는 것이라 할 수 있지요."

저우언라이가 호탕하게 웃었다.

"나는 또 무슨 물건인가 했더니 오랜 옛날부터 우리 조상의 발밑에 있던 것이군요."

조금 어안이 벙벙해진 키신저가 저우가 한 말이 무슨 뜻인지 궁금해서 짐짓 진지하게 물었다.

"아니 중국이 달나라를 이미 정복했습니까? 언제 일인데 왜 진작 발표하지 않았나요?"

저우언라이가 웃으며 손가락으로 탁자 위에 놓인 조각품 하나를 가리켰다. 전설 속의 상아嫦娥가 달나라로 날아가는 모습이 새겨져 있었다.

"아니 공표를 안 했다니요? 일찍이 5,000년 전에 우리의 상아가 달나라로 올라가 그곳에 궁을 짓고 살고 있는데요. 우리는 사람들을 보

중국공산당은 비밀외교에도 능했으며, 그 중심에는 저우언라이가 있었다. 1971년 7월 9일부터 7월 11일까지, 미국 대통령의 외교안보 보좌관 헨리 키신저가 비밀리에 중국을 방문한 당시 모습이다. 1971년 7월.

내 상아를 만나려고 합니다. 세상의 아녀자들도 다 아는 일을 중국통인 선생께서 모르시다니."

중국의 전래 이야기도 곁들이면서 저우언라이는 미국으로부터 애써 날아온 귀빈을 유머로 따뜻하게 맞이했다.

저우언라이는 톈진의 난카이중학南開中學 시절 연극반에서 활동했다. 장보링張伯 교장은 연극을 통해 선진화된 교육을 시험하고 있었다. 그는 연극은 단순한 재미가 아니라 교육적으로 유용하다고 했다. 연극은 민족의식, 여성해방, 미신타파 등 사회적 계몽에 필요했다. 장보링 교장은 학생들의 연극 활동을 적극 권장했다. 저우언라이도 당연히 연극반에 뽑혔다. 인상과 용모가 출중한 저우언라이는 주연감이었지만 남들이 마다하는 여자 배역도 맡았다. 당시 연극은 남학생들만 했기 때문이다. 그 무렵 난카이 학생들이 주로 공연했던 연극은 홈 드라마였다. 저우언라이는 〈동전 한 닢〉, 〈한 순간의 실수〉, 〈새 촌장〉 등에서 주역을 했다.

저우언라이가 총리 시절, 어느 연회장에서 여배우가 다가와 말했다.

"총리님께서 배우가 되셨더라면 우리나라 남자 배우들은 모두 그만둘 처지가 되었겠습니다."

공치사가 아니었다. 여자 배우는 진심으로 그리고 진지하게 총리를 치켜세웠다. 그러나 저우언라이가 대답한 말에 모두 웃음을 터뜨렸다.

"아니오. 내가 배우가 되었더라면 우리나라 여자 배우들이 보따리를 쌌을 거요."

중학 시절 연극반에서 여배우로 활동했던 걸 상기시키면서 총리는 자기 자신을 낮추어 주변을 밝게 이끌었다. 저우언라이에게는 그런 대화들이 아주 자연스러웠다.

외교의 달인은 어떤 의미에서 연기의 달인이기도 하다. 연기가 따르지 않는 외교는 삭막하다. 연기를 연기로 표현하는 것은 서툴다. 저우언라이의 사진첩을 보면 그의 표정, 자세 등이 예사롭지 않다. 그의 웃음에도 몇 가지 유형이 있다는 분석이 있다.

중국의 한 작가가 저우언라이의 '다섯 가지 미소'를 이야기한 적이 있었다. 상대에 따라 표정을 다르게 짓는 것은 자연스런 일이다. 그러나 웃음과 동작 하나하나에 굳이 의미를 부여해서 분석하면 이야기가 달라진다. 다음의 분석도 그런 경우일 것이다.

첫 번째로, 저우는 중소 분규 이전의 소련의 대형大兄을 만나면 두 팔을 활짝 벌리고 만면에 웃음을 짓는다. 대형은 스탈린 대원수일 것이다. 두 번째로, 마오쩌둥이나 류사오치 등을 만나면 얼굴 가득히 웃음을 짓는다. 세 번째로, 자본주의 국가의 귀빈을 만날 때엔 중국 총리로서의 위엄이 깃든, 조금 초연한 느낌을 주는 미소를 짓는다. 네 번째로, 정치국 상무위원급 동지를 만나면 얼굴의 윗면을 조금 움직이며 잔잔한 미소를 보인다. 다섯 번째 저우의 미소는, 중앙의 기타 동지들을 만났을 때 짓는 얼굴의 근육만 살짝 펴는 조용한 웃음이다.

외교 무대에서 저우언라이는 다양한 표정 관리와 제스처로 사람들의 눈을 끌었다. 관중과 호흡을 맞추는 극적인 효과도 대단했다. 그의 사진첩에는 중국 내 소수민족 지역에서 현지 민족의 의상을 입고 얼굴 가득히 웃음을 짓고 있는 사진들을 많이 볼 수 있다. 말레이시아나 인도, 파키스탄에서 민족의상에 현지 모자를 쓰고 있는 사진도 볼 수 있다.

저우언라이와 공식, 비공식 행사에 함께 참여하면서 저우언라이를 유심히 지켜본 닉슨은 저우의 화술과 제스처에 대해서도 찬탄을 하고 있다.

> 그는 의자 등받이에 깊숙이 몸을 파묻고는 호방한 표정과 능란한 제스처로 그의 화술을 더욱 돋보이게 했다. 그는 표현력이 풍부한 그의 두 손을 잘 활용했다. 즉 화제의 범위를 넓혀갈 때는 한 손을 내밀면서 옆으로 크게 쓸어내듯 훑는 시늉을 해 보이고, 의견을 종합해서 결론에 이르게 할 때는 두 손을 합친 채 열 손가락을 가지런히 합치기도 했다.
>
> 공식회의 석상에서는 아무리 익살스러운 말이 나와도 가벼운 웃음만

지을 뿐 별 반응을 보이지 않다가도 회의가 끝나고 잡담을 할 때에는 가가대소呵呵大笑를 하는 것이었다.

아무리 연기를 한다고 해도 그는 과장된 몸짓만은 즐기지 않았던 것 같다. 저우언라이는 절제된 연기를 아주 자연스럽게 하고 있었다. 그의 연기는 그의 침착한 성품과도 맞아 떨어지는 것이었다. 닉슨은 저우언라이의 시종일관 침착했던 태도와 소련의 흐루쇼프나 브레즈네프가 보였던 익살스럽고 희극적인 연기를 대조적으로 보고 있다.

닉슨은 저우언라이가 내내 목소리를 높이거나 탁자를 치거나 하지 않았고, 압력을 넣고 양보를 요구해도 담판을 중단하겠다고 위협하지 않았다고 적고 있다. 러시아의 지도자들은 자기의 보좌관들 앞에서 자기를 과시하는 행동을 많이 보였지만 저우언라이는 그러지 않았다고, 그의 침착성을 평가했다.

―― 4장

문화혁명 10년

문화혁명의 주력부대 홍위병

"내가 고해로 들어가지 않으면 누가 고해로 들어가며,
내가 지옥으로 들어가지 않으면 누가 지옥으로 들어갈 것인가?"
문화혁명, 그 고해와 지옥의 문 앞에서
저우언라이는 눈물을 삼키며 외쳤다.

마오쩌둥이 아니면 도저히 구상할 수 없는 인간의 대이동이 문화혁명이었다. 거대한 인간 물결이 전국을 단시간에 휩쓸었다. '인해전술人海戰術'이 따로 없었다. 베이징의 홍위병 대집회만 해도 1,300만 명이 교통비, 식사, 숙박의 무료라는 혜택을 입고 호기롭게 전국의 혁명 성지를 찾아 나섰다.

홍위병 운동이 한풀 꺾이자 이제는 수백만 명의 청년들이 전국 벽지와 농촌으로 '하방下放'되었다. 남방의 상하이 청소년들이 머나먼 북방의 낯선 조선족 자치주 옌볜延邊으로 가서 힘겹게 농촌 생활을 했다. 한마디로 그런 것이 '하방'이었다.

문화혁명 때, 숱한 마오쩌둥의 옛 혁명동지들이 감옥에서, 수용소에서, 험한 노동판에서 신음했다. 리징첸李井泉과 그 가족들의 슬픈 이야기 하나를 옮겨본다.

덩샤오핑의 장시성 유배 시절이다. 문화혁명 초기 덩샤오핑의 가족들은 뿔뿔이 헤어지는 처지가 되었다. 그러나 나중에 그들은 덩샤오핑의 유배지에서 다시 만나 어려움 속에서나마 단란한 가정을 이루고 있었다. 마오쩌둥의 '차별적인 우대' 덕분이었다.

어느 날, 이 집에 손님들이 찾아왔다. 중앙정치국 위원이며 쓰촨성 당위 서기인 리징첸의 세 자녀들이었다. 덩샤오핑과 가족들은 장시성의 시골 마을에 있는 보병학교 구내의 작은 건물에서 살고 있었다. 그들은 시골의 이 유배지를 찾은 첫 번째 손님이었다. 원래 리징첸 가족과 덩샤오핑 가족은 평소에 가깝게 지냈다. 집도 가까웠고 아이들도 어려서부터 친구로 지냈다. 덩룽의 글이다.

> 문혁 이후 우리 양가는 서로 상대방의 불행한 처지만을 들었을 뿐 여러 해 동안 만나지 못했다. 리징첸의 세 형제자매는 우리에게 자신들의 아버지는 문혁 초기에 타도된 후 쓰촨성에서 아주 잔혹한 비판과 투쟁을 당했으며 적어도 만 인 이상의 비판대회에서 100번 이상이나 비판과 투쟁을 당하다가 후에는 베이징으로 압송되어 지금까지 계속해서 위수 지구의 감옥에 수감되어있다고 말하였다.
> 그들의 어머니 샤오리蕭里 아주머니는 학대를 견디지 못하고 문혁 초기에 박해로 사망했다. 집안의 몇몇 아이들, 특히 둘째가 문혁 초기에 한 장의 '폭파하라. ……'는 대자보를 붙여 마오쩌둥 극좌의 방법에 대한 불만을 표시했기 때문에 조반파에 심하게 맞아 죽었다.
> 제일 작은 여덟째는 베이징의 한 '소년 유치장'에 갇혀 있었다. 기타 여러 아이들은 대부분 현재 모두 린촨臨川에서 생산대원으로 혹은 공

장의 노동자로 일하고 있었다.

_ 덩룽 지음, 임계순 옮김, 《불멸의 지도자 등소평》(김영사, 2001)

마오쩌둥이 평생의 반란자임을 저우언라이는 익히 알고 있었다. 하지만 이번 반란의 표적이 하필이면 공산당이고, 새파란 홍위병과 학생들이 반란의 주력부대가 되어 공산주의 혁명에 평생을 바친 노간부들을 타도하려 하는지, 저우언라이는 난감했다.

리징첸의 경우는 아주 작은 사례에 지나지 않는다. 남송南宋의 충신 악비岳飛의 이름을 따와 '악비 장군'으로 불릴 정도로 전설적인 인물인 허룽은 중국의 10대 원수 중 한 사람이었다. 마오쩌둥도 그를 존경했다. 그러나 허룽은 린뱌오의 마수에서 벗어나지 못했다. 유배지에서 당뇨병으로 고생하는 그에게 의사는 인슐린 대신 포도당 주사를 놓았다.

린뱌오가 죽고 마오쩌둥은 허룽의 죽음은 자기 잘못이었다고 사람들 앞에서 뉘우치는 말을 했지만, 그렇게 고통받은 사람은 허룽만이 아니었다. 저우언라이, 덩샤오핑과 류사오치와 조금만 맥이 닿아도 벼락을 맞았다. 문화혁명은 마오쩌둥의 집념 그대로 '자산계급을 타도하는 무산계급혁명'이었기 때문이다.

1966년 5월 16일 중앙정치국 확대회의에서 한 건의 문건이 통과되었다. 〈중국공산당 중앙 통지〉가 그것이다. 마오는 이 통지문을 통해 자신의 속마음을 드러냈다

> 당과 정부, 군대와 문화계 안에 끼어들어온 자산계급 대표인물은 한 무리의 반혁명 수정주의 분자들이다. 일단 시기가 성숙되면 그들은

정권을 빼앗고 무산계급 정권을 자산계급 정권으로 바꿔치기한다. 이들의 일부는 이미 우리들에게 간파되었고, 일부는 아직도 간파되지 않았다. 일부는 우리의 신임을 받고 우리의 후계자로 육성되고 있는데 이를테면 흐루쇼프와 같은 인물이다. 그들은 지금 우리 곁에서 잠자고 있다.

이때까지만 해도 류사오치 당사자나 저우언라이도 마오쩌둥이 지적한 대상이 류사오치인 줄은 미처 깨닫지 못했다. 한참 뒤에 저우언라이는 "당시 추측을 했지만 류사오치를 가리키는 것이라고는 생각지 못했다"라고 술회했다. 마오쩌둥 발언의 함의含意를 중앙 고위 핵심 간부들마저 제대로 파악하지 못했다는 얘기다.

〈통지〉가 통과된 다음 날 저우언라이, 류사오치, 덩샤오핑 등은 베이징의 옥천사에서 한 외국의 당 지도자를 만났다. 그들은 태평스럽게도 "중국 당 내의 흐루쇼프, 수정주의자"는 이미 축출되었다고 생각하고 있었다. 그러나 마오쩌둥은 고삐를 늦추지 않고 더욱 옭죄었다.

1966년 8월 3일과 4일, 중앙상무위원회 확대회의에서 마오쩌둥은 "체면을 차리는 것은 잘못된 방향이다. 실제로는 자산계급 입장에서 무산계급 혁명을 반대하는 것이다. …… 추악한 사람이 이 자리에 있다"고 폭탄선언을 했다. 저우언라이는 사태의 심각성을 이내 알아차렸다. 큰일이 터질 것 같았다. 저우언라이는 당직 비서에게 단단히 일렀다.

"주석 사무실에서 회의나 상담 통지가 오면 내가 잠들었더라도 바로 깨워라."

마오쩌둥의 〈사령부를 포격한다: 나의 대자보〉가 나온 것은 8월 5

저우는 리셴녠에게 "내가 고해로 들어가지 않으면 누가 고해로 들어가며, 내가 지옥으로 들어가지 않으면 누가 지옥으로 들어갈 것인가?"라며 속마음을 토로했다. 문화혁명 당시 리셴녠과 함께한 모습.

일이다. 마오쩌둥은 이 글에서 류사오치를 비롯한 이른바 '자산계급 사령부'를 거세게 비난했다.

> 그들이 50여 일 동안 반동적인 자산계급 입장에 서서 자산계급 독재를 하면서 기세 높은 '문화혁명'을 진압하고, 시비를 거꾸로 하고, 흑백을 뒤섞으며, 혁명 세력을 토벌하고, 자기와 같지 않은 의견을 억누르며 백색공포 분위기를 조성했다. 스스로 득의해서 자산계급의 위풍을 키우며 무산계급의 의지를 꺾었다. 이 얼마나 지독한 일인가?

마오쩌둥은 그가 직접 쓴 이 〈나의 대자보〉를 저우언라이에게 주었다가 되돌려 받기를 두 번이나 되풀이하고서야 저우언라이에게 주었다. 저우언라이는 마오쩌둥이 중대한 결심을 이미 했다는 것을 직감했다. 중앙상무위원회가 대폭 개편되었다. 마오쩌둥의 결심은 확고했다. 8월 11일, 중국공산당 8기 11중앙위 전체회의에서 상무위원 열한 명의 명단이 발표되었다. 마오쩌둥, 린뱌오, 저우언라이, 타오주陶鑄, 천보다陳伯達, 덩샤오핑, 캉성康生, 류사오치, 주더, 리푸춘, 천윈陳雲이 그들이다.

서열이 크게 바뀌었다. 2위 류사오치가 8위로 밀리고 그 자리에 린뱌오가 올랐다. 서열만이 아니었다. 그 뒤 상무위원들의 직무가 공표되었는데, 린뱌오만 중국공산당 중앙 부주석 자리를 지켰다. 저우언라이, 류사오치, 주더, 천윈 등의 부주석 자리와 덩샤오핑의 당 총서기 자리에 대해서는 아무런 언급이 없었다. 박탈된 것이다.

다음 해인 1967년 6월, 홍위병은 외교부를 점령했다. 외교부장 천이는 저우언라이가 사회를 보는 가운데서 수천 명 학생들로부터 야유를 받고 여러 차례 자기비판을 강요당했다. 중국의 외교 관계는 엉망이 되었다. 홍위병 공작조는 체계적으로 외교부 문서를 파괴했다. 대외 관계의 지속성을 방해했다. 외국에 있는 중국 외교공관들은 혁명을 선전하고 그 지역 공산주의를 선동하는 비외교적 활동의 중심지가 되었다.

1966년 9월에서 1967년 8월 사이, 몇몇 나라와는 외교 관계가 단절되었다. 대사만 빼고 모든 외교관들이 소환되었다. 홍위병들은 소련, 영국 대사관에 침입했고, 영국 대사관, 인도네시아 대사관에 불을 질렀다.

외국 기자들이 본, 홍위병이 득세하던 당시의 정황을 옮겨본다.

> 그들은 부유한 사람이나 관리, 지식인의 집에 침입하여 책과 원고를 파괴하고, 거기 사는 사람들을 모욕하고 두들겨 팼으며, 심지어는 죽이기도 했다. 또한 그들은 이 과정에서 항상 "사구四舊(낡은 사상, 문화, 풍속, 습관)"에 대한 혁명적인 공격을 지원하고 있다고 주장했다.
> 아홉 살에서 열여덟 살의 소년 소녀로 구성된 이 청년학생들은 붉은 완장을 두른 채 거리를 휩쓸고 돌아다니면서 약간이라도 외국이나 지성의 냄새를 풍기는 사람은 누구든지 심문하여 자신들의 도덕적인 정의감을 적용시켰다.

상황은 내전으로 치달았다. 홍위병도 분파가 생겨 자기네들끼리 전투를 벌였다. 지방군이 어느 한쪽을 편들었다. 결국 1968년 7월, 마오는 홍위병을 해산시켰다. 인민해방군이 모든 성省에서 혁명위원회를 만들어 임무를 완수하도록 했다. 군을 장악한 린뱌오의 횡포가 또 시작되었다.

저우언라이는 어느 날 리셴녠에게 아픈 마음을 전했다. "내가 고해로 들어가지 않으면 누가 고해로 들어가며 내가 지옥으로 들어가지 않으면 누가 지옥으로 들어갈 것인가(我不入苦海 誰入苦海, 我不入地獄 誰入地獄)."

문화혁명, 고해가 따로 없고 지옥이 따로 없었다. 노혁명 세대들은 저우언라이를 향해 '너만이라도 살아남아달라'고 간절하게 외쳤다. 침묵의 함성이었다. 초반에 당할 대로 당한 저우언라이는 중반에 들어서며 호흡을 가다듬었다. 1971년 9월, 린뱌오 사건이 하나의 분수령이 되었다.

문화혁명의 광풍에서 살아남다

"인민은 그를 이해했다. 그가 그렇게 하지 않았더라면
그마저 타도되어 문화혁명으로 말미암은
국가적 손실을 보충할 길이 없었을 것이다.
그는 많은 사람을 보호했다."

문화혁명이 시작된 1966년, 중국에는 정월부터 가뭄이 발생했고 지진도 뒤따랐다. 저우언라이 총리는 자연재해 대책에 매달렸다. 북방 지역에 심한 가뭄이 들자 1월 말 톈진으로 갔다. 가뭄 대책과 농업생산 독려, 그게 그의 일이었다. 2월이 되자 베이징, 허베이, 내몽골, 산시, 산서, 산둥, 허난河南, 랴오닝遼寧 등 여덟 개의 성과 시, 자치구를 대상으로 가뭄 극복 대책회의를 소집했다. 중앙과 지방에 농업지도 그룹도 꾸렸다.

3월 8일에는 허베이성에 대규모 지진이 발생하자 다음 날 여진의 위험을 무릅쓰고 재난 지역으로 달려갔다. 스자좡石家莊 지역위원회에 들른 뒤 재난특구로 위문을 갔다. 그는 밀어닥친 가뭄과 지진, 대자연의 재앙 앞에서 "자력갱생, 부국강병, 향토재건, 생산발전"이란 네 개의 큰 방침을 내세우고 10일, 베이징으로 돌아왔다. 3월 22일에도 지진이 나자 현지를 찾았다.

리핑의 이야기다.

> 어느 날 문화혁명이라는 폭풍이 예고 없이 찾아왔다. 저우언라이에게 있어서 문화혁명은 전혀 예상치 못했던 일이었다. 그는 아무런 준비도 하지 못한 채 폭풍 속으로 휘말려 들어갔다.
> ……
> 사실 저우언라이는 마오쩌둥이 이번 문화혁명을 일으킨 정확한 이유를 알지 못했다. 다만 마오쩌둥에 대한 신뢰와 존중에 입각해 당 중앙과 기타 지도자들과 함께 무산계급의 문화혁명에 관한 마오쩌둥의 결정을 따르기로 했을 뿐이었다. 그는 일관된 당 정책에 따라 이 결정과 시행을 지켜보았으며 운동을 정상궤도에 올려놓기 위해 심혈을 기울였다.
>
> _ 리핑 지음, 김세영 옮김, 《저우언라이》(천케이, 2008)

린뱌오, 장칭 등이 엄청난 정치 음모를 꾸미고 있을 때, 총리는 중국을 덮친 가뭄과 지진의 피해 복구를 위해 중국 전역을 뛰어다니고 있었다. 당정을 총괄하는 마오쩌둥 공산당 주석이 '주자파'에 대한 대반격 신호를 보내고 있던 그 시간에 국정을 도맡아 책임지는 국무원 총리 저우언라이는 경제와 민생 문제에 목을 매고 있었다.

주더, 허룽, 펑더화이, 류사오치, 덩샤오핑을 비롯한 제1세대 당 원로와 건국 공신들이 처참한 몰골로 내팽겨졌다. 68세의 국무원 총리 저우언라이도 예외는 아니었다. 중국의 최고 지도자들이 옹기종기 모여 살던 중난하이, 그 성역조차 한때 쑥밭이 되었다. 어린 홍위병들이 중난하이를 에워싸고 연일 난리를 피웠다. 전국에서 모여든 홍위병들이 톈안먼광장을 메웠다. 마오쩌둥이 손을 흔들며 홍안의 반란파들을 격려했다.

중국의 문화혁명은 출발부터 폭력적이고 연속적인 대규모의 시위였다는 점에 주목할 필요가 있다. '모든 반란에는 이유가 있다〔造反有理〕'를 내세운 반란파들은 이미 파괴와 체제의 전복을 목표로 하고 있었다. 반란파가 노린 공격의 대상은 아이러니컬하게도 공산당 '본부'였다.

마오쩌둥은 문화혁명을 '무산계급혁명'이라 불렀다. 그러면 당연히 류사오치, 덩샤오핑이 포진한 당 본부는 자산계급의 본거지가 된다. 그 본거지를 타도하기 위해 마오쩌둥은 새파란 젊은 학생들의 가슴에 혁명의 불을 댕겼다. 린뱌오, 장칭, 캉성, 천보다 등이 획책한 대규모 학생 시위와 홍위병들의 난동은 시위의 위력과 공포를 그대로 드러냈다. 저우언라이는 혁명동지들이 쓰러지고 죽어가는 현장을 보면서 세 가지 다짐을 했다. 쓰러지지도 않고〔不倒〕 달아나지도 않고〔不走〕 죽지도 않겠다〔不死〕, 즉 '3불三不'이 그것이다.

문화혁명이 일어나자 모든 원로 지도자, 1세대 혁명가들은 하루아침에 꼼짝없이 앉아서 당하는 형국이 되었다. 1967년 2월, 중난하이 화이런탕懷仁堂에서 열린 당 중앙연락회의 때 부총리 탄전린譚震林, 위추리余秋里, 리셴녠, 천이, 쉬샹첸徐向前 등의 원로들이 모여 울분을 토하며 장춘차오 등 젊은 반란파들을 몰아붙였다. 혁명 노간부들의 문화혁명 비판인 '2월 역류逆流'는 단번에 마오쩌둥에 의한 역풍을 맞고 말았다.

3월 18일, 천이와 탄전린, 쉬샹첸이 '비판'을 당했다. 그들은 집에

저우언라이가 해방군 305병원에 입원하기 전까지 25년간 지냈던 시화팅. 시화팅은 저우언라이의 거처이자 집무실이었다.

서 쉬며 자기비판을 하도록 조치되었다. 박해가 더해졌다. 황푸군관학교 제1회 졸업생으로, 당시 군의 문혁소조 조장을 맡고 있던 쉬샹첸도 말하기 창피할 정도의 고통과 수모를 당했다. 4월 16과 17일, 7월 29일, 칭화대학 반란파 학생들이 쉬샹첸의 집을 세 번이나 뒤졌다. 집안을 온통 쑥밭으로 만든 그들은 책, 수첩, 문서, 편지, 사진, 그리고 작전일기作戰日記 등 군 관계 중요문서들까지 몽땅 밖으로 실어 날랐다. 집안 구석구석에 '쉬샹첸을 타도하자'는 벽보를 붙였다. 다섯 트렁크나 되는 자료들은 나중에 이 사실을 알게 된 저우언라이가 나서서 찾아주었다.

2월 역류가 있고 두 달 뒤, 마오쩌둥은 저우언라이 등 옛 동지들을 집으로 불렀다. 4월 30일 밤, 마오의 부름을 받은 사람들은 천이, 리푸춘, 쉬샹첸, 예젠잉, 탄전린, 리셴녠, 위추리, 구무谷牧 등이었다. 마오쩌둥은 한 사람 한 사람에게 다정하게 근황들을 물었다. 그러나 그 날 이후로 달라진 것은 아무것도 없었다. 마오쩌둥은 노련하게 속도의 완급을 조절할 줄 알았다. 그리고 철저하게 분리정책을 썼다. 달래야 할 세력과 타도해야 할 세력은 철두철미하게 갈라놓았다. 나중에는 류사오치와 덩샤오핑마저 구분을 했다. 그에 의해 한 사람은 '적대적 모순', 다른 한 사람은 '인민 내부의 모순'으로 구분되었다. 적대적 모순의 류사오치는 감옥에서 죽었고, 인민 내부의 모순 덩샤오핑은 우여곡절 끝에 살아서 돌아왔다.

저우언라이는 감옥, 유배, 연금에서 제외되었다. 그러나 손발이 다 잘린 채로 혼자서 시대의 역풍과 맞서야 했다. 이름만 총리였지, 비서나 보좌관도 거느리지 못하는 신세가 되었다. 그는 그의 거처이자 집무실인 중난하이 시화팅西花廳과 해방군 305병원의 병실에서 외롭게 '홀로 투쟁'을 했다. 1980년 8월, 덩샤오핑은 이탈리아 파라치 기자에게 이런 이야기를 들려주었다.

> 문화혁명 때 우리는 모두 타도되었지만 다행히도 그는 타도되지 않았다. 문화혁명 때 그의 위치는 아주 어려웠다. 마음에 없는 말과 행동도 해야 했다. 그러나 인민은 그를 이해했다. 그것은 그가 이렇게 하지 않았더라면 그마저 타도되어 문화혁명으로 말미암아 일어난 많은 손실을 정리하고 보충하는 작업을 할 수 없었기 때문이었다. 그는 많은 사람들을 보호했다.

사람의 상상력에도 한계는 있다. 그러나 마오쩌둥이 기획, 제작,

연출한 이 희대의 '대반란'은 사람들의 상상력이 전혀 미치지 못하는, 먼 피안彼岸의 불길이었다. 저 너머 강가에서 치솟은 불길인가 싶었는데 아니었다. 불길은 삽시간에 중국 대륙을 구석구석 태워나갔다.

수많은 자료와 문건, 저서들이 중국의 문화혁명을 다루었다. 하지만 시발과 동기조차 시원하게 밝혀진 것이 없는 게 중국의 문화혁명이다. 미주알고주알, 연대기식으로 이야기한다고 쉽게 그림이 떠오르는 것도 아니다. 저우언라이와 관련된 사례, 즉 팩트Fact를 통해 문화혁명의 윤곽만 살펴볼 수밖에 없다.

저우언라이가 문화혁명 기간 '3불'로 버텼다고는 하지만 혼자 힘으로 그의 생존이 가능한 시절이 아니었다. 사실 마오쩌둥의 장악력과 파괴력은 대단했다. 마오쩌둥의 위력 앞에선 누구도 생존과 안전을 보장받지 못했다. 저우언라이와 덩샤오핑이 '마오 혁명'의 마무리 투수로 기용된 것은 어찌 보면 기적에 가까운 일이었다.

마오쩌둥은 처음부터 류사오치와 덩샤오핑을 구분해서 다루었다. 덩샤오핑의 딸 덩룽이 쓴 아버지에 대한 책에는 그런 대목들이 많이 나온다. 덩샤오핑은 정치적으로 실각되었지만 당적黨籍만은 잃지 않았다. 또한 마오쩌둥에게 편지를 보낼 수 있는 보장도 받았다. 덩샤오핑은 마오쩌둥이 언젠가 필요할 때 다시 불러 쓸 수 있는 카드였다. 폐기처분하기에는 너무 아까운 인재였다.

덩샤오핑이 미래의 카드라면 저우언라이는 오늘의 카드였다. 마오쩌둥이 당장 써먹어야 할, 반드시 필요한 비밀병기가 저우언라이였다. 린뱌오, 장칭, 그리고 천방지축으로 설치는 4인방을 견제할 수 있는 카드로는 저우언라이가 유일했다. 린뱌오가 죽자 마오쩌둥은 문화혁명을 마무리하는 쪽으로 마음을 가다듬었다. 내쳤던 원로 동지들을 다시 불러들였고, 외교, 국방, 민생을 추스르기 시작했다.

그때 저우언라이가 의연히 살아 있었다. 방광암으로 몇 차례 위험한 수술을 받으면서도 저우언라이는 마오쩌둥 곁에 있었다. 궁극적으로 저우언라이는 마오쩌둥의 필요에 의해 생존과 안전을 보장받았다. 그러나 결정적으로 저우언라이는 자신의 왕성한 생명력과 탁월한 생존 능력으로 자기 자신을 지켜냈다. 저우언라이의 생존은 마오쩌둥이나 그 자신에게, 그리고 중국 인민에게 더없는 행운이자 축복이었다.

보호자 명단

> 쑹칭링은 "아버지와 남편을 다 같이 사랑했다"고 고백했다.
> 그는 죽어 아버지 곁에 묻혔다.
> 문화혁명 때 저우언라이는 쑹칭링을 보호대상 제1호로 모셨다.
> 쑹칭링에 대한 장칭의 핍박이 악착같았다.

문화혁명이 일어난 그해 8월 30일, 저우언라이는 〈보호자 명단〉을 만들어 돌렸다. 린뱌오와 장칭 일당의 무분별한 탄압에서 일차적으로 보호해야 할 사람들의 명단이었다. 민주당파 영도들과 국무원, 인민대표대회 상무위원들과 각 기관 수뇌들이 포함되었다. 명단의 첫머리에 쑹칭링이 올랐다. 저우는 이어 궈모뤄, 허샹닝何香凝, 푸주어, 장쯔중, 리쭝런李宗仁 등 통일전선에 크게 이바지한 인사들의 이름을 적어나갔다.

1911년 10월 10일, 후베이성湖北省 우한에서 일어난 무력봉기는 청나라 왕조는 물론 2,133년에 걸친 중국 왕조의 맥을 일시에 끊어버렸다. 왕정이 무너지고 공화정이 들어섰다. 중화민국이 탄생하고 쑨원이 초대 대총통이 되었다. 신해혁명이다. 쑨원은 무력봉기에 직접 참

```
一份应予保护的干部名单⁽¹⁾
（一九六六年八月三十日）

宋庆龄    郭沫若    章士钊    程  潜    何香凝
傅作义    张治中    邵力子    蒋光鼐    蔡廷锴
沙千里    张奚若
（1）副委员长、人大常委、副主席
（2）部长、副部长
（3）政副
（4）国副
（5）各民主党派负责人
（6）两高⁽²⁾
（李宗仁）
```

1966년 8월 30일, 저우언라이가 만든 특별 보호 간부 명단. 첫머리에 '쑹칭링'의 이름이 보인다.

여하지는 않았다. 그는 미국 콜로라도 덴버의 한 식당에서 아침식사를 하며 신문을 읽다가 그 소식을 알게 되었다. 그는 바로 중국으로 돌아왔다. 무력봉기는 쑨원 혁명 노선의 기본이었다. 그는 자연스럽게 혁명의 지도자가 되었다.

그는 1895년에 광저우에서 한 차례 무장봉기를 시도했다가 밀고자의 배신으로 실패한 경험을 갖고 있었다. 그의 무력 혁명은 열 차례나 시도되었지만 번번이 무위로 돌아갔다. 그는 정치 낭인으로 해외를 떠돌고 있었으며 신해혁명 당시에도 미국에 망명 중이었다. 부랴부랴 귀국했고 귀국하자마자 혁명정부의 임시 대총통으로 추대되었다.

지난 2011년 타이완의 국민당 정부는 신해혁명 100주년을 맞이해 중화민국 건국 100주년 행사를 성대하게 치렀다. 쑨원 혁명의 정통성을 타이완의 중화민국 정부가 승계하고 있다는 의미다. 대륙에서는 쫓겨났지만, 그리고 세계는 이제 타이완 정부를 인정하지는 않지만 중화민국은 엄연히 타이완에 실재하고 있다.

타이완의 '중화민국'은 쑨원을 '국부國父'로 추앙한다. 대륙의 '중화인민공화국'은 '혁명의 선구자'로 쑨원을 떠받든다. 그래서 '중화인민공화국' 역시 신해혁명 100주년 기념식을 성대히 치렀다. 2011년 10월 10일 베이징에서 거행된 신해혁명 기념 행사장엔 오성홍기 대신 쑨원의 대형 초상화가 높이 걸렸다. 와병설이 나돌던 장쩌민 전 국가주석까지 참석했을 정도다. 쑨원의 혁명정신을 구체적으로 완성한 것은 공산당이라는 사실을 나라 안팎으로 각인시켰다.

쑨원의 아들 쑨커孫科와 미망인 쑹칭링은 각각 타이완과 대륙을 선택했다. 쑨커는 쑨원의 첫 번째 부인 루무전盧慕貞의 아들이다. 나중에 쑨커는 타이완 정부에서 행정원장을 지냈다. 쑨커의 타이완행은 장제스에게 위안과 명분이 되었다. 중화민국의 정통성을 그나마 내세울 수 있었기 때문이었다.

반대로, 국민당 내 좌파나 민주당파 인사들은 쑨원 혁명정신의 승계를 대륙에서 찾았다. 그들은 공산중국 탄생에 일정 역할을 했다. 그것은 저우언라이가 주도했던 통일전전 전략의 승리였다. 쑨원의 미망인 쑹칭링은 국민당 안에서 대표적인 좌파로, 광둥 시절의 국공합작 정신이 그대로 이어지기를 희망했다.

쑹칭링은 1927년 4월, 장제스가 '반공 쿠데타'를 일으키자 누구보다도 거세게 장제스를 비난했다. 그때부터 장제스에게 등을 돌렸다. 1928년 동생 쑹메이링이 장제스와 결혼하는 것도 반대해 결혼식에도 참석하지 않았다.

　대륙에 공산당 정권이 들어서자 마오쩌둥과 저우언라이가 쑹칭링을 상하이에서 베이징으로 데리고 왔다. 저우언라이의 아내 덩잉차오가 마오쩌둥의 친필 서신을 가지고 직접 상하이의 쑹칭링에게로 간 것이다. 쑹칭링은 건국 직후 주로 복지와 여성 분야에서 활동했다. 1954년 전국인민대표대회 상무위원회 부위원장, 정치협상회의 전국위원회 부주석으로 당선되고, 1959년 4월, 중화인민공화국 부주석이 되었다.

　문화혁명 때 쑹칭링은 장칭으로부터 많이 시달렸다. 장칭은 쑹칭링에 대한 '묵은 원한'과 '새 원한'을 함께 갖고 있었다. 마오쩌둥은 어느 날 장칭을 쑹칭링에게 보내 문화혁명에 대한 쑹칭링의 의견을 들어 오라고 했다. 홍위병의 난동에 상처를 입은 쑹칭링이었다. 그러나 장칭은 홍위병을 감싸며 훈계조의 말투로 쑹칭링을 압박했다. 쑹칭링은 장칭을 "보복심이 강하고 권력에 눈이 어두운 여인"으로 보았다. 쑹칭링은 장칭에게 "홍위병의 행동을 통제하고 무고한 사람을 다치게 해서는 안 된다"고 타일렀다. 단번에 장칭의 얼굴이 험악해졌다. 두 사람은 그렇게 헤어졌다.

　장칭은 쑹칭링의 냉담과 지적을 받아들이지 않았다. 기회만 있으면 쑹칭링을 해치려 들었다. 저우언라이가 만든 〈보호자 명단〉이 쑹칭링에게는 방패막이였지만 장칭에게는 방해물이었다. 곤경에 처한 쑹칭링을 저우언라이는 한사코 감쌌다.

　쑹칭링이 숨을 거둔 1981년, 마오쩌둥과 저우언라이는 이승에 없었다. 덩샤오핑의 개혁개방 정책이 막 궤도에 오르던 무렵이었다. 중국은 안정을 되찾았고 조금이지만 희망이 보였다. 그러나 쑹칭링은 굳이 남편 쑨원이 묻힌 난징의 '중산능원'이 아닌 아버지, 쑹자수宋嘉樹가 묻힌 상하이의 만국공원을 영원한 안식처로 택했다.

혁명 지도자 쑨원의 묘소는 어떤 정치적 격변과 동란에도 훼손의 위험이 없었다. 그러나 자연인 쑹자수의 묘소는 처지가 달랐다. 쑹칭링은 아버지 곁에 묻힐 명분으로, 쑨원의 미망인이 아닌 자연인 쑹칭링을 내세웠다. 자기가 쑨원 곁으로 간다면 합장 등 적지 않은 나라의 재산이 축이 나기 때문에 굳이 합장해 국가 예산을 낭비할 필요가 없다고 했다. 그는 오래전부터 자연인 쑹칭링이 되어 혈육인 아버지 옆으로 갈 준비를 착실히 했다. 결과적으로 쑹칭링은 살아서는 쑨원을 택했고 죽어서는 아버지 쑹자수를 택했다.

본명이 한쟈오준韓敎準인 쑹자수는 미국에서 교육받은 목사였다. 광둥성 하이난海南 태생으로 열다섯 살 때인 1868년 미국 보스턴으로 건너가 감리교 선교단의 도움으로 신학을 공부했다. 그는 세례를 받을 때 '찰리 존스 순Charlie Jones Soon'으로 이름을 바꾸었다. 미국에서는 '찰리 쑹Charlie Soong'으로 통했다. 중국 이름도 아예 쑹자수로 바꿔버렸다. 중국 현대사에 이름을 날린 '쑹 씨 가문'은 그렇게 탄생했다. 귀국한 쑹자수는 상하이에서 중국어판 성경을 출판해 엄청난 재력가가 된다. 자연스럽게 그는 상하이에서 쑨원을 만나게 되고, 쑨원 혁명의 열성적인 후원자가 된다. 쑹자수에게는 아들 둘과 딸 셋이 있었는데, 쑹칭링을 제외한 4남매가 국민당에 참여했다. 딸인 쑹아이링宋靄齡, 쑹칭링, 쑹메이링은 각각 쿵샹시, 쑨원, 장제스의 아내가 되었다. 이들을 두고 '아이링은 돈과, 칭링은 나라와, 메이링은 권력과 결혼했다'는 말이 회자될 정도였다. 쿵샹시는 재벌이자 장제스 정부의 각료였다.

쑹칭링과 마오쩌둥은 1893년 생, 동갑이었다. 1924년 광저우에서 국민당 제1차 전국대표대회가 열렸다. 두 사람은 그 무렵부터 지면을 텄다. 쑹칭링은 1월 생, 마오는 12월 생으로 서로 연하장을 주고받았다. 1956년 원단에 마오쩌둥은 쑹칭링이 보낸 연하장을 받고 친필로 답장을 써서 보냈다. 그의 편지는 "친애하는 누님〔親愛的大姐〕"으로 시작했다.

마오쩌둥과 쑹칭링이 동갑으로 일종의 영수급 우의를 다졌다면 저우언라이는 쑹칭링을 혁명의 선배요 동지로 깍듯이 모셨다. 광둥 시절, 20대의 저우언라이는 쑨원이 세운 황푸군관학교 정치부 주임으로 총통인 쑨원을 가까이서 보좌했다. 1925년 쑨원이 타계하고, 1927년 장제스가 '반공 노선'을 확고히 하고 공산당 탄압에 들어가자 쑹칭링은 장제스 노선은 쑨원의 혁명정신을 위배하는 것이라고 비난했다.

쑹칭링은 허샹닝과 더불어 국민당 내 좌파, 이른바 민주파로 활동했다. 허샹닝은 쑨원의 동지였던 랴오중카이〔廖仲愷〕의 미망인으로 쑨원이 숨지면서 쑹칭링을 부탁했던 바로 그 사람이다. 저우언라이가 장시성의 소비에트 지구로 가기 전 상하이에서 공산당 지하활동을 하던 시절, 두 사람은 자주 만났다. 물론 허샹닝도 함께였다. 1937년 저우가 국민당과 국공합작 협상을 위해 루산으로 장제스를 찾아갈 때에 상하이에 들러 쑹칭링을 찾았다. 공산당 측의 협상 주역인 저우언라이를 만난 쑹칭링은 항일연합전선을 지지하고 국공합작 추진을 격려했다.

항일전쟁이 본격화되자 쑹칭링은 홍콩으로 가서 보위중국동맹을 결성했다. 일본과의 전쟁이 태평양전쟁으로 확전되자 쑹칭링은 국민당 정부가 있는 충칭으로 가 보위중국동맹 중앙위원회를 다시 만들어 활동했다. 충칭 시절 쑹칭링과 저우언라이의 교류는 더욱 깊어졌다.

저우언라이는 마카오에 있던, 허샹닝의 딸 랴오멍싱廖夢醒에게 전보를 보내 충칭으로 와서 쑹칭링을 도와주도록 부탁하기도 했다. 랴오멍싱은 공산당 팔로군과 쑹칭링 사이의 연락을 도맡았다. 눈에 잘 드러나지 않는 비밀 사업의 골간은 늘 저우언라이의 몫이었다. 오랜 동지였고 혁명지도자 쑨원의 미망인 쑹칭링을, 저우언라이는 자신이 죽는 날까지 보호하고 섬겼다.

저우언라이의 〈출사표〉

중국이라는 거대한 나라의 총리가 당직실에
달랑 두 명의 간사만 두고 24시간 일에 매달려야 했다.
인내의 달인이었던 그의 몸에 이상 징후가 발견되었다.
소변에 비정상적 적혈구가 나타났다.

저우언라이의 고초는 피눈물, 그것이었다. 10년 세월, 그가 꼭 껴안고 살았다는 여덟 글자가 있다. "국궁진췌鞠躬盡瘁 사이후이死而後已." 그것은 속으로 삭이는 통곡이었다. 사랑하는 인민들에게 바치는 현대판 〈출사표出師表〉였다.

    이 여덟 글자는 제갈공명이 두 번째 출정을 앞두고 썼다는 〈후後출사표〉에 나온다. 공명의 출사표 가운데 가장 공명다운 명구이자 절구絕句다. '국궁진췌 사이후이'를 글자대로 풀이하면 "삼가 공경스럽게 저의 몸을 바쳐 수고로움을 다할지니, 다만 죽은 뒤에나 그칠 따름입니다"가 된다. 목숨이 붙어 있는 한 신명을 바쳐 충성에 충성을 다하겠다는 비통하고도 결연한 의지의 표현이다. 문화혁명 동안에 저우언라이가 당했던 고통과 처신을 생각하면 '국궁진췌 사이후이' 여덟 글자야말로 그가 중국 인민들에게 바치는 가장 그다운 절구가 된다. 절구이자 절규絶叫였던 셈이다.

문화혁명이 있기 얼마 전 누군가가 마오쩌둥에게 저우언라이의 비서들이 너무 많다고 모함을 했다. 그러자 마오쩌둥은 저우언라이에게 "모든 일을 비서에게 맡겨서는 안 된다"는 반응을 보였다. 이때 저우언라이는 바로 총리실을 총리 당직실로 이름을 바꾸고 인원을 줄였다. 두 명의 비서와 세 명의 간사만 남았다.

달랑 다섯 명만 남은 이 당직실도 문화혁명이 본격화되자 폐쇄되고 말았다. 이번엔 두 명만 남겼다. 비서 저우쟈딩周家鼎도 떠나게 되었다. 작별 인사를 온 저우쟈딩에게 저우언라이는 '가장 말단으로 내려가라', '그 어떤 책임 자리도 맡지 마라', '이름을 바꿔라'라는 세 가지 지시를 했다. 저우쟈딩은 그중 이름을 바꾸라는 지시를 이해할 수 없어 저우언라이에게 그 까닭을 물었다. 그때 덩잉차오가 잠옷을 입고 걸어 나오면서 "바꾸라면 바꾸세요. 쟈딩賈汀이라고 하세요"라고 말했다.

저우쟈딩은 나중에야 그 까닭을 알았다. 저우언라이는 자신의 비서 저우쟈딩이 쟝칭의 미움을 샀기 때문에 쟝칭이 그를 해칠까봐 멀리 피하고 이름까지 바꾸도록 했던 것이다. 저우쟈딩은 새로 지은 이름으로 27기관차공장에 가서 몇 해를 보냈다. 저우언라이 부부의 세심한 배려 덕분에 그는 무사할 수 있었다.

총리 당직실이 폐쇄되고 얼마 뒤 저우언라이는 알바니아 귀빈들을 맞이했다. 그는 그 자리에서 "나는 지금 비서가 두 명뿐입니다. 매일 한 사람이 12시간씩 근무하고 있습니다. 나는 그들을 쉬게 하지 않을 수 없습니다. 밤에는 그들을 보내고 어떤 일은 내가 직접 쓰기도 하고 처리도 합니다"고 근황을 말했다.

문화혁명이 일어나면서 저우언라이의 전화기에도 불이 났다. 국외 출장과 지방 시찰, 독려, 그리고 회의, 또 회의. 빡빡한 일정 속에 저우언라이도 바빴고 전화기도 바빴다. 중앙 기관과 지방의 반란파들은 늘 비밀전화를 사용해 총리 당직실에도 직접 전화를 걸었다. 저우언라이가 외부와 연락하는 전화는 하루 종일 끊이지 않았기에 총리실과의 전화 연결이 쉽지 않았다. 하루는 중난하이 전화 교환대에서 요청이 들어왔다. 총리 당직실의 전화 통화가 너무 많아 잘 연결되지 않으니 전화번호를 바꿀 수 없는지 물어왔다. 저우언라이는 거절했다.

"지금 우리 인민 군중이 오직 이 전화 하나로 나를 찾을 수 있는데 번호를 바꾸면 그들은 나와의 연락이 영영 끊기는 것이 아닌가?"

문화혁명이 끝날 때까지 총리실 전화번호는 바뀌지 않았다.

전화 못지않게 저우언라이 총리의 일정은 거의 살인적이었다. 그가 죽고 나서 비서는 27개의 탁상용 달력을 정리해 당 중앙에 제출했다. 27개 탁상용 달력에는 저우언라이의 일정이 빼곡하게 적혀 있었다. 개인의 시간은 거의 없었다.

중국이라는 거대한 나라의 총리가 당직실에 두 명의 간사만 두고 24시간 일에 매달려야 했던 것이 문화혁명이었다. 저우언라이는 인내의 달인이었지만 또한 시기 포착에도 탁월한 능력을 갖고 있었다.

린뱌오 사건을 마무리하면서 저우언라이는 다시 당 중앙의 중심에 서게 되었다. 당과 정부의 일은 저우언라이가 책임을 지고, 군 관계 일은 예젠잉이 맡았다. 문화혁명 업무는 장칭 일당이 그냥 맡도록 조치되었다. 그러나 장칭이 가장 두려워하는 것은 덩샤오핑의 재기였다. 저우언라이는 덩샤오핑에게 다시 활로를 열어주기 위해 사면팔방으로 움직였다. 덩샤오핑이 마오쩌둥에게 보낸 편지와 마오쩌둥의 회신을 인쇄해서 정치국 위원들에게 돌렸다. 1972년 8월 15일, 정치국 회의를 주재하는 자리에서는 마오쩌둥의 뜻을 직접 전했다.

이 무렵 저우언라이의 몸에 현저한 이상 징후가 발견되었다. 소변에 비정상적인 적혈구가 나타났다. 지난 1월 마오쩌둥이 심근경색으로 갑자기 쇼크를 받기도 해 그의 건강상태도 좋지 않았다. 하지만 시곗바늘은 저우언라이, 덩샤오핑 쪽으로 서서히 돌아가고 있었다. 12월 27일, 왕둥싱은 저우언라이의 지시를 받았다. 덩샤오핑의 부총리직 회복에 대한 건의였다. 왕둥싱은 저우언라이 총리에게 덩샤오핑의 부총리 회복 건의서를 제출했고, 저우언라이는 마오쩌둥에게 이 건의서를 보내 동의를 받아냈다.

다음 해인 1973년 2월, 당 중앙은 정식으로 덩샤오핑 일가를 베이징으로 돌아오라고 통지했다. 저우언라이는 왕둥싱을 찾아 덩샤오핑의 베이징 거처 문제를 잘 처리하라고 일렀다. 마오쩌둥의 동의가 있었지만 덩샤오핑의 복직 문제는 정치국 회의를 거쳐야 했다. 회의에서 장칭 일당과 치열한 공방전을 벌였다. 장칭은 자산계급의 우두머리 덩샤오핑이 다시 당으로 돌아온다는 것은 무산계급혁명, 즉 문화혁명을 정면으로 부정하는 것이며, 그것은 바로 마오쩌둥 주석을 부정하는 것과 같다고 주장했다. 병중의 수척한 몸으로 저우언라이는 이 일을 끝내 성사시켰다.

3월 10일, 덩샤오핑의 부총리 복직이 정식 의결되었다. 당 중앙은 〈덩샤오핑 동지의 당 조직 활동과 국무원 부총리 직무 회복에 관한 결정〉을 정식으로 전 당에 알렸다. 덩샤오핑의 복직은 전적으로 저우언라이의 필사의 노력과 마오쩌둥의 최종 결단이 있어서 가능했다. 마오쩌둥의 머리와 저우언라이의 손바닥이 합작해서 시대의 고비마다 명품을 만들어냈다.

물론 덩샤오핑의 복직은 마오쩌둥의 의중意中이 결정적 역할을 했다. 애초부터 마오쩌둥은 덩샤오핑과 류사오치를 구별했다. 덩샤오핑의 자기 비판서를 검열하면서 마오쩌둥은 덩샤오핑에게 재기의 여지를 남겨두었다. 덩샤오핑을 숙소로 따로 불러 자중을 당부하고 무슨 사정이 생기면 직접 편지를 하라고 했다. 사실 덩샤오핑에 대한 마오쩌둥의 특별한 배려는 1971년 9월 린뱌오 사건이 터지면서 더욱 탄력을 받았다.

1973년 12월 12일, 자신의 서재 겸 응접실에서 정치국 회의를 소집한 마오쩌둥이 말했다.

"나는 오늘 참모 한 사람을 모셔왔는데, 이름은 덩샤오핑, 바로 이 사람입니다. 그에게 정치국 위원과 군사위원을 맡기려 합니다. 정치국은 당, 정, 군, 민, 학 모두를 관장하고 동서남북東西南北과 중中을 관리합니다. 정치국에 비서장을 새로 만들려고 하는데, 덩샤오핑 당신은 이 직책 말고 아예 군 참모장을 맡으세요."

그 자리에 있던 장칭과 4인방은 아연실색하고 말았다. 마오쩌둥이 말을 이었다.

"어떤 사람들은 그를 두려워하는데 그는 일 처리에 과단성이 있습니다. 그는 부드러움 속에 강단이 있습니다. 그도 나와 마찬가지로 7대 3으로 공과功過가 있습니다. 그는 여러분의 오랜 상사였는데 오늘 내가 모셔왔습니다. 나 혼자서 결정한 것이 아니라 정치국에서 청해 오신 것입니다."

마오쩌둥 "유중우강柔中寓剛 면리장침綿里藏針"이란 말로 덩샤오핑의 성격을 표현했다. 부드러움 속에 강단이 있고 솜 속에 바늘이 있다는 뜻이다. 체구가 우람한 마오쩌둥은 이렇게 중국 지도자들 가운데서 가장 키가 작은 덩샤오핑에게 병을 주었다가 다시 약을 주었다. 자기 후계자로 꼽기도 하고, 미덥지 않으면 밖으로 내쳐 호되게 시련을 주고, 필요하면 불러들여 중책을 맡겼다.

마오쩌둥은 린뱌오의 전횡으로 망가지다시피 한 군부를 추슬러야 할 최고의 적임자로 덩샤오핑을 꼽았다. 그러면서도 마오쩌둥은 그동안 군 관련 사업을 맡았던 예젠잉을 통해 군의 원로들과 의논하도록 배려했다.

이 모임을 며칠 앞둔 때, 예젠잉은 중난하이로 주더를 찾아갔다.

'홍군의 아버지'로 불린 주더는 당시 속이 상할 대로 상해서 두문불출하고 있었다. 주더와 예젠잉이 속말을 나누었다. 주더가 먼저 울분을 쏟았다.

"이젠 늙어서 쓸모없는 신세가 다 되었소. 성 쌓고 남은 돌이란 말이오."

"무슨 말씀이십니까? 전공이 혁혁하신 3군의 통수께서 언제 그리 되셨단 말입니까?"

"목구멍까지 올라오는 말을 하지 못하고 집에 돌아와 혼자 후회하고 탄식할 때가 한두 번이 아니었소. 중난하이를 훌쩍 떠나 고향에서 여생을 마칠 생각이 굴뚝같소."

"무슨 말씀이십니까? 총리께서는 벌써부터 총사령관님의 90회 생신을 준비하고 계십니다."

1886년생인 주더는 3년 뒤인 1976년이면 90세가 되었다. 공교롭게도 1976년 한 해에 저우언라이, 주더, 마오쩌둥이 차례로 세상을 떴다.

주더(왼쪽)와 저우언라이. 경극을 관람한 후 배우들과 함께한 사진이다. 주더는 베를린에 머물 당시 열두 살 아래 저우언라이를 통해 공산당에 입당해, '홍군의 아버지'로 불리며 군사지휘에서 실력을 발휘했다. 1960년.

"나야 이제 절간의 흙 보살처럼 있으나 마나 한 사람이지만, 그 작자들이 나라를 이 모양 이 꼴로 만들어놓은 걸 보면 화가 치밀어 못 견디겠단 말이오."

국가 최고 원로의 분노가 이 정도였다. 예젠잉은 이쯤에서 찾아온 용건을 풀어놓았다.

"그래도 참견을 하셔야지요. 손을 놓고 계시면 그자들은 더욱더 무법천지로 날뛸 것입니다. 오늘은 제가 총사령님께 한 가지 의논드릴 것이 있어 찾아왔습니다."

주더가 의아하다는 표정이 되었다.

"도대체 무슨 일인데요?"

"9·13사건(린뱌오 사망) 이후 주석께서는 군사위원회 사업을 제게 맡기셨습니다. 아시다시피 린뱌오가 군대에 손을 뻗쳐 문제가 보통이 아닙니다. 제가 머리가 셋이고 팔이 여덟 개라도 감당이 안 됩니다. 속담에 종잇장도 맞들면 가볍다고 이제 한 준걸을 모셔와서 저와 더불어 군대를 제대로 정돈해보려고 합니다."

주더가 궁금해 물었다.

"당신이 청하려는 그 준걸이 어느 분이시오?"

예젠잉은 오히려 되물으며 주더의 의사를 타진했다.

"총사령님께서는 어느 분이 제일 합당하다고 생각하십니까?"

주더는 몸을 일으켜 탁자 앞으로 갔다. 탁자 위의 흰 종이에 붓으로 세 글자를 휘갈겨 썼다.

"鄧小平(덩샤오핑)."

예젠잉이 소리 내 웃었다. 그는 엄지손가락을 내보였다.

"역시 다르십니다. 영웅이 영웅을 알아보십니다."

그러나 주더는 미심쩍어했다.

"군은 무너지려면 쉽게 무너질 수 있지만 제대로 된 장수 하나 얻기란 여간 어려운 일이 아닌데, 글쎄, 주석께서 동의하실까요?"

예젠잉은 흥분된 목소리로 그간의 경위를 설명해나갔다.

"제가 어제 주석께 보고를 드렸습니다. 주석께서는 덩샤오핑 동지가 군의 직무를 겸하는 문제는 고려해볼 수 있지만 그렇다고 국무원에서 떠나서는 안 되고 계속 부총리를 맡아야 한다고 말했습니다."

문화혁명의 거센 풍랑도 이제 조용해질 때가 되었다. 나라를 온통 뒤엎어버렸던 광란의 파도도 잠잠해질 때가 온 것이다. 때맞추어 덩샤오핑은 '유배流配'의 배를 타고 출항했다가 이제 귀항 길에 들어섰다. 어쩌면 덩샤오핑은 '유배'라는 이름의 배를 탄 것이 아니라 '저우언라이'라는 이름의 배를 타고 출항했는지도 모를 일이다. 물과 같은, 물에 익숙한 저우언라이였다.

마오쩌둥 '후계자론'의 진실과 허구

> 마오쩌둥의 마음속엔 '권력 승계'란 것이 애초부터 없었다.
> "마오쩌둥, 한 시대의 제왕, 어찌 그의 옆에 '제2인자'가
> 기세등등하게 살아 있는 것을 용납할 수 있겠는가?"
> 작가 류야저우의 말이다.

마오쩌둥은 생전에 자신의 후계자로 두 사람의 이름을 거론했다. 1961년, 몽고메리 장군을 만났을 때 마오는 "나의 후계자는 첫째는 류사오치이고, 둘째는 덩샤오핑이다"라고 말했다. 그에 앞서 1957년, 마오쩌둥은 모스크바에서 흐루쇼프를 만났을 땐 덩샤오핑을 가리켜 "이 사람은 원칙성도 있고 영활성도 있어서 우리 당의 보기 드문 영도 인재"라고 치켜세웠다.

저우언라이도 문화혁명이 일어나기 직전의 어느 날, 지도층들과 환담하는 자리에서 다음 후계자로 덩샤오핑을 꼽았다. 지도자가 멀쩡히 살아 있는데 후계자 운운한다는 것은 매우 위험한 일이다. 마오쩌둥의 속마음을 누구보다도 잘 아는 저우언라이의 이 예견은 결국 적중하고 말았다.

류사오치는 저우언라이와 동갑으로 마오쩌둥보다 다섯 살 아래다. 덩샤오핑은 마오쩌둥보다 열한 살이 어리다. 역시는 류사오치를 건너뛰어 덩샤오핑을 선택했다. 권좌의 바로 코앞까지 다가갔던 류사오치는 마오쩌둥의 결정적 펀치 한 방에 실각했다. 하지만 덩샤오핑은 마침내 마오쩌둥이라는 험준한 산맥을 넘고, 저우언라이라는 깊고 넓은 바다를 건너 자기 길을 열었다.

권력의 길은 멀고도 험난하다. 때로는 비정하고, 비루하고, 참혹하고 몰염치한 것이 권력이다. 류야저우가 쓴 《천안문 광장》의 한 부분이다.

> 1965년 여름, 드골이 말로를 중국에 특사로 파견했을 때였다. 마오쩌둥과 말로의 대화에서도 역시 후계자 문제가 화제에 올랐다. "드골이나 나 같은 사람은 후계자가 없지."
>
> 회견 당시 그 자리에 없었던 관계로 비서실에 넘어온 대담기록을 검토하던 나는 그 말을 접하는 순간 이내 전투의 나팔이 울렸음을 깨달았다. 마오쩌둥은 류사오치가 그의 후계자라고 선언했을 때만큼이나 명확하게 후계자가 없다고 선언한 것이었다.
>
> 그리고 몇 달 후에 울린 문화혁명의 포성은 류사오치를 향했고 결국 그를 죽음으로 몰아갔다. 미처 피할 사이도 없었다. 마오쩌둥은 이미 그를 조준 렌즈에 꼭 가두어두고 있은 지 오래임이 분명했다. 총알이 그때까지도 아무것도 모르고 있던 류사오치를 향했고, 마오쩌둥의 〈사령부를 포격하라〉는 대자보는 포탄처럼 목표물을 향해 날아가 일격에 그를 쓰러뜨렸다.
>
> _ 류야저우 지음, 박재연 옮김, 《천안문 광장》(동아일보사, 1990)

마오쩌둥은 5년 사이에 말을 바꾸었다. 국가 주석에 앉힌 류사오치(1959년에 마오쩌둥의 뒤를 이어 국가 주석이 되었다)를 후계자로 거론한 것은 자연스러운 일이었다. 그러나 마오쩌둥은 불과 5년 뒤, 영국 몽고메리 원수에게 했던 말을 완전히 뒤집었다. 프랑스 대통령의 특사 말로에게는 "드골이나 나 같은 사람에게는 후계자가 없다"고 잘라 말했다.

그러나 정황을 깊이 살펴보면, 마오쩌둥은 변심하지 않았다. 1961년의 '후계자 운운'부터가 자신의 속마음을 감추기 위해 일부러 한 말인 것이다. 류사오치에게 국가 주석 자리를 내준 것은 마오쩌둥이 내켜서 한 일은 아니었다. 그 뒤의 실망과 분노를 마오쩌둥은 차곡차곡 쌓아왔다. 프랑스의 유명 작가인 앙드레 말로에게 '후계자가 없다'고 말한 지 꼭 1년 만에 문화혁명이 터졌다.

마오쩌둥은 저우언라이에게는 직격탄을 날리지 않았다. 결정적인 한 방을 날린 적도 없다. 그것은 마오쩌둥이 저우언라이를 유난히 친하게 생각한 것도 아니었고, 거꾸로 저우언라이가 터무니없이 마오쩌둥에게 비굴해서도 아니었다. 저우언라이가 빌미를 주지 않았고, 또한 그는 마오쩌둥에게 필요한 존재였기 때문이다. 저우언라이는 처음부터 땅따먹기식 권력투쟁에는 눈을 돌리지 않았다. 지분도 영토도 아닌, 오로지 자기 직분에 충실하려 했다. 신생 공산중국의 총리를 다시없는 자기 직분으로 받아들였다. 총리로서 인민을 위한 봉사에 비굴하리만치 몸을 낮추어 심신을 바쳤다.

1949년 5월, 건국을 여섯 달 앞둔 때, 저우언라이는 전국의 청년대표들 앞에서 분명하게 마오쩌둥이 신이 아님을 공포했다. 신이나 황제가 아니라 공산당 지도체제가 내세운 '인민의 수령'이라고 말했다. '수령'은 당정의 통수였고 자기 자신은 국무원을 이끌어가는 국정의 책임자였다.

'수령'의 인위적 교체는 시대 상황과 맞물려 결정될 수밖에 없다. 누가 그 자리를 탐낸다고 해서 이뤄지는 것도 아니거니와 설령 마오쩌둥 주석이 억지로 그 자리에서 내려온다고 해서 쉽게 성사되는 성질의 것도 아니었다. 마오쩌둥의 권력에 가장 가까이 접근했던 두 인물이 류사오치와 린뱌오였다. 하지만 두 사람 다 실패와 좌절, 끝내는 몰락의 길을 걷고 말았다.

린뱌오와 관련하여 덩샤오핑의 재미있는 회고담이 있다.

> 내가 유배를 가게 되었을 때, 마오 주석은 내게 "무엇이든 할 말이 있으면 해보라"고 말했습니다. 내가 "네, 할 말이 있습니다"라고 대꾸하자 마오 주석은 대뜸 "당신은 일은 잘하는데 방법이 엉터리야! 머릿속에 계급투쟁 의식이 모자라. 하층으로 내려가서 몸소 실천할 필요가 있어"라고 말했습니다. 그래서 내가 되받았지요.
> "네, 어떻게 하든 린뱌오에게 빌붙어 실천을 하고, 공도 없는데 공을 세운 것처럼 거짓 행세를 하고, 일체를 의심하고 일체를 타도하는 방법을 익히면 되겠지요?"
> 그러자 마오 주석은 선문답을 하는 것 같은 분위기를 만들면서 묘한 말씀을 툭 뱉어내다시피 하는 것이었습니다.
> "린뱌오가 옳고 그름은 역사가 판단하겠지."
> 이제 와 생각해보니 그때 마오 주석은 천재적인 미래관을 가지고 멋있게 린뱌오에게 연극을 시키고 있었던 것입니다.

문화혁명, 그 폭풍 속에서 파괴력을 마구 휘둘러댔던 린뱌오의 그

퍼렇던 서슬이 하나의 '연극'이었다는 의미다. 손오공이 현장법사의 손아귀에서 벗어나지 못했듯이, 린뱌오 역시 마오쩌둥의 손바닥 안에서 신나게 권력놀이를 했다는 애기다.

류사오치는 '공산당 주석'인 마오쩌둥과 맞먹는 '국가 주석'이 되었다. 당 우위인 중국에서는 당 주석과 당 군사위원회 주석인 마오쩌둥이 실권자이고 권력 서열도 제1위다. 하지만 그런 개념이 없는 서방사회에서는 국가 주석만이 제1인자로 비치기 쉽다. 영어로는 둘 다 '프레지던트President'다. 한 나라에 두 명의 프레지던트가 동거하는 셈이다.

린뱌오 또한 마오쩌둥 권력에 가장 가깝게 다가갔다. 마오쩌둥의 후계자로 헌법에 그의 이름 두 글자를 올렸다. 그는 끊임없이, 일찍이 류사오치가 걸터앉았던 자리, '국가 주석'을 탐내고 보챘다. 그러나 마오쩌둥의 마음속엔 '권력 승계', '권력 이양'이란 네 글자가 애초부터 존재하지 않았다.

1977년 7월, 중국공산당 제10기 3중전회의가 열렸다. 폐막 하루 전인 7월 20일, 덩샤오핑은 참석자들과 한담을 나누었다. 앞의 린뱌오 관련 회고담은 이 자리에서 나왔던 것이다. 1977년이면 저우언라이와 마오쩌둥도 이미 세상을 떠났고, '4인방'도 타도된 뒤였다. 덩샤오핑의 이 회고담은 묘한 여운을 남긴다. 묘한 시기에 나온 묘한 말이었다.

그 시기에 주목할 필요가 있다. 마오쩌둥 사후 화궈펑이 화려하게 등장했다. 그는 4인방을 무너뜨리고 나서도 마오쩌둥의 문화혁명을 옹호했다. 세력도 없는 그가 시대를 거꾸로 돌리는 어리석음마저 범하고 말았다. 덩샤오핑이 다시 나설 발판이 마련되고 있었다. 그것이

1977년 7월의 당대회였다.

이 대회는 이미 옥에 갇힌 장칭 등 4인방을 반당反黨집단으로 규정하고, 화궈펑을 당 주석과 중앙군사위 주석으로 추대했다. 덩샤오핑의 지도적 지위도 회복되었다. 덩샤오핑은 이어 8월 19일 열린 중국공산당 제11기 2중전회의에서 중앙위 부주석, 중앙정치국 상무위원으로 진입했고, 8월 25일 중앙군사위 부주석으로 선출되었다. 대세는 덩샤오핑의 것이었다. 1979년 1월의 미국 방문 당시 덩샤오핑의 직위는 국무원 부총리였다. 세계는 덩샤오핑을 중국의 실세로 인정했다. 그의 행보 또한 그러했다.

덩샤오핑이 공산당 지도자들 앞에서 린뱌오의 '연극 역할'을 이야기하며 마오쩌둥과 얽혔던 회고담을 이야기했던 1977년 7월은 덩샤오핑이 중국의 새 지도자로 자리 잡기 시작한 바로 그 시점이었다. 덩샤오핑이 재미삼아 그냥 흘린 말이 아니었다.

류사오치는 마오쩌둥과 고향이 같다. 후난성이다. 마오쩌둥의 고향 샤오산과 류사오치가 태어난 허밍러우花明樓는 불과 38킬로미터 거리다. 건국 뒤 류사오치의 위치는 동갑인 저우언라이를 앞질렀다. 문화혁명 직전까지만 해도 류사오치는 당당한 2인자였다. 그러나 '당당한 2인자', 그 자리가 비극의 씨앗이었다.

저우언라이와 류사오치 두 사람을 비교하는 글들이 적지 않다. 한국에서도 두 사람을 비교하는 글을 볼 수 있다. 지도자로서 두 사람의 업적에 점수를 매기고, 우열을 논하기도 한다. 그러나 중국에서는 두 사람의 우열을 비교하는 글은 찾아보기 힘들다.

한국에서 류사오치는 저우언라이에 비해 덜 알려져 있다. 그만큼 신비에 싸여 있고 높이 평가된다. 그의 비참한 죽음은 그의 존재가치를 높여주었다. 그는 문화혁명 초기에 일찌감치 목숨을 잃었다. 그는 사실과 다르게, 마오쩌둥의 문화혁명에 외골수로 맞선 인물로 부각되어 있다. 억울하게 죽임을 당했지만, 류사오치가 대놓고 문화혁명에 반대한 적은 없었다. 반대고 뭐고 할 겨를조차 없이 그는 거세당하고 말았다. 실제로 그는 평생을 통해 마오쩌둥을 가장 높이 받들었던 사람이다. 일찍이 '마오쩌둥 사상'을 내세우고, 스스로 《마오쩌둥 선집》의 편집 책임자가 된 그의 권력기반은 비할 데 없이 탄탄해 보였다.

오늘에 와서 '마오쩌둥 사상'은, 마오쩌둥 개인의 특출한 사상체계라기보다는, 당시 중국공산당의 제1대 지도집단의 집체적 지도이념이자 시대정신이었던 것으로 정리되고 있다.

옌안 시절, '마오쩌둥 사상'이란 말을 맨 먼저 꺼낸 사람은 왕자샹이었다. 이 말을 받아 류사오치가 체계화했다. 시안에 있는 옛날 중국공산당 판사처에 가보면 왕자샹이 처음으로 '마오의 사상'이란 말을 썼다는 기록이 있다. 왕자샹은 쭌이회의 결정에 따라 저우언라이, 마오쩌둥과 더불어 3인 군사지휘 소조원이 되었던 사람이다. 마오쩌둥도 뒷날 "이 3인 소조의 단장은 저우언라이였고, 단원은 나와 왕자샹 둘 뿐이었다"고 회고했다.

류사오치는 당시 장정에 참여하지 않았다. 백구에서 도시 노동운동 등 지하활동을 하다가 1938년에 옌안에 합류했다. 주로 마오쩌둥의 당무를 보좌하며 마오쩌둥의 영도 확립에 이바지했다. 류사오치가 장정에 참여하지 않은 것은 물론 당의 방침과 지시 때문이었다. 하지만 장정 참가자들이 주축을 이룬 중국공산당의 권력지도에서 류사오치의 위상은 상대적으로 가볍게 다루어질 수 있었다. 권력기반이 튼

1966년 8월 5일, 마오쩌둥이 직접 쓴 〈나의 대자보〉가 붙었다. 누구도 그 대상을 짐작하지 못한 상황에서, 표적이었던 류사오치(가운데)가 앞일을 전혀 예측하지 못한 채 저우언라이(오른쪽), 덩샤오핑(왼쪽)과 함께하고 있다. 1966년 가을.

튼하지 않은 고향 후배를 마오쩌둥은 보호하고 신임했다. 건국과 동시에 그는 국가 부주석이 되어 2인자의 모양새를 갖추게 되었다.

류사오치는 대약진운동과 관련하여 자기 목소리를 낸 것과, 국가주석이 되고나서 덩샤오핑과 더불어 마오쩌둥을 소외시켰다고 해서 주체성이 강한 투사로 알려져 있다. 하지만 그가 생애를 통해 마오쩌둥과 정면으로 맞선 적은 별로 찾아보기 어렵다. 대놓고 마오쩌둥과 맞서지 않은 점에서 저우언라이와 주더, 덩샤오핑도 류사오치와 별반 다를 바 없다. 다만 류사오치는 문화혁명 초기, 마오쩌둥의 직격탄을 맞아 바로 쓰러지고 말았던 것이 다를 뿐이다.

류사오치와 덩샤오핑은 문화혁명이 시작되면서 주자파의 우두머리로 타도의 대상이었다. 주지하다시피 한 사람은 감옥에서 영원히 벗어나지 못했고, 한 사람은 유배지로부터 살아 돌아와 마오쩌둥 다음 시대를 열었다.

어쨌든 대약진운동의 실패와 후유증으로 마오쩌둥은 마지못해 류사오치에게 국가 주석 자리를 내주었다. 대세에 밀려 내키지 않는 '권력 분점'을 했던 마오쩌둥의 자존심은 심하게 뒤틀렸다. 류야저우의 《천안문 광장》에 나오는 구절이다.

> '대약진운동'이 실패로 끝나 마오쩌둥이 타의에 의해 제2선으로 물러나고, 그(류사오치)가 공화국 주석 자리를 승계했을 때 그는 스스로 중국의 찬란한 태양이 되고자 했다. 그가 주석이 된 이튿날 나는 《인민일보》에 실린 그의 사진을 보았다. 마오쩌둥의 사진과 똑같은 크기로 나란히 제1면에 있었다. 그것이 어쩐지 내게는 부자연스럽게 느껴졌다. 나는 이미 마오쩌둥의 사진이 신문의 전면을 내려다보고 있는 것에 익숙해 있었던 것이다. 더구나 그는 마오쩌둥과 똑같은 미소를 짓고 있었다. 아무리 생각해도 이런 때 그가 뻣뻣한 표정을 짓고 있어야 옳을 것만 같았다.
>
> _ 류야저우 지음, 박재연 옮김, 《천안문 광장》(동아일보사, 1990)

류야저우는 사진의 좌우 배치에 대해서도 걱정을 하고 있다. 류사오치의 사진이 왼쪽에, 마오쩌둥의 사진이 오른쪽에 있었다는 것이다. 중국에는 사진에도 서열이 있는데, 왼쪽이 오른쪽에 비해서 우위다. 작가는, 사진의 배치가 의도적인 것인가, 아니면 소홀함 탓인가, 혹은 류사오치 자신이 스스로 '제1인자'임을 내세우려 한 것이 아닌가, 그것이 아니라면 류사오치는 너무 신중하지 못했다고 그를 나무라고 있다.

실제로 류야저우는 신중하지 못한 류사오치를 나무라기보다는 류사오치의 장래를 걱정했다. "공화국 주석 자리를 승계했을 때, 그는 스스로 중국의 찬란한 태양이 되고자 했다"고 안타까움이 밴 힐난을 하면서, "마오쩌둥, 한 시대의 제왕, 어찌 그의 옆에 '제2인자'가 기세등등하게 살아 있는 것을 용납할 수 있겠는가"라고 제왕 마오쩌둥의 권력욕을 고발하고 있다. "중화인민공화국 주석의 이름이 바뀌었습니다. 이젠 마오쩌둥이 아니라 류사오치입니다. 이전에는 두 주석의 성이 다 마오毛 씨였는데, 지금은 하나만 마오 씨이고 하나는 류 씨입니다. 조금 있으면 두 주석 모두 류 씨가 될 것입니다"라는 마오쩌둥의 말은 마오쩌둥의 뒤틀린 심사를 쉽게 유추할 수 있다.

결국 1968년 10월에 있었던 중국공산당 제8기 중앙위원회 제12차 전체회의에서 류사오치의 제명이 결정되었다. 당적에서 제외되지 않은 덩샤오핑과 운명적으로 갈리는 순간이었다.

1970년 저우언라이를 만난 에드거 스노는 저우언라이가 여전히 류사오치를 '동지'라고 호칭하는 데에 놀랐다. 스노는 문화혁명을 목격했다. 그 살얼음판에서 저우언라이가 이미 사망한 류사오치를 옛날 그대로 '동지'라고 표현하는 것을 보고 "처음엔 나도 그 말에 담긴 뜻을 완전히 이해할 수 없었다"고 말했을 정도다. 영국계 여류작가 한쑤인韓素音의 말을 빌려 리핑은 다음과 같이 당시의 정황을 전해준다.

> 모든 사람들(부인인 덩잉차오를 비롯한 모든 고위급 지도자)이 저우언라이의 어떤 행동들은 그의 실제 생각과 다르다는 것을 알고 있었다. 그가(1968년 10월 공산당 제8기 중앙위원회 제12차 전체회의에서) 류사오치를 비판했던 것

역시 그의 생각에 반하는 행동이었다. 하지만 만약 그가 그렇게 하지 않았다면, 그 자신이 24시간 내에 실각하고, 중국은 린뱌오와 4인방의 천하가 되었을 것이다.

_ 리핑 지음, 허유영 옮김, 《저우언라이 평전》(한얼미디어, 2005)

한쑤인은 또, 스노가 말했던, 그 알 수 없는, 류사오치를 '동지'라고 불렀던 저우언라이의 태도에 대해 "그것은 자우언라이가 류사오치의 제명에 동의하지 않는다는 것을 스스로 밝힌 것이다"라고 말했다.

류사오치와 덩샤오핑의 갈라진 운명

> 마오는 냉정하고 냉철했다. 주자파 두 거두를 숙청하면서도
> 마오는 특유의 지략으로 두 사람의 갈 길을 정리했다.
> 류사오치는 바로 떨어졌고 덩샤오핑은 험한 숲길을 헤쳐
> 어렵게 하산했다.

건국 이전까지만 해도 저우언라이의 명망과 위상은 류사오치를 앞질렀다. 1935년 정월, 쭌이회의 직전까지만 해도 마오쩌둥은 저우언라이의 지휘 아래 있었다. 류사오치는 옌안에서 당 지도부와 합류하기까지 주로 '백구'에서 노동운동을 했다. 1928년, 모스크바 중국공산당 대회에서 비로소 중앙 노동부장으로 발탁되었다. 옌안에서 류사오치가 마오쩌둥의 측근으로 당무를 보필할 때, 저우언라이는 마오쩌둥과 더불어 군사지휘에 전념했고, 통일전선 전략, 국민당과의 협상 등 주요현안을 주도했다.

 건국 뒤엔 '정치 영수'와 '행정 영수'로 마오쩌둥과 파트너십을 이루었지만 저우언라이의 서열은 3위 아니면 4위였다. 대약진운동 실패 후, 류사오치는 어느새 국가 주석이 되었다. 류사오치 국가 주석 바로

곁에 덩샤오핑이 있었다. 저우언라이는 완전히 전도된 정치 위상을 그대로 껴안았다. 저우언라이 특유의 인내심, 분별력, 포용력을 발휘하여 오로지 '자리'가 아닌 '도구'로서의 총리 역할에 충실하려 했다.

물은 거슬러 올라가는 법이 없다. 낮은 데로, 더 낮은 데로 저우언라이는 조용히 스며들 뿐이었다. "조금 있으면 두 주석이 모두 류 씨가 될 것입니다"는 마오쩌둥의 말은 일종의 반어법이다. 절대로 그렇게 되어선 안 되고, 그렇게 될 수도 없다는 뜻을 강하게 드러내고 있다. 독을 가슴 깊숙이 품고 칼을 갈고 있는 마오쩌둥 앞에서 류사오치, 린뱌오 두 사람은 너무 순진했던 걸까, 조급했던 걸까.

류사오치와 린뱌오, 두 사람의 죽음의 시기도 유별나다. 한 사람은 문화혁명 초반에 작살이 났고, 다른 한 사람은 중반에 스스로 독배를 드는 신세가 되었다. 두 사람은 마오쩌둥 아래에서 '일인지하 만인지상'의 자리에까지 올랐다. 그 자리를 두 사람은 차례로 주고받았다. 죽음의 순서와 같았다.

앞에서 류사오치가 마오쩌둥에게 도전한 적은 없었다고 말했다. 그러나 단 하나 특별하게 기억해야 할 사건이 있다. 이른바 '7천인대회'라고 알려진 1962년 1월의 당 대회에서 류사오치는 마오쩌둥을 비판하는 연설을 기습적으로 감행했다. 마오쩌둥이 참석한 회의였다. 당시로서는 가장 큰 규모의 당 대회였다. 대약진운동으로 말미암아 중국은 엄청난 기근에 시달리고 있었다. 인민들의 불만이 안으로 타들어가는 상황이었다. 1월 27일, 류사오치는 사전에 배포했던 기조연설과는 전혀 다른 연설을 해버렸다. 뜻밖의 상황이었다. 그의 비판은 신랄했고 분위기도 고조되었다.

인민들은 식량, 의복 기타 필수품들을 충분히 가지고 있지 못하며, 농업 생산량은 1959년, 1960년, 1961년에 증가하기는커녕 오히려 감소했다. 그것도 조금이 아니고 엄청나게 감소했다. (중략) 약속했던 대약진이 없었을 뿐만 아니라 엄청나게 후퇴하고 말았다.

마오쩌둥은, 평소에 신중하고 순종적이었던 류사오치가 자기에게 치명적 타격을 줄 이런 연설을 하리라고는 짐작조차 하지 못했다. 그러나 1월 29일, 린뱌오 국방부장이 단상에 나타나면서 사태는 또 다른 국면으로 접어들었다. 반전에 반전이었다. 7,000명의 참석자들 앞에서 린뱌오 원수는 류사오치와는 전혀 다른 연설을 했다. 그는 기근이라는 재난은 "불가피한 수업료"였고, 마오쩌둥 주석의 생각은 "언제나 옳았으며", "어려운 시기에 우리 모두 더욱 마오쩌둥 주석을 따라야 한다"고 외쳤다. 마오쩌둥이 흡족해했다. 린뱌오가 마오저둥을 위기에서 구해낸 것이었다. 육군 원수가 단호한 어조로 마오쩌둥 주석을 옹호하고 나서자 분위기는 다시 술렁거렸다. 어떤 기록은 린뱌오가 나타나자 류사오치가 '큰일 났다'고 혼잣말을 했다고 적고 있다. 실제로 린뱌오와 마오쩌둥의 연대連帶는 엄청난 폭발력이 있었다.

그리고 4년 뒤인 1966년, 마오쩌둥의 본격적인 공격이 시작되었다. 하지만 마오쩌둥은 직접 또는 직설적으로 공격하는 스타일이 아니다. 최측근인 천보다가 류사오치와 덩샤오핑을 싸잡아 공격했다. 홍위병들은 류사오치와 덩샤오핑을 '주자파'의 두 우두머리로 꼽아 갖은 박해를 가했다. 그 기간, 마오쩌둥은 내내 침묵했다.

이윽고 류사오치와 덩샤오핑은 자기비판서를 당에 제출했다. 당 중앙은 1966년 10월 9일에서 28일 사이 중앙사업회의를 열어 류사오치, 덩샤오핑에 대한 심사를 하게 되어 있었다. 마오쩌둥이 그들이 제출한 자기비판서를 사전에 꼼꼼히 읽었다. 그리고 두 사람의 자기비판을 받아들이면서 두 사람에게 편지를 보냈다.

사오치 동지.
기본적으로 엄숙하게 잘 썼소. 특히 후반 부분이 더 잘 되었소. 초안(草案) 형식으로 정치국, 서기처, 공작조, 베이징 당위, 중앙문혁 소조에 보내 토론을 하고 의견을 제출한 뒤 수정을 거쳐 보고토록 하시오. 마오쩌둥 9월 14일.

류사오치에게 보낸 편지다. 하지만 덩샤오핑에게 보낸 편지는 좀 달랐다. 자기비판서를 다음과 같이 다듬으라는 특별지시를 내렸다.

샤오핑 동지.
몇 마디 말, 이를테면 "제 자신의 적극적인 노력과 동지들의 적극적인 도움으로 저는 제 과오를 바로잡을 수 있다고 믿습니다. 시간을 주신다면 저는 능히 재기할 수 있으리라 생각합니다"라는 말을 덧붙이면 좋겠소. 마오쩌둥 10월 22일.

덩샤오핑의 재기는 역사적 현실로 드러났다. 이것도 덩샤오핑이 말한 "마오 주석의 천재적인 미래관"의 하나였을까. 아무튼 문화혁명이 일어나면서 류사오치는 죽을 '팔자'였다. 피해갈 수도, 거역할 수도 없는 운명이었다. 마오쩌둥은 냉정하고 냉철했다. 주자파 두 거두를 숙청하면서도 마오쩌둥은 멀리 내다보는 특유의 지략으로 두 사람의 갈 길을 정리하고 있었다.

> 5월 어느 날, 중앙판공청 주임 왕둥싱이 우리 집에 와 아버지와 대화를 나누었다. 왕둥싱은 최근 막 베이징에 돌아온 주석이 아버지를 찾아보라 했다고 말했다. 그리고 아버지에게 마오쩌둥의 세 가지 뜻을 전하였다. 첫째, 참고 서두르지 말라. 둘째, 류사오치와 덩샤오핑은 분리될 수 있다. 셋째, 만약 무슨 일이 생기면 마오쩌둥에게 편지를 써도 좋다.
> 마오쩌둥의 전달 내용을 다 들은 아버지는 대자보 중에 제기된 많은 문제가 사실과 이치에 합당하지 않기 때문에 주석을 직접 만나 이야기할 수 있도록 면회를 주선해 줄 것을 왕둥싱에게 요청하였다. 왕둥싱은 아버지의 요청을 마오쩌둥에게 전했다.
>
> _ 덩룽 지음, 임계순 옮김, 《불멸의 지도자 등소평》(김영사, 2001)

며칠 뒤 마오쩌둥은 덩샤오핑을 찾았다. 덩샤오핑 가족이 일찍이 잠이 든 칠흑 같은 밤이었다. 마오쩌둥의 비서 쉬에푸徐業夫가 중난하이의 화이런탕 부근의 덩샤오핑 집으로 왔다. 문화혁명 이후 류사오치와 덩샤오핑이 비판받기 시작하면서 마오쩌둥이 덩샤오핑을 찾아 따로 이야기한 적은 없었다. 혼자 쉬에푸를 따라간 덩샤오핑이 날이 막 밝을 무렵 집으로 돌아왔다. 가족들은 마오쩌둥의 태도가 부드럽고 그의 비평이 그리 혹독하지 않았다는 덩샤오핑의 이야기를 듣고 조금 마음이 놓였다. 한동안 류사오치와 덩샤오핑은 중난하이의 자기 집에 연금되는 신세가 되었지만 처지는 달랐다.

1967년 9월 어느 가을날, 우리들은 부모님과 이별하고 10여 년 동안 거주했던 중난하이의 집을 떠났다. (중략) 이후 2년 동안 두 명의 최대 '주자파'인 류사오치와 덩샤오핑은 계속해서 중난하이의 자기 집에 각각 연금되어 있었다. 마오쩌둥이 류사오치와 덩샤오핑에 대한 처리를 차별했기 때문에 두 사람의 처지는 크게 달랐다. 류사오치는 중난하이의 집에 연금되어 있었고 그의 부인 왕광메이는 감옥에 수감되었으며, 그들을 도와 일하던 사람들은 그들을 감시하고 관리하는 사람으로 바뀌었다. (중략) 그러나 아버지는 비록 연금은 되었지만 시종 어머니와 함께 있었다.

_ 덩룽 지음, 임계순 옮김, 《불멸의 지도자 등소평》(김영사, 2001)

저우언라이는 이런 일련의 비극을 지켜보았다. 1972년 1월, 천이의 추도식에서 마오쩌둥은 덩샤오핑의 문제를 '인민 내부의 모순'으로 정리했다. 마오쩌둥은 천이의 부인 장치엔張茜에게 위로의 말을 전하면서 류사오치와 덩샤오핑을 구별해서 말했다. 덩샤오핑의 문제가 '인민 내부의 모순'이라면 류사오치의 문제는 '적대적 모순'이 되어 그의 박해는 정당화된다. 저우언라이가 발 빠르게 움직이기 시작했다. 덩샤오핑은 마오쩌둥에게 편지를 보냈다. 저우언라이는 1월 하순, 인민대회당에서 대표들을 접견했다. 장칭 등 4인방이 있는 자리에서 저우는 "린뱌오는 덩샤오핑을 적대적 모순으로 다루었지만 주석의 생각은 다르다"라고 못 박았다.

긴 시간이 흘렀고 먼 길을 돌아왔지만 마오쩌둥의 덩샤오핑에 대한 '차별화'는 점점 열매를 맺고 있었다. 와신상담이 따로 없다. 결국 덩샤오핑은 마오쩌둥의 부름을 받고 옛날 몸담았던 당과 정부, 군부로 다시 돌아갈 수 있었다.

이화원에서 함께 걷고 있는 저우언라이와 덩샤오핑. 오늘의 중국은 저우언라이가 밑그림을 그리고 덩샤오핑이 다듬어 빛깔을 얹힌 것이다. 1963년.

창사결책, 문화혁명의 끝

> 기회가 되면 마오쩌둥은 덩샤오핑을 불러 일을 시켰다.
> 덩샤오핑은 몸을 낮추어 저우를 앞에 내세웠다.
> 저우언라이는 마오쩌둥에게 모든 영광과 권한을 바쳤다.
> 이 묘한 삼각관계가 현대 중국의 탄탄한 기반이 되었다.

저우언라이 총리의 재직 기간 26년 가운데 10년이 문화혁명이었다. 그의 마지막 인생 10년을 고스란히 문화혁명에 바쳤다. 저우언라이가 죽은 해인 1976년, 마오쩌둥도 죽고, 문화혁명도 그렇게 마침표를 찍었다.

  죽은 저우언라이와 살아 있는 덩샤오핑, 그들의 전우들이 문화혁명에 종지부를 찍었다. 마침내 해냈다. 저우언라이의 병실을 마지막까지 지킨 두 사람이 있었다. 덩샤오핑과 예젠잉이다. 저우언라이가 두 사람에게 끊임없이 전한 메시지는, 장칭 일당에게 권력이 주어져서는 안 된다는 것이었다. 역사는 예젠잉을 4인방 타도의 제1공신으로 적고 있다.

  1974년 12월, 후난성 창사에서 마오쩌둥과 저우언라이가 만났다.

마오쩌둥은 창사의 후난 제1사범학교 출신이다. 그의 첫 번째 아내 양카이후이(楊開慧)와 신혼살림을 꾸렸던 곳도 창사였다. 마오쩌둥의 초기 공산주의 활동의 주된 무대가 창사였다. 창사는 마오쩌둥에게는 향수와 추억의 고장이자 혁명 열정을 되새기게 하는 곳이었다.

정국의 격변기 때마다 마오쩌둥은 지방에서 큰 구상을 했다. 지방의 당 지도자들과 만나 여론을 듣고 여론을 조성하며 정국의 변화와 추이를 날카롭게 살폈다. 1974년 12월이면 마오나 저우나 인생의 마지막 고비였다. 혁명도 정쟁(政爭)도 마무리가 요구되는 시점이었다.

저우언라이의 창사행은 필사적이고 결사적인 나들이였다. 의사들의 만류도 뿌리쳤다. 마오쩌둥과 직접 만나 마지막 '담판'을 지어야 했다. 12월이 되면서 저우언라이는 제4기 인민대표대회 준비에 마지막 인생의 전부를 걸고 있었다. 마오쩌둥은 준비 작업을 저우언라이에게 떠맡겼다. 체력은 거의 바닥이었다. 임계지점(臨界地點)에 이르렀다고 스스로 느낄 정도였다.

제4기 인민대표대회(인대)를 앞두고 장칭 일당의 공세는 거의 발악에 가까웠다. 당과 정부에 어느 쪽이 더 세력을 늘리느냐가 당면한 관건이었다. 저우언라이는 정치국에 구(舊)세대 간부들을 조금 더 늘릴 것을 제안했다. 그는 또 덩샤오핑이 주관하여 작성한 〈정부사업보고〉 초안을 미리 읽고 조금 수정한 뒤 비준했다. 이 연설문은 저우언라이가 총리로 인민대표대회에서 행한 마지막 연설이 되었다. 이듬해 정월, 수척해진 모습으로 단상에 나타난 저우언라이를 본 순간 대표들은 열광했다.

주요 인사 문제는 덩샤오핑과 리셴녠을 불러 집중 토론했다. 12월 18일 오후, 저우언라이는 덩샤오핑과 단둘이 만났다. 이 자리에서 제

4기 인민대표대회의 중요한 방침이 거의 확정되었다. 이것으로 제4기 인민대표대회의 제1차 회의의 준비 작업은 모두 끝났다.

12월 23일, 저우는 홀가분하고도 또 무거운 마음으로 창사행 비행기에 올랐다. 그러나 저우를 수행한 의료진의 얼굴들은 걱정과 긴장으로 얼룩져 있었다. 떠나기 전 검사에서 의료진은 그에게서 장출혈을 발견했다. 바로 정밀검사와 치료를 해야 했다. 해방군 305병원 안의 병실 겸 총리 집무실은 순간 긴장에 휩싸였다. 예젠잉이 나섰다. 그는 의료진을 향해 "당과 국가의 가장 큰 이익을 위해 지금은 이 일을 잠시 말하지 않는 것이 좋겠다"고 말했다. 그만큼 저우언라이의 창사행은 절박한 과제였다. 예젠잉은 또 수행 의사들에게 신신 당부를 했다. 어떤 일이 있더라도 창사를 다녀오는 동안 저우언라이의 건강을 책임지고 지켜줄 것을 간곡하게 부탁했다.

저우언라이가 창사로 가던 날, 4인방 중 한 명인 왕훙원도 창사에 갔다. 같은 비행기로 갔다는 설도 있고, 어떤 기록은 먼저 도착한 저우언라이가 마오쩌둥과의 약속 시간이 다 되도록 왕훙원이 나타나지 않아 짜증을 냈다고 전하기도 한다. 마오쩌둥과 저우언라이는 12월 23일에서 29일 사이 네 차례나 만났다.

마오쩌둥은 왕훙원에게 '4인방'을 만들지 말라고 경고했다. 대신 덩샤오핑에게 중책을 맡기려는 저우언라이의 제안을 그대로 받아들였다. 오랜만에 만난 마오쩌둥과 저우언라이는 다시 옛날의 정분과 신뢰를 완전히 회복한 듯이 화기애애했고, 서로를 챙겼다. 마오쩌둥을 만나고 저우언라이는 한결 여유를 보였다.

보좌진에게 "주석께서 이틀간 더 있으라고 하는데 자네들도 별일 없으니 편하게 지내도록 하게"라고 말하고 자신도 모처럼의 휴식을 취했다. 26일, 마오쩌둥의 생일에는 저우언라이가 주변 보좌진들을 불러 잔치 자리를 마련했다. 누구를 불러 올지 묻자 저우언라이는 "이 호텔에 있는 우리들의 사업일꾼들과 후난성 그리고 성 군구 책임자들을 청하려 하네. 또 두 소저小姐(아가씨)들도 올 수 있는지 알아보게"라고 대답했다. 두 소저는 마오쩌둥의 영어 통역과 영어 선생을 겸한 외교부의 왕하이룽과 탕원성이었다. 두 사람은 그날 왕훙원이 초청되지 않았다는 걸 알고는 즐겁게 참석했다.

마오쩌둥은 제4기 인민대표대회 준비 기간 중 장칭 일당의 종파행동을 꾸짖고 왕훙원을 크게 질책했다.

"4인방을 만들지 말란 말이오. 종파활동은 안 돼요. 종파활동을 하면 반드시 거꾸러져요."

마오쩌둥은 장칭의 잘못도 지적했다.

"장칭은 야심이 있어요. 동지들 보기에는 어떻소? 내가 보기에는 분명히 있어요."

이어서 또 왕훙원을 나무랐다.

"내가 몇 번이나 말하지 않았소? 몇이서 어울려 종파를 꾸리지 말라고. 그런데 동지는 내 말을 전혀 안 들어. 이번에 여기 온 김에 잘 생각해 반성문이나 쓰고 가야겠어."

마오쩌둥은 이 자리에서 덩샤오핑을 높이 평가했다.

"그는 정치사상이 강해요."

마오쩌둥은 손가락으로 자기 머리를 가리키며 "'폴리틱스Politics'가 저 사람보다 강해요"라고 말했다. 다시 왕훙원을 지칭해서 "그는 덩샤오핑보다 못해"라고 말했다. 마오쩌둥은 자기 말뜻을 강조하기 위해 연필을 들어 종이에 "강强" 자를 크게 썼다. 저우는 고개를 끄덕이며 찬동을 표했다. 왕훙원은 난처했다. 긴장도 되고 어색했다. 마오쩌둥은 '정치'라는 말 대신 '폴리틱스'라는 영어를 썼다. 마오쩌둥은 저우언라이가 내놓은 덩샤오핑에 대한 인사안에도 시원하게 동의했다.

"그렇게 합시다. 샤오핑 동지를 군사위원회 부주석, 제1부총리 겸 총참모장으로 합시다."

마오쩌둥은 다시 종이에 글씨를 썼다.

"인재난人材難."

사람이 없다는 탄식이었다. 이에 저우언라이는 즉각 반응을 보였다.

"인재난득人材難得."

덩샤오핑이야말로 쉽게 얻기 어려운 인재라고 말했다. 두 사람이 마주 보며 웃었다.

"총리는 여전히 우리의 총리요."

그러고는 저우언라이의 건강을 걱정했다.

"언라이 동지는 건강이 안 좋으니 제4기 인민대표대회 이후에는 푹 쉬며 요양을 하도록 하시오. 국무원 사업은 샤오핑 동지에게 맡기면 돼요."

마오쩌둥의 대국적 결단, 저우언라이의 필사적 노력, 그 어느 하나만 빠졌어도 1974년 한겨울 창사에서의 결책, 즉 창사결책은 이뤄지지 않았을 것이다.

두 사람은 문화혁명의 회오리 속에서도 미국 대통령을 불러들여 대미 관계를 풀었고, 유엔에도 가입했다. 그 바탕은 원자폭탄, 수소폭탄, 미사일, 양탄일성兩彈一星으로 상징할 수 있는 국방력이었다. 마오쩌둥이 아니었다면 미국과의 수교는 엄두도 내지 못했을 것이다. 저우언라이가 없었더라면 미국과의 관계 정상화는 시동조차 걸기 어려

문화혁명이 막을 내리고 4인방이 붙잡혔다. 1980년 11월 20일부터 1981년 1월 25일까지 4인방을 심판하는 재판이 열렸다. 오른쪽부터 장칭, 야오원위안, 왕훙원, 장춘차오.

웠을 것이다. 그들 두 사람이 한통속이 되었을 때, 중국은 안정되고 지향이 명확했다. 마오쩌둥이 몽니를 부리다시피 어깃장을 놨을 때, 천하는 어지럽고 살벌했다.

10년의 대 동란은 마오쩌둥의 '영구永久혁명론'과 저우언라이의 '4개 현대화 노선'이 정면으로 부딪힌 시기였다. 그러나 대동란의 말기, 그들은 창사에서 모처럼 화해하고 활기를 되찾았다. 덩샤오핑을 앞장세워 저우언라이의 역할을 대신 맡게 하고 어지러운 국정을 안정시키는 데에 뜻을 같이했다.

앞선 1973년 12월 21일, 마오쩌둥은 전국 11개 군구軍區 사령관들의 인사이동을 단행했다. 8개 군구 사령관이 자리를 옮기는 대대적인 교체였다. 자리를 맞바꾸기도 하고 특히 오래 한 자리에 있었던 사령관은 다 바꾸었다. 덩샤오핑을 군사위원회 부주석, 인민해방군 총참모장으로 기용, 그에게 린뱌오의 전횡으로 문란해졌던 군의 기강을 바로 세우는 일을 맡겼다. 주더 등 군 원로와 현지 사령관들이 모두 모였다. 마오쩌둥은 오랜만에 주더와 만나 덕담을 나누며 반가워했다. 마오쩌둥은 허룽 이야기부터 꺼냈다.

"허룽 장군이 보이지 않네요. 허룽 동지 문제는 잘못 처리되었어요. 당시에 나는 허룽에게 '동지는 다릅니다. 한 개 방면군의 깃발입니다. 나는 동지를 보호하려고 합니다'고 말했어요. 총리도 그를 보호하려고 애썼지요."

마오쩌둥은 허룽 장군에 대한 미안한 마음을 솔직히 털어놓았다.

"명예회복을 시켜드려야 합니다. 그렇지 않으면 허룽을 영영 잃게 됩니다. 모두 린뱌오가 저지른 일입니다. 나는 린뱌오의 말만 듣고 오류를 범했어요. 또 뤄루이칭의 명예도 회복시켜야 합니다. 샤오핑 동지는, 뤄루이칭에게 불만을 가진 린뱌오가 상하이에서 불의의 습격을 가했다고 내게 말했습니다. 나는 그런 린뱌오를 지지했고 린뱌오의 말만 듣고 그를 힘들게 했어요."

마오쩌둥이 계속해서 말했다.

"명예회복을 시켜드려야 해요. 잘못 투쟁당한 동지들의 명예는 모두 회복돼야 합니다. 내게 책임이 있습니다. 번번이 한쪽 말만 들었으니, 다 내 잘못이에요. 잘못되었어요. 오늘 동지들에게 자기비판을 합니다. 셀프 크리티시즘Self criticism!" 이 자리에서도 마오는 영어를 썼다. '자기비판'이란 말에 이어 같은 뜻의 영어를 덧붙였다.

마오쩌둥이 '자기비판'에 열을 올리자 저우언라이도 거들고 나섰다.

"저도 자기비판을 하겠습니다. 주석께서는 노老동지들을 줄곧 보호하려고 했지만 많은 경우 제 역할이 미치지 못했습니다."

마오쩌둥이 말을 받았다.

"언라이 동지인들 무슨 용빼는 재주가 있었겠소? '최고 지시'도 통하지 않았는데 그들이 동지의 말을 고분고분 들었겠소?"

이날 마오는 많은 말을 했다. 모처럼 홀가분한 기분이었다. 자리를 바꾸는 사령관들에게 타이르듯이 주의사항을 전했다.

"앞으로는 성의 당위원회 제1서기니 혁명위원회 주임이니 하는 직무를 더는 맡지 말기 바랍니다. 군사령관 직무에만 충실해야 합니다. 군 사업에만 정력을 집중해서 군을 새롭게 건설하는 데에 전념해야 할 것이오."

회의가 끝날 무렵 저우언라이가 제안을 했다.

"한 가지 건의를 하겠습니다. 〈3대 규율 8항 주의〉라는 노래를 한 절만 부르고 헤어지는 것이 어떻겠습니까?"

마오쩌둥이 손뼉을 쳤다.

"그래요. 그 대목들이 좋아요. 8항 중에 첫 번째가 말을 친절하게 하는 것이고, 다섯 번째는 군벌軍閥 작풍을 근절하자는 것이었지요. 우리 모두 이것을 기억하고 평생토록 이러한 정신을 지켜나갑시다."

말 속에 뼈가 있다고, 마오쩌둥의 한마디 한마디에는 그냥 넘겨서는 안 될 뼈와 가시가 있었다. 왜 하필 이 자리에서 '군벌' 이야기인가.

"샤오핑 동지, 동지가 지휘를 해주세요."

덩샤오핑이 손사래를 쳤다.

"아닙니다. 총리께서 맡아주시면 합니다."

저우언라이도 머리를 흔들었다.

"주석께서 지휘를 하셔야 합니다."

마오쩌둥이 힘겹게 일어서서 큰 손을 휘둘렀다.

역전歷戰의 노병老兵들이 간고한 전쟁 시기에 불렀던 왕년의 노래를 다시 불렀다. 마오쩌둥의 지휘로.《모택동과 중국을 이야기하다》(이중 지음, 김영사 발행)는 그날의 장면을 다음과 같이 풀이하고 있다.

> 합창 지휘자로 마오쩌둥은 덩샤오핑을 지명했고 덩샤오핑은 자기 대신 저우언라이를 내세웠다. 그러나 저우언라이는 재빠르게 마오쩌둥에게 지휘를 부탁했고, 결국 돌고 돌아서 마오쩌둥이 지휘를 맡게 되었다. 기회가 되면 마오쩌둥은 덩샤오핑을 불러 일을 시켰고, 덩샤오핑은 몸을 낮추어 그를 가장 아끼는 저우언라이를 앞에 내세웠다. 그러나 저우언라이는 언제나 권력의 원천인 마오쩌둥에게 모든 영광과 권한을 바쳤다.
> 이 묘한 삼각관계가 현대 중국 역사의 탄탄한 기반이 되었다고 해도 과언이 아니다. 마오쩌둥이 덩샤오핑을 자기 자신의 후계자의 하나로 꼽았던 것처럼 저우언라이도 류사오치와 자기 자신을 건너뛰어 덩샤오핑을 마오쩌둥 다음 시대의 영도자로 지목하고 있었다.
>
> _ 이중 지음, 《모택동과 중국을 이야기하다》(김영사, 2002)

홍군의 〈3대 규율과 8항 주의〉는 유명하다. 중국 공산당은 세 가지 규율과 여덟 가지 주의 사항을 만들었다. 장제스 군대와의 차별화에 이 지침이 결정적 역할을 했다. 마오쩌둥이 지적한 '8항 주의' 중의 다섯 번째 항목은 '사람을 때리거나 욕하지 말라'다. 남을 함부로 욕하고 때리는 것이 '군벌 작풍'인 것이다. 군벌의 비인격성, 폭력성을 한마디로 요약한 것이 '때리고 욕하는' 것이었다. 장제스 군대와 싸우는 홍군은 나름의 엄격한 규율과 적지 않은 장점과 특색을 갖고 있었다. 《위대한 장군들은 어떻게 승리하였는가?》의 저자 베빈 알렉산더는 왕년의 홍군을 다음과 같이 묘사했다.

> 홍군에는 서방이나 국민당 군대와는 달리 계층과 교육정도에 따라 사병과 차별되는 확실한 장교 그룹이 존재하지 않았고, 계급과 표지도 없었다. 병사들은 남자나 여자나 그들의 능력을 통해 리더가 될 수 있었고, 사병들은 그들을 '소대장 동무', '중대장 동무'라고 직함을 불렀다. 장교들은 병사들을 때리거나 학대하지 않았다.

위안스카이袁世凱가 죽은 것이 1916년, 장제스가 군벌의 재편성에 어느 정도 성공했다고 보는 해가 1928년, 그 사이 중국에는 1,300개의 군벌이란 이름의 무장 세력이 여기저기 판을 치고 있었다는 기록이 있다. 그들은 툭하면 싸움을 벌였고, 피는 백성들이 흘렸다.

마오쩌둥이 이날 작심하고 말한 것은 홍군 시절의 초심으로 돌아가자는 것이었다. 수많은 혁명 동지들을 감옥에 보낸 것을 사과하고, 그들의 명예를 회복시켜주어야 한다고 다짐했다. 1973년 12월, 격동의 한 해가 이렇게 저물었다. 문화혁명의 불심지가 서서히 꺼져가고 있었다.

1976년 정월, 저우언라이가 죽고 4월에 톈안먼사태가 일어나면서 마오쩌둥은 한 차례 더 심한 변덕을 부렸다. 덩샤오핑이 실각한 것이다. 그러나 저우언라이와 덩샤오핑은 1973년 겨울부터 이미 시작된 해빙 분위기의 중심에 있었다.

_____ 5장

중국인 저우언라이,
혁명가 저우언라이

세 분의 어머니와 어린 시절

> 돌도 안 지난 어린 아기가 삼촌 집으로 양자로 보내졌다.
> 자기 자신이 구김살 없이
> 조화롭고 슬기로운 성품으로 잘 자랄 수 있었던 것은
> 세 분 어머니 덕분이었다고 그는 늘 말했다.

저우언라이는 돌이 채 지나기 전에 숙부 집에 양자로 보내졌기에, 그에게는 생모와 양모, 그리고 젖엄마인 유모, 이렇게 '세 분의 어머니'가 있다. 어릴 때부터 어머니가 세 분이었으니 그리 평탄한 환경은 아니었겠지만, 저우언라이는, 자기 자신이 구김살 없이 조화롭고 슬기로운 성품으로 잘 자랄 수 있었던 것은 바로 그 세 분의 어머니 덕이었다고 늘 말했다.

저우언라이는 장쑤성 화이안에서 태어났지만 그의 조상의 고향은 저장성浙江省의 샤오싱紹興이다. 샤오싱은 본명이 저우수런周樹人인 루쉰魯迅의 고향으로도 이름나 있다. 이름에서도 알 수 있는 것처럼 저우언라이와 루쉰은 혈통적으로는 같은 집안이다. 꼭 그런 이유만은 아니어도 저우언라이는 루쉰을 존경했고 루쉰의 시를 좋아했다. 저우언라

이가 특히 좋아한 시가 아래의 〈유자우孺子牛〉였다.

> 수많은 사람의 손가락질, 눈썹 치켜뜨고 쏘아보지만
> 머리 숙여 기꺼이 아이들 등에 올리는 소가 되리라
> 〔橫眉冷待千夫指 俯首甘爲孺子牛〕

'천부지千夫指'란 수많은 사람들의 손가락질을 뜻하는데, 중국에는 천 사람의 손가락질을 받으면 병이 없어도 죽는다는 말이 있다. 하지만 루쉰은 '아이를 등에 태우는 소'란 의미의 〈유자우〉에서 부당한 비난과 비방에 대해서는 독하게 맞서면서도, 소처럼 넙죽 엎드려 아이를 등에 태우는 헌신과 봉사를 이야기했다. 일생을 단정한 중산복 차림에 '오로지 인민을 위해 봉사한다'는 의미인 '위인민복무爲人民服務'가 쓰인 배지를 가슴에 달고 산 저우언라이가 이 시를 좋아한 것은 당연한 일이었다. 문화혁명 초기, 모두가 다 다는 마오쩌둥 배지 대신에 이 배지를 혼자만 고집스레 달고 다녔던 것으로 유명하다. 그는 문화혁명 중반기인 1972년에 들어서서 루쉰의 〈유자우〉를 특별히 많이 입에 올렸는데 자기가 놓인 상황과 자신의 심경을 이 시를 통해 표현하고 싶었던 것이 아닐까 생각한다.

저우언라이는 선조들의 대물림 고향인 샤오싱을 또 하나의 고향으로 마음에 두고 살았다. 다음은 저우가 스스로 밝힌 집안 내력이다.

> 나의 할아버지는 저우뎬꾸이周殿貴라 하는데, 저장성의 샤오싱에서 태어났다. 따라서 나도 저장성의 샤오싱 사람이라 할 수 있다. 우리 집안은 몇 대를 내려오면서 샤오싱에서 관료官僚를 지냈는데, 할아버지

대에 이르러 장쑤의 화이안으로 옮겨와 현관縣官을 지냈다. 나는 화이안에서 태어났는데 그해가 1898년이다.

세 분의 어머니 중 그에게 가장 큰 영향을 끼친 분은 양모 천陳씨였다. 온화하고 침착한 성품, 매사를 조심성 있게 다루는 신중함, 겉으로 잘 드러내지 않는 조용한 성격 등은 양모 천씨로부터 받은 은혜였다. 천씨는 글 읽기를 즐겨했고, 매우 박식했다. 당대의 시와 소설, 희곡은 물론 고전에도 밝았다. 남편을 일찍 여읜 천씨에게 유일한 즐거움과 희망이 있다면 양자인 저우언라이를 잘 가르치고 잘 키우는 일이었다.

저우언라이는 서너 살 때부터 글을 배웠으며 다섯 살이 되면서 당시唐詩와 송사宋詞를 공부했다. 천씨는 고전뿐 아니라 《서유기西遊記》, 《천우화天雨花》, 《재생연再生緣》 등 재미있는 이야기도 곧잘 들려주었다. 소년 저우언라이는 양모 천씨로부터 지식과 교양 등의 많은 가르침을 받았고 조용하고 침착한 성품을 이어받았다.

양모 천씨는 중국 고전을 저우언라이에게 읽히면서 한편으로는 서양의 문화와 문물에 대해서도 알려주고 싶어 한 듯하다. 천씨가 기독교 선교사를 집으로 불러 저우를 가르치게 했다는 증언이 있다. 《다시 보는 저우언라이》(이경일 편저, 우석출판사)에서 한 대목을 따온다.

> 인습 같은 것에 구애받지 말아야 한다는 천씨의 생각 중에서 가장 대표적이라고 할 수 있는 것이 중국의 아동들이 서구식 교육을 받아야 한다는 생각이었다. 그녀는 기독교 계통의 선교사를 집으로 데려와 저우언라이를 가르치게 했다. 그 결과 저우언라이는 초보적이기는

하나 영어를 배울 수 있었고 중국 바깥의 세상에 대해서도 관심을 갖
게 되었다.

_ 이경일 편저, 《다시보는 저우언라이》(우석출판사, 2004)

저우언라이의 아버지는, 넷째 동생이 중병으로 앓아눕게 되자 동
생에게 갓 시집온 천씨의 외로운 사정을 생각해 돌도 안 된 저우언라
이를 양자로 보냈다. 생모인 완萬씨도 양해를 했고, 당시 풍속으로는
특별히 이상한 일도 아니었다. 이에 천씨는 감격했고, 양아들을 품에
안았다.

천씨는 유모를 두어 어린 저우언라이를 보살피게 했다. 유모 장장
蔣江은 시골 마차꾼의 아내로 소박하고 꾸밈이 없는 농촌 아낙이었다.
스무 살을 갓 넘긴 젊은 유모는 저우에게 젖을 먹이며 저우에게 진솔
함과 소박함을 몸으로 익히게 해주었다. 씨 뿌리고 열매를 거두고, 사
계절의 변화와 자연의 이치 같은 것을 유모 장장은 실제 농사일을 통
해 어린 저우언라이가 깨치게 했다.

저우언라이는 생모에 대해 다음과 같이 추억했다.

내 어머니는 곱고 착하신 분이셨다. 어머니는 서른다섯의 젊은 나이
에 폐결핵으로 돌아가셨는데, 할아버지께서 돌아가신 뒤 집안이 기
울면서 어머니께서 집안일을 도맡아 하시며 너무 고생을 하셨기 때
문이었다. (중략) 나의 생모는 매우 활달하고 솔직하신 분이셨고, 나도
그런 성격을 물려받았다.

생모는 저우가 아홉 살 때 병으로 숨졌다. 생부는 벌이를 위해 타

14세 때의 저우언라이. 선양에서 큰아버지와 함께 지낼 때의 모습이다. 1912년.

지를 떠도는 처지여서 아내의 임종도 지키지 못했다. 양모 천씨는 생모를 잃은 저우를 안고 속삭였다. "다루안아(저우언라이의 어릴 적 이름), 나도 앞으로 얼마 살지 못할 것 같구나." 당시 병이 있던 천씨는 어린 저우언라이와 친정이 있는 바오잉寶應으로 갔으나 병에는 차도가 없었다. 얼마 뒤 모자는 바오잉을 떠나 화이안으로 갔지만 이내 천씨가 세상을 떠났다. 한 해에 저우언라이는 생모와 양모를 모두 잃었다.

고아나 다름없이 된 저우언라이는 그해 늦가을, 두 아우와 함께 고향 화이안으로 돌아왔다. 화이안에서 저우 형제의 삶은 고달팠다. 주변에서 근근이 돈을 빌리고 얼마 안 되는 어머니의 유품을 전당포에 팔아 생계를 이어갔다. 그때 작은 행운의 손길이 그를 불렀다. 외숙뻘인 궁인쑨龔蔭蓀이 어린 저우언라이의 총명함을 보고 그의 가숙에서 공부할 수 있게 해준 것이다. 그는 저우에게 아편전쟁과 태평천국 이야기를 들려주었다. 조국의 몰락, 사회의 불평등에 대해서도 얘기해주었다.

궁인쑨은 캉유웨이康有爲, 량치차오梁啓超의 개량주의 사상의 영향을 받은 그 무렵의 혁신파 지식인 중 한 사람이었다. 이후 개량주의 사상에서 쑨원孫文의 혁명 사상에 심취해 쑨원의 충실한 동지가 되었고, 여러 차례 일본을 다녀오면서 동맹회同盟會 회원으로도 활약했다. 나중엔 상하이, 우한, 난징, 쑤저우 등지에서 반제반청反帝反淸 전선에 참여했다. 가산을 팔아 혁명자금을 대기도 했다.

하지만 저우언라이의 행운의 학습시간도 오래가지는 못했다. 2년 뒤 궁인쑨 집안이 다른 곳으로 이사를 가면서 그는 다시 외톨이가 되었다. 궁인쑨과는 부득불 이별을 해야 했지만 저우언라이와 궁인쑨 자녀들과의 인연은 평생을 두고 이어졌다.

저우언라이가 큰아버지와 함께 동북 지방의 펑톈으로 간 것은 1910년, 열두 살 때였다. 처음에는 지금의 랴오닝성遼寧省의 티에링鐵嶺(당시에는 인저우銀州라 했다)에 살다가 큰아버지 집이 있는 선양瀋陽으로 옮겼다. 저우언라이는 그 뒤 다시는 고향 화이안으로 돌아가지 못했다. 아버지 형제 중에서도 학식이 가장 높았던 큰아버지는 특별히 어린 저우를 귀여워했고 정을 쏟았다. 선양에서는 3년 정도 있었는데 저우언라이는 그때를 매우 유익했던 시기로 회고했다.

열두 살 나이에 집을 떠나 먼 동북으로 왔다. 그 시기는 나의 생활과 사상 변화에 아주 중요한 구실을 했다. 그때 집을 나서지 않았더라면 나의 일생은 아무런 성과도 없었을 것이다. 고향에 남아 있던 형제들은 비극적으로 삶을 마쳤다.

새로운 지식과 사상의 습득

"중국인과 공산주의자라는 신분 가운데
어떤 것이 더 중요합니까?"
저우는 서슴없이, 단호하게 대답했다.
"그야 물론 중국인이지요."

1910년 가을, 저우언라이는 그곳 펑톈에 새로 세워진 동관東關모범학교 정丁반에 편입했다. 당시 그 학교 이름은 제6양등소학당第六兩等小學堂이었다. 어떤 기록에는 그 학교가 서양 선교사가 꾸리는 학교였고, 저우언라이가 서양으로부터 들어온 '새로운 지식'과 만날 수 있었던 것도 바로 그때였다고 적고 있다. 닉슨의 《지도자Leaders》〈저우언라이〉편에 나오는 이야기다.

어릴 적에 양모 천씨가 선교사를 집으로 불러와 초보적이긴 하나 영어를 가르치게 했다는 기록에서도 알 수 있듯이 저우언라이와 서양 문화의 접촉은 일찌감치 시작되었던 것 같다. 그는 젊은 시절, 일본은 물론 프랑스, 영국, 독일, 소련 등을 다녀봤다. 마오쩌둥이 일생 동안 단 두 번 소련을 다녀온 것 말고는 외국에 가보지 않았던 것과 대조적이다.

저우언라이는 동관모범학교에서 중국의 경서經書와 함께 서양의 신학문을 익혔다. 그 시절 저우언라이는 공부도 잘했지만 신체적으로도 많이 단련되고 강인해졌다. 그는 국문國文, 작문 성적이 특히 뛰어났는데, 국문 선생이 그의 작문을 보고 "내가 근 10년 글을 가르쳤지만 이렇게 훌륭한 학생은 처음 본다!"고 감탄했다는 일화가 있다.

어린 시절 저우는 세 분 어머니로부터 고르게 좋은 가르침과 영향을 받았다. 그는 이 점을 늘 고맙게 생각하며 세 분 어머니에 대하여 애틋한 정을 드러냈다. 유모에 대해서도 극진했는데, 총리가 되어서도 그는 이따금 고향에서 온 지방 관리들을 만나면 유모 장씨의 안부를 꼭 물었다.

세 분의 어머니에 대한 그리움 못지않게 어린 시절 자랐던 고향 화이안에 대한 추억도 많았다. 고향을 그리워하고, 어쩌다 고향 사람을 만나면 무척 반가워했다. 고향 말씨만 들어도 용케 알아냈다. 고향에 대한 그리움과 향수는 저우언라이의 일생을 지배한 또 하나의 중요한 정서였다.

이러한 저우의 '고향 사랑'도 서방 사람들의 눈에는 특이하게 보였다. 공산주의자답지 않다는 것이다. 중국 공산주의자들에게서는 좀처럼 보기 힘든 소중한 정서라는 것이다. 오늘의 중국 공산당 간부와 당원들의 생활 태도나 관습은 적어도 30년 전 공산주의자의 그것과는 판이하다. 당시 중국에서 공산주의 활동을 한 사람들은 척박한 생활환경에서, 이념과 투쟁 일변도의 삶을 살았다. 전쟁과 투쟁으로 일관된 삶이었다.

반봉건, 반제국주의는 일체의 낡은 것으로부터의 해방을 뜻했다.

저우언라이는 1917년 난카이중학을 졸업한 뒤 일본으로 유학을 떠났다. 일본 유학 당시 친구들과 함께 한 모습. 뒷줄 오른쪽 첫 번째가 저우언라이다.

필요하다면 전통적 미풍양속도 버려야 했다. 그러나 저우언라이는 이런 관념이나 속박에서 비교적 자유롭게 생각하고 행동했다. 그의 이러한 행태들은 자연히 서방 지식인들의 주목과 주의를 끌었다. 닉슨의 《지도자》〈저우언라이〉 편의 한 부분이다.

> 저우언라이는 관료 가정 출신으로 그의 공산당 동지들과 다른 점이 있었다. 그의 집안은 중국의 오랜 전통적 예절을 기본으로 삼는 집안이었다. 그들은 몇 세기에 걸쳐 자녀들에게 중국의 고전을 가르쳤으며 그러한 교육을 통해 관료사회에 나가게 했다.
> 저우언라이는 젊은 시절, 중국의 전통적인 철학 기초를 포기했지만 몸에 밴 옛 문화의 전통이나 인습은 버리지 않았고 또 버리려 하지 않

았다. 그는 보존가치가 있는 과거의 문화나 미풍양속들에 대해서는 존중하는 태도를 보였다. 또한 저우가 대부분의 다른 공산주의자들과 다른 점은 그가 가족이나 선조들의 풍습을 늘 강조했다는 점이다.

저우언라이는 일본군 점령 지역 안에 있는 어머님 산소를 가지 못해 안타까워했다. 1942년 아버지가 돌아가시자 아버지의 부고를 신문에 실었다. 신문에 부고를 싣는 것은 전통이었지만 이런 전통은 공산당에게는 버려야 할 낡은 인습이었다. 게다가 광고를 낸 신문은 공산당 기관지인 《신화일보新華日報》였으니 그 무렵 다른 공산주의자들에게서는 볼 수 없는 '상식 밖'의 일이었다.

닉슨의 관찰은 예리했다. 닉슨은 저우언라이를 공산주의 세계에서는 보기 드문 특이한 존재로 부각시켰다. 저우의 탁월한 협상 능력조차도 저우언라이 특유의 성격에서 유래하는 것으로 보았다.

> 유교의 전통적 철학과 레닌적인 비정한 혁명가의 본능을 겸비한 저우언라이는 중국의 총리로서는 가장 적격이었다. 그것은 마치 합금合金한 금속이 원래의 각각의 금속들보다 더 단단하고 양질의 금속이 되는 것과 흡사한 이치다. 공산주의는 권모술수의 명인名人들을 많이 배출했지만 타협의 달인은 많이 길러내지 못했다. 그런데 저우언라이는 권모와 조정자로서 어떤 역할도 거뜬하게 해내는 정치적 천재성을 갖고 있었다.

특히 닉슨은 "나는 공산주의자이기 전에 중국인이다"라고 한 저우언라이의 말에 매료되었다. 저우언라이는 충칭 시절, 미국《뉴욕타임스》의 기자로부터 날카로운 질문을 받았다. "중국인과 공산주의자라는 신분 가운데 어떤 것이 더 중요합니까?"

저우는 서슴없이, 단호하게 대답했다.

"그야 물론 중국인이지요."

사실 이 말은 저우언라이의 속마음을 드러낸 진실한 고백일 것이다. 그러나 이러한 가치지향적인 고백은 자칫 외국 기자에게 보낸 하나의 위장된, 혹은 과장된 메타포로 왜곡될 수도 있는 말이었다. 그러나 닉슨은 저우언라이의 이 말을 순수하게 받아들였고, 저우언라이의 정체성과 특성으로 해석했다. 닉슨이 본 당대의 공산주의자들은 저우언라이와는 많이 달랐다. 닉슨이 본 저우언라이의 공산당 동지들은 중국인이기에 앞서 공산주의자였다. 물론 저우언라이도 자기의 사상과 이념에 대해서만은 아주 확고했다. 하지만 그것을 극도로 밀어붙인 적은 없다고 닉슨은 보았다. 저우언라이의 고향 사랑마저 닉슨은 예사롭게 보지 않고 찬탄을 보냈다.

난카이 시절과 장보링 교장

장보링 교장은 중국 기독청년회의 지도자였다.
그는 장제스의 타이완으로 가지 않고
저우언라이가 있는 대륙에 남았다.
이념을 넘어선 사제 간의 정과 인간적 신뢰감의 승리였다.

톈진에 있는 난카이중학은 교육자인 옌판쑨嚴範孫(본명은 옌슈嚴修)과 장보링이 서양식 근대교육제도를 본받아 세운 학교였다. 그들의 교육목표는 '교육으로 나라를 살리자'라는 의미의 '교육구국敎育救國' 네 글자였다. 장보링 교장은 청일전쟁 패전에 크게 자극을 받았다. 그는 나라를 살리는 기본이 교육에 있다고 생각하고 일찍이 유럽, 미국, 일본의 교육계를 돌아보았으며, 이후 평생 동안 난카이 학교의 발전을 위해 심신을 바쳤다.

장보링 교장과 저우언라이와의 인연은 긴 세월을 두고 이어졌다. 장래가 촉망되는 학생 저우언라이에게 장학금을 준 것도 장 교장이었다. 옌판쑨과 장보링은 저우언라이를 외국으로 유학시키기로 하고 경비를 내놓았다. 1920년 1월, 저우의 프랑스 유학은 그렇게 이루어졌다.

먼 훗날인 1936년 12월, 시안사변이 나자 저우언라이는 옛날의 은사인 장 교장에게 전보를 보내 사태 해결에 나서줄 것을 부탁했다. 장 교장과 옌판쑨 등 난카이 학교 이사진들은 "장제스를 보호하고 연공항일聯共抗日을 이룰 것"을 결의했다.

장제스가 풀려나고 사태가 평화적으로 해결되자 장 교장은 "화가 길이 되었다(逢凶化吉)"고 좋아했다. 장 교장은 난카이 학생들을 모아놓고 "이번 사태의 평화적 해결은 우리 학교 교우인 저우언라이 군의 노력이 크게 성공한 것"이라고 말하며 옛 제자의 공로를 자랑했다.

1945년, 장보링은 국민당 정부의 최고 요직 중 하나인 고시원장考試院長으로 있었다. 당시 중국 국민당은 쑨원의 지침에 따라 입법, 사법, 행정부 외에 감찰원과 고시원을 두고 있었다. 장보링은 기독교 신자로 중국 기독청년회YMCA의 저명한 지도자이기도 했다. 사상적으로 그는 공산주의자가 될 수 없는 처지였다. 국민당 편에서 일했고, 그런 까닭에 시안사변이 발생하자 장제스의 안부를 걱정했다. 하지만 그는 장제스가 풀려나고, 국공연합의 항일전선이 이루어지는 과정에서 나타난 옛 제자의 활약을 누구보다 반기고 자랑스러워했다.

그는 1949년, 장제스가 타이완으로 갈 때 함께 가지 않고 저우언라이가 있는 대륙에 남았다. 당시 국민당군의 화베이華北 지구 경비사령관이었던 푸쭤이 등과 교감하며 내린, 쉽지 않은 결단이었다. 1951년 3월, 장보링이 톈진에서 세상을 떠났을 때 저우언라이가 직접 문상을 갈 정도로, 두 사람은 평생 동안 이념을 넘어선, 사제 간의 정의情誼와 인간적인 신뢰감을 공유했다.

저우언라이는 자신이 유물론자이며 마르크스의 충실한 제자라고 늘 자랑했다. 이념과 원칙을 지키는 모범적인 삶으로 일관했다. 그러면서도 그는 서구적 교양과 개방적인 성향을 진하게 풍겼다. 원초적이고 미미한 것이었지만 그가 어린 시절부터 기독교와 접촉했다는 점은 흥미로운 대목이다.

푸쭤이는 공산군이 1949년 1월 톈진을 함락하자 저항을 포기하고 공산군의 평화적인 베이징 입성을 도왔다. 세계적인 문화재가 잔뜩 쌓인 고도古都 베이징을 전쟁터로 만들 수 없다는 명분을 내세웠다. 그는 공산중국 초대 내각에 수리부장으로 입각했다. 이어 수리전력부장으로 23년 동안 재직했다. 한때 국민당 정부에서 비적(공산당)을 토벌하는 초비剿匪 총사령관이었던 푸쭤이를 포섭해 초대 내각의 각료로 과감하게 발탁한 인물은 저우언라이다.

난카이 학교의 교풍은 자유로웠지만 기율은 엄격했다. 학교 교문을 들어서면 왼쪽 벽에 장방형의 커다란 거울이 걸려 있고, 학생들은 거울 앞에서 자기 모습을 비춰보았다. 거울엔 이런 글귀가 적혀 있었다.

> 얼굴은 깨끗이 하고, 머리는 반듯하게 빗으며, 옷은 단정하게 입고, 단추는 꼭 채운다.
> 머리는 똑바로 세우고, 어깨는 평평하게, 가슴은 넓게 하며, 등은 곧게 편다.
> 건방지지 않고, 거칠지 않고, 게으름 피우지 않는다.
> 얼굴빛은 온화하고 맑으며 자연스러워야 한다.

너무 신통하다. 저우언라이가 바로 이런 사람이 아니던가. 그는 낡은 옷도 깨끗이 빨아 입었다. 흐트러진 모습을 보이지 않았다. 언제나 예의가 발랐다. 누구에게나 겸손하고 따사로웠다. 늘 웃음을 보

난카이중학에 다니던 시절, 저우언라이는 〈신극단〉이라는 연극반에서 활동했다. 뒷줄 왼쪽 첫 번째가 저우언라이다. 1914년.

였으며, 유머도 일품이었다. 무서운 결단을 내리면서도 표정은 평화로웠다.

이런 저우언라이의 모습을 보고 서양 사람들이 반했다. 평생을 두고도 저우의 이런 이미지는 구겨지지 않았다. 이런 게 모두 중학생 때 다듬어졌다니 놀라울 따름이다. 당시 난카이중학은 4년제로, 저우언라이는 1913년 8월에 입학해 1917년 6월에 수석으로 졸업했다. 1957년, 폴란드 대표단과 함께 톈진을 방문한 저우언라이는 톈진의 한 고등학교에서 열린 환영 모임에서 난카이 시절을 회상했다.

톈진에 올 때마다 나는 예전에 같이 공부했던 친구들에게 말합니다.

"난 아직도 난카이중학에서 기초 지식을 쌓을 수 있었던 지난날을 고맙게 생각하네. 덕분에 그걸 바탕으로 새로운 지식을 추구하고 받아들일 수 있었네"라고.

1913년 8월, 열다섯 살의 저우언라이는 항구 도시 톈진의 난카이중학 입학시험에 합격했다. 선양에서 살던 큰아버지가 일 때문에 톈진으로 이사를 하면서 큰아버지의 식구들과 함께 저우언라이도 톈진으로 왔다.

톈진은 이름 그대로 '하늘(天) 나루(津)'다. 명나라 태조 주원장朱元璋의 아들 영락제永樂帝와 인연이 있는 곳이다. 영락제는 조카에게 넘어간 정권을 힘으로 빼앗았다. 집권한 영락제는 이곳이 황제(하늘의 아들) 자신이 건너간 나루라 해서 '하늘 나루'란 이름을 내렸다. 톈진은 물과도 인연이 있다. 한때 톈진은 바닷물에 잠긴 적이 있었다. 보하이만渤海灣으로 흘러들어가는 여러 강들로 잠시 육지가 가라앉았다가 다시 솟아난 것이다. 저우의 윗대의 고향인 샤오싱, 태어난 화이안, 그리고 톈진이 다 물과 인연이 있으니 우연 치고는 재미있다.

톈진은 현재 베이징, 상하이, 충칭과 더불어 중국의 네 직할시 중 하나다. 현재도 그렇지만 저우가 톈진에 온 1913년 무렵에도 톈진이란 도시는 이미 화베이 지방의 주요 상공도시였다. 1860년 제2차 아편전쟁(제2차 중영전쟁)이 끝나고, 영국, 프랑스, 독일, 러시아, 이탈리아, 오스트리아, 벨기에와 미국, 일본 등 아홉 나라가 다투어 톈진에 조계지를 만들었다. 옛날 톈진성의 여덟 배나 되는 넓이의 톈진시 동남쪽이 열강의 조계지가 되었다. 톈진 앞바다에는 열강의 군함들이 위용을 뽐내고 있었다. 이러한 불명예에도 톈진은 자본주의 근대공업과 신식 교육의 도시로 발전하고 있었다. 난카이 학교도 그런 거대한 물살 속에서 태어난 근대화의 요람이었다. 저우언라이는 망해가는 중국의 치욕을 목격하며 감수성이 가장 강한 중학 시절을 톈진에서 보냈다.

톈진에 온 큰아버지는 말단 관직에 있었다. 수입이 변변치 않은 남편을 도와 큰어머니가 자루나 주머니 같은 것을 만들어 팔았으나 집안 살림은 늘 빠듯했다. 그래서 소년 저우언라이는 학교의 잡일을 하며 푼돈을 벌었다. 뛰어난 성적으로 학비를 면제받기도 했다.

저우언라이는 앞에서 이야기한 국문뿐 아니라 수학 성적도 뛰어났다. 학교에서 가르치는 셈법 말고 자기 자신이 고안해 계산을 하기도 했다. 속도도 매우 빨랐다고 한다. 전교붓글씨대회 행서行書 부문에서 1등을 차지했을 정도로 붓글씨에도 재질을 보였다. 중국 도처에서 마오쩌둥의 글씨는 쉽게 볼 수 있지만 저우언라이의 글씨는 그만큼은 많지 않다. 그러나 찾아보면 저우언라이도 적지 않은 제사題詞를 남겼다. 1934년 1월, 중화 소비에트 지구의 중심지 루이진에 세워진 홍군열사기념비의 글씨도 저우언라이가 썼다. 루이진은 1935년 대장정의 출발지다. 1949년 9월 30일, 새 중국 건국의 선포를 하루 앞두고 톈안먼광장에 높이 세워진 '인민영웅기념비人民英雄紀念碑' 역시 저우언라이의 글씨다. 비문의 글은 마오쩌둥이 지었다.

일본에서의 귀국과 5·4운동

> 덩잉차오가 세상을 떠나자 사람들은
> 이제야 저우언라이의 일생도 마침표를 찍게 되었다고 말했다.
> 저우는 자신이 선택했다고 말했지만
> 덩잉차오는 운명의 선택에 의해 저우와 맺어졌다.

난카이중학을 수석으로 졸업한 저우언라이는 1917년 일본으로 가는 배 안에서 《신청년新青年》을 뒤적이다가 새삼스럽게 잡지의 매력에 빠지고 말았다. 그전까지만 해도 그는 가판대에서 파는 《신청년》을 무심하게 보아 넘겼었다. 일본에 도착한 저우는 《신청년》 3호를 급하게 빌려 읽었다. 하나의 깨달음이 그를 새롭게 일으켜 세웠다. 그 무렵, 그의 일기의 한 대목이다.

> 요 며칠 잡지 《신청년》 세 권을 자세히 읽었다. 내가 그동안 중국에서 생각했던 것이 모두 크게 잘못되었다는 것을 알게 되었다. 한마디로 이제까지 내가 생각하고 행동하고 배웠던 모든 것은 쓸모없는 것이었다.

앞으로는 2월 11일에 정한 세 가지 원칙에 따라서 생활할 것이다. 절대로 옛것을 고집하고 새로운 것을 거부한다거나, 옛것에 미련을 갖지 않을 것이다. 나는 이제 나를 위한 '사상'과 '학문'과 '사업'의 새로운 기원을 개척해나갈 것이다.

2월 11일은 중국의 춘절이었다. 이제 갓 스무 살이 된 청춘이 낯선 이국땅에서 고뇌하고 청신한 각오를 하는 모습이 보인다. 그는 2년 뒤인 1919년 6월 귀국해 모국을 휩쓸고 있던 5·4운동의 열풍에 몸을 던졌다.

1918년 제1차 세계대전이 끝나자 중국은 전승국이 되었다. 그러나 중국은 전승국의 지위를 제대로 누리지 못했다. 전쟁 기간 중 일본은 독일이 차지하고 있던 중국 내 조계지를 점령했다. 하지만 일본은 전쟁이 끝나고도 같은 전승국인 중국에 조계지를 돌려주지 않고 오히려 무리한 요구를 해왔다. 중국을 마치 일본의 식민지처럼 다루었다. 중국은 독일 조차지租借地의 일부인 산둥반도만이라도 돌려받을 줄 알았다. 그러나 이듬해인 1919년 제1차 세계대전의 뒤처리를 위해 전승국들이 모인 파리강화회의 분위기는 중국의 기대와는 전혀 다른 방향으로 흘러갔다. 강화회의 결과 체결된 베르사유조약에 따라 산둥반도가 일본에 귀속된다는 소식이 베이징 학생들을 격분케 했다. 당시 중국을 지배하고 있던 북양군벌정권은 힘으로 밀어붙이는 일본 앞에서 한 마리 순한 양이었다.

5월 4일, 학생들은 이 조약에 서명한 중국 관리들의 집에 불을 질렀다. 학생들은 체포되고, 시위는 더 격렬해졌고, 불길은 다른 도시로 번졌다. 6월이 되자 불길은 상하이, 톈진, 난징, 항저우, 탕산唐山 등지로 퍼졌다. 노동자들도 파업과 철시撤市로 애국운동에 가담했다.

 1919년 7월 어느 날, 톈진 시에 있는 협성인쇄소에서는 4쪽짜리의 《톈진 학생연합회 회보》라는 학생신문이 인쇄되고 있었다. 신문의 편집자는 일본에서 막 귀국한 저우언라이였다. 저우언라이는 난카이 학생의 신분으로 톈진 학생연합회 활동에 참여함으로써 5·4운동에 뛰어들었다. 그리고 바로 기관지 제작에 착수한 것이다. 학생연합회의 회보였지만 선전과 선동에도 탁월한 역량을 발휘했다. 저우언라이는 이 신문에서 '산둥의 참극慘劇'을 폭로했다.

> "산둥의 학생 시위대는 군과 경찰에 의해 300여 명이 체포당해 제일사범학교에 갇혀 있다. 몇 명을 총살할 예정이라고 한다."
> "베이징대학 학생이 체포되었다. 경찰의 포고에 따르면 이제는 그런 사실조차도 신문에 게재하지 못하도록 한다."
> "일본인의 산둥에 대한 9개조 결의는 중국을 국가로 인정하지 않는 것이다."
> "국민들이여! 검은 세력의 힘이 점점 더 커지고 있다. 그들에게 대항하여 스스로 지키기 위해 우리는 어떻게 해야 할 것인가? 대비가 있어야 하고, 방법이 있어야 한다. 마땅히 희생이 따라야 한다!"

 산둥의 진수사鎭守使 마량馬良은 일본 제국주의 앞잡이 노릇을 하는 반동 군벌이었다. 그는 1919년 8월, 시위 학생들을 산둥 제일사범학교 강당으로 몰아넣어 일장 훈시를 했다. 그는 항의하는 여학생을 마구 두들겨 팼다. 구국단체를 해산시키고, 회교回敎 구국단의 지도자 세 명을 총살했다. 이 사건은 전국각지의 애국시민과 학생들을 분노케

1919년 일본에서 돌아온 저우언라이는, 톈진 학생들의 5·4운동을 주도하며 각오사를 설립했다. 덩잉차오와도 이때 만났다. 사진은 각오사 구성원의 모습이다. 앞줄 오른쪽에서 세 번째가 덩잉차오, 뒷줄 오른쪽에서 첫 번째가 저우언라이다. 1919년 9월 16일.

했다. 군벌 정부는 마량을 두둔, 오히려 베이징, 톈진, 산둥에서 시위 탄압을 강화했다. 그들은 베이징대학 학생들의 청원 데모를 억누르고 학생들을 체포했다.

저우언라이는 베이징의 학생들과 합류하기 위해 원정 데모를 감행했다. 베이징, 톈진 학생들은 총통 관저를 둘러싸고 체포된 학생들의 석방을 외쳤다. 한풀 꺾인 정부가 학생들의 석방을 약속하자 저우는 다시 톈진으로 돌아왔다. 이제는 분산된 저항단체들의 결속과 효과적인 투쟁이 요구되었다. 여러 단체와 구성원들을 효율적으로 조직화할 필요를 느끼게 되었다. 톈진 학생들을 결집시키기 위한 단체가 만들어졌다. 각오사覺悟社였다. 각오사의 첫 모임에서 저우언라이가 연설을 했다.

오늘 여기 모인 우리들은 모두 20세기의 새로운 사상적 경향에 의해 각성된 사람들입니다. 우리 중국 사회의 모든 문제에 대한 근본적인 해결책은 우리가 근대사회로 나아가는 데에 모순이 되는 모든 것, 즉 군국주의와 자본가계급, 권력도당과 관료주의, 성적 차별대우, 봉건적인 신분 질서 등을 뿌리 뽑고 변혁하는 데 있다는 것을 깨달은 사람들입니다.

이때까지만 해도 각오사의 구성원들이 공산주의 이념을 받아들인 정황은 보이지 않는다. 몇몇 학생들이 프랑스 조계로 베이징대학의 소련인 교수 세르게이 폴레보이Sergei Polevoy를 찾아간 적이 있었다. 학생들은 코민테른과 관계가 있는 소련인 교수와의 면담을 통해 처음으로 국제공산주의의 실체를 알게 되었다. 덩잉차오의 회고다.

나는 그때 그 그룹의 학생들 가운데서 가장 어렸는데, 우리들은 세르게이 폴레보이 교수와 만나 사회주의, 무정부주의, 국민헌장운동 등에 관해 토론하려고 했습니다.
하지만 그때 우리 가운데 누구도 공산주의에 대해 확고한 신념을 가지거나 공산주의에 관해 아는 사람이 없었어요. 우리는 그저 가장 이상적인 사회란 능력에 따라 일하고 필요에 따라 분배받는 사회라고만 들었을 뿐이었습니다.

프랑스 유학생, 우정 50년

프랑스 파리의 이탈리아 광장 부근,
저우언라이의 옛 하숙집에서 배고픈 근로 유학생들이 모여
저우언라이가 저당 잡힌 돈으로 산 크루아상을 나눠 먹었다.
그들 사이엔 반세기, 우정의 강물이 넘쳐 흘렀다.

1974년 4월 덩샤오핑은 유엔총회에 참석했다. 중국 고위 지도자로서는 유엔 참석이 처음이었다. 장칭이 반대했으나 마오쩌둥이 관철시켰다. 장칭은 유엔을 다녀오고 난 뒤의 덩샤오핑의 정치적 위상이 마음에 걸렸다. 근본적인 문제는 덩샤오핑의 뒤에 저우언라이가 있다는 것이었다. 마오쩌둥이 장칭에게 보내는 편지를 직접 썼다.

> 장칭.
> 덩샤오핑 동지의 출국은 내 의견이요. 반대하지 않는 게 좋겠소. 제발 근신하시오. 내 제안에 반대하지 말아요. 3월 27일 마오쩌둥.

참 재미있는 세상이다. 해석이 어려운 문화혁명이었다. 이 무렵 장

칭 일당은 '비림비공批林批孔운동'을 대대적으로 펴고 있었다. 린뱌오와 공자를 싸잡아 비난하는 일이었다. 그러나 투쟁의 목표는 죽은 린뱌오가 아니었다. 공자를 빗대어 살아 있는 저우언라이를 겨냥한 것이었다. 이런 와중에 덩샤오핑이 유엔에 다녀온다는 것은 저우언라이에게 힘을 실어주는 일이었다.

덩샤오핑의 유엔총회 참석 이후 장칭의 공세는 거의 발악에 가까웠다. 마오쩌둥은 제한적이었지만 장칭 일당에게 문화혁명 사업만은 맡기고 있었다. 당정 전반에 걸친 사업은 그들의 몫이 될 수 없었다. 그들은 턱없이 능력이 모자랐다. 모든 면에서 함량미달이었다. 견제용으로는 역할이 있겠지만 당정의 핵심은 저우언라이와 덩샤오핑이 맡아야 했다.

6월 1일 저우언라이는 25년 동안 정들었던 중난하이 시화팅을 떠나 해방군 305병원에 입원했다. 병실이 총리 집무실이 되었다. 7월 17일 마오쩌둥이 소집한 중앙정치국 회의에 저우언라이는 기어코 참석했다. 이날 모임은 매우 의미 있는 회의였다. 마오쩌둥이 장칭 일당을 공개적으로 꾸중한 것이었다. 마오쩌둥은 이날 처음으로 '4인 소종파小宗派'라는 말을 썼다. 장칭의 과오를 직접 거론했다.

"저 사람은 상하이파의 한 사람이라 할 수 있소. 동지들은 저 사람을 주의해야 하오. 4인 소종파를 만들어서는 안 돼요. 저 사람은 자기 자신을 대표할 뿐 절대로 나를 대표할 수는 없소. 결론적으로 말해서 저 사람은 자기 자신을 대표할 뿐이라는 것이오."

당의 최고위 지도자들 앞에서 마오쩌둥이 장칭과 4인방을 싸잡아 공격한 것은 매우 이례적인 일이었다.

유엔총회에 참석한 덩샤오핑은 뉴욕을 떠나 프랑스를 거쳐 귀국했다. 10대의 어린 고학생 시절, 추억이 서린 프랑스였다. 덩샤오핑은 크루아상을 사와 저우언라이에게 보냈다. 이 빵에는 두 사람만의 애잔한 추억이 숨어 있었다.

덩샤오핑이 유배에서 돌아온 직후였다.

"저는 총리처럼 좋은 운을 타고 나지 못했습니다. 아무튼 불길한 생각만 앞섭니다."

"괜한 생각이오. 당신은 어떤 힘준한 시련도 거뜬히 이겨내는 사람이 아니오? 당신은 천이 동지가 말했던 것처럼 '하늘이 내려준 인재'요."

"천이 동지가 언제 그런 말을 했던가요?"

저우언라이는 1922년 파리 시절의 추억 한 토막을 살려냈다. 공산당 유럽지부 회의가 끝나고 몇몇 젊은 동지들이 저우언라이의 하숙집으로 몰려들었다. 이탈리아 광장 근처의 다락방 같은 하숙집이었다. 하나같이 고달픈 고학생 신세들은 잡담으로 고픈 배를 달래고 있었다. 이때 천이가 조상으로부터 전수받은 비결이 있다면서 손금을 봐주겠다고 나섰다. 심심하던 차에 잘되었다고 너도 나도 손을 내밀었다. 무료를 달래기에는 안성맞춤의 흥미로운 제안이었다.

"모두들 그 친구에게 손금을 내밀지 않았겠소? 그런데 샤오핑 동지 당신의 손금을 한참 들여다보던 천이가 소리를 질렀지. '야, 이 친구, 정말 운이 좋구나. 용띠에 8월생이라. 가로금이 골짜기같이 깊고 내리금이 시냇물처럼 옅으니, 관상 책에서 말하는 천자天子 아니면 제후諸侯가 될 팔자야. 허, 내 고향 꼬마친구가 하늘이 내려준 뛰어난 인재라, 앞으로 반드시 대업성취할걸세'라고 말이오. 그러자 우리 모두가 당신에게 한턱내라고 야단법석을 했지."

프랑스에서 유학한 이래 저우언라이와 천이는 쭉 함께한 동지였다. 천이 부부와 함께한 저우언라이 부부. 왼쪽에서 두 번째가 천이, 세 번째가 저우언라이다. 구이린에서 1960년 5월.

"천이 동지가 괜히 그런 헛소리를 해서 제가 혼났었지요. 땡전 한 푼 없는 가난뱅이 고학생이 무슨 턱을 낸단 말입니까? 그런데 총리께서 가죽점퍼를 전당포에 맡겨 크루아상 몇 십 개를 사오셔서 저도 체면이 서고 동지들도 덕분에 배를 곯지 않고 잘 먹었지요."

"그때 당신은 키는 작았지만 배는 컸소. 단번에 빵 열두 개를 먹어 치웠지 않소? 그래서 천이 동지가 머리를 절레절레 흔들면서 '아이쿠, 천자 아니면 제후가 되실 분의 체면이 이게 뭐요?' 하고 당신을 놀려대서 우리가 배꼽을 잡고 웃었지."

덩샤오핑과 천이는 같은 쓰촨성 태생이었고, 오래전부터 한 집안처럼 가깝게 지냈다. 호방한 천이는 이미 세상에 없었다.

"그때 총리와 천이 동지는 정말 저를 친동생처럼 보살펴주었지요."

"당신은 우리 유학생들 중에서 나이가 가장 어리고 키도 제일 작았지요. 당신은 열여덟 살이었고, 나는 당신의 여섯 살 위, 천이는 세 살 위였소."

이야기가 덩샤오핑의 등사판 잡지 《적광》으로 옮겨갔다. 나이는 어렸지만 덩샤오핑은 등사판 글씨 쓰는 데는 명수였다. 밤새도록 쓰면 원지 여남은 장을 쓰는 것은 식은 죽 먹기였다. 덩샤오핑이 워낙 열심히 해서 《적광》은 제때에 제대로 나올 수 있었다.

"제가 맨 먼저 썼던 등사판 글이 〈공산주의와 중국〉이라는 글이었지요. 필자는 '우하오伍豪'였고요. 저는 한참 뒤에야 '우하오'가 총리님의 필명이란 걸 알았지요."

"세월이 유수 같단 말이 정말이오. 어느새 50년 세월이 훌쩍 지나갔구려. 천이 동지도 이젠 우리 곁에 없소. 당신이나 나나 벌써 환갑 지난 늙은이가 돼버렸소."

덩샤오핑이 크루아상 이야기를 꺼냈다.

"지난 50년 동안 저는 별의별 음식들을 다 먹어보았지만 프랑스 시절의 크루아상만큼 맛있는 건 없는 것 같아요. 장시에 있을 때 제 손으로 만들어 먹어봤지만 제맛이 안 나요. 정말 파리에 한번 가서 실컷 먹어보았으면 좋겠어요."

"당신이야 앞길이 창창하니 반드시 기회가 있을 거요."

천이는 덩샤오핑이 천자 아니면 제후가 될 팔자로 태어났다고 했다. 그 예언 아닌 예언은 적중했다. 저우언라이와 덩샤오핑은 저우언라이가 죽기 전인 1974년에 그 빵을 먹어볼 수 있었다. 저우언라이의 말대로 '앞길이 창창한' 덩이 프랑스에 직접 가서 사온 빵이었다.

1979년 10월 16일, 파리 시내의 이탈리아 광장 부근 한 3층 집 벽에 저우언라이를 기념하는 대리석 기념패가 새로 걸렸다. 프랑스 정부가 저우언라이를 추모하여 특별히 기념패를 만들어 그의 옛 하숙집에 건 것이었다. 아름다운 진녹색 꽃무늬의 대리석에는 "저우언라이 1922년~23년 프랑스 체류 기간 이 집에서 살다"가 새겨져 있다. '저우언라이' 즉 '周恩來' 세 글자는 덩샤오핑이 썼다.

'양탄일성'과 저우언라이

> 장구한 세월 동안 중국은
> 기술개발과 전문 인력 확보에 엄청난 투자를 했다.
> 이러한 일관된 추진은
> 덩샤오핑, 장쩌민, 후진타오 시대를 관통하여 변함이 없다.

저우언라이가 술잔을 떨어뜨렸다. 이 자체가 하나의 사건이다. 외국 귀빈을 초청하여 연회를 베푸는 자리에서 예의 바르기로 소문난 저우언라이가 손에 들었던 잔을 바닥에 떨어뜨리다니. 술 실력으로도 당대의 으뜸인 저우언라이가 술을 못 이겨서도 아닐 것이었다.

    때는 문화혁명 초기였다. 홍위병과 반란분자들이 이리저리 밀려다니며 난장판을 이루던 어느 날 저녁, 저우언라이는 뜻밖의 보고를 듣고는 놀라고 분하고 가슴이 저렸다. 유도탄 연구원의 한 과학자가 반란파에게 끌려가 목숨을 잃었다는 보고였다. 저우언라이는 바로 자리를 떴다. 그는 사무실에 들려 이내 한 무리의 과학자 명단을 만들었다. 그리고 엄명을 내렸다.

    "필요할 때에는 이들을 무력으로 보호하라."

이들 과학자들은 중국의 첨단과학 연구에 중요한 몫을 하고 있는 전문 인력이었다. 이 날의 '보호 명단'에는 로켓 전문가 투서우어屠守鍔도 들어 있었다. 그는 1971년 9월 10일에 성공한 중국의 첫 대륙간탄도유도탄과 '장정-2호' 로켓의 총설계사였다. 뒷날 그는 유도탄 '비어飛魚'를 성공시켜 세상을 놀라게 했다. 1984년 톈안먼 열병식에 나타난 '비어'는 성능이 프랑스 유도탄보다 우월하다는 평가를 받았다.

중국은 대약진운동, 문화혁명 중에도 유도탄과 핵개발을 멈추지 않았다. 인민들이 기아선상을 헤매고, 국가 시스템이 거의 망가지다시피 한 극한 상황에서도 공산중국은 강한 나라에 대한 집념에 매달렸고 '양탄일성'의 꿈을 더욱 불태웠다. 그 중심이 저우언라이였다. '양탄'은 원자폭탄과 수소폭탄이며 '일성'은 미사일을 의미했다.

문화혁명 시작 2년 전인 1964년 10월 16일, 중국은 원자폭탄 실험에 성공했다. 《인민일보》는 호외를 내며 환호했다. 이어 문화혁명 시작 이듬해인 1967년의 수소폭탄 실험도 성공을 거두어 핵 강국의 반열에 당당하게 진입했다. 중소中蘇 이념분쟁으로 소련의 과학자들이 모두 철수한 뒤에 이뤄진 일이라 중국인들의 감회는 남달랐다.

마오쩌둥이 "원자폭탄은 종이호랑이"라고 말해 세상의 비웃음을 산 적이 있었다. 마오쩌둥은 인민전쟁을 내세워, "강대국들이 아무리 원자탄으로 중국을 공격한다 해도 인구가 10억인 중국 인민 전부를 죽일 수는 없다"고 호언장담과 독설을 뿜어댔다. 세상의 비웃음을 사는 이런 발언을 천연스럽게 하면서도 숨겨진 장막 안에서는 핵 개발을 은밀하게, 치밀하게 추진하는 마오쩌둥이었다. 공산중국 특유의 선전선동에 세계가 깜짝 속아 넘어갔다.

1972년의 중미 수교도 중국의 군사적 약진이 토대가 되었다. 역설적으로 당시 중미 회담의 미국 측 대표였던 키신저는 미국 군사력의 우위가 대중국 외교를 추진할 수 있었던 기반이 되었다고 말했다. 외교 능력과 군사력은 동전의 앞뒤다. 당시 백악관 외교안보 수석이었던 키신저의 회고다.

> 나는 닉슨이 첫 임기 중의 모든 업적 중에서 군사력의 골간을 손상시키지 않고 그대로 유지한 것을 가장 큰 업적으로 생각하였다. 이러한 군사적 골간이 유지되지 못했더라면 긴장완화 능력은 모조리 수포로 끝났을 것이다.

외교적 능력으로 군사적 효과를 증대시킬 수는 있어도 그 자체가 결코 군사력을 대체할 수 없다는 것이 키신저의 지론이었다. 키신저는 궁극적으로 국력이 취약하면 언제나 외부로부터 침략을 유발하기 마련이고, 국가가 무력상태에 빠지면 정책을 포기하는 결과를 가져온다고 경고했다.

건국 초기 중국은 과학 인재가 극히 모자랐다. 모든 분야에서 훈련된 전문가가 많이 필요하고 아쉬운 판국이었지만 특히 과학 분야의 인재가 더 절실하게 요청되었다. 여기에 저우언라이의 출중한 외교전략이 빛을 내게 된다.

'젠-20의 아버지'라 불리는 스창쉬는 1955년 미국에서 공산중국으로 돌아왔다. 1948년 국민당 정부의 국비유학생으로 미국 유학길에 올랐던 그는 미주리 대학을 거쳐 노트르담 대학에서 박사학위를 받았다. 그러나 유학 이듬해인 1949년, 대륙의 주인이 바뀌었다. 또 그 이듬해 한국전쟁에서 미국과 중국은 적대국으로 맞섰다.

장제스 정부의 국비장학생으로 미국에 유학을 온 많은 중국 유학생들의 신분이 모호해졌다. 그들은 타이완이냐 대륙이냐, 선택의 기로에서 마음고생이 심했다. 그리고 유학생들이 하나하나 타이완 대신 대륙 중국을 선택하기 시작했다. 대륙이 고향이었고, 부모형제가 그곳에 살고 있었다. 미국이 난처해졌다. 문제는 기밀 분야에 종사하는 중국인 과학자들의 귀국이었다. 미국은 서둘러 막기 시작했다. 회유와 설득, 위협도 해보았다. 첸쉐선 같은 미사일 전문가는 '빨갱이'로 몰려 감옥살이도 했다. 그러나 그들은 한사코 대륙 중국으로 가기를 희망했다.

매사추세츠공과대학교MIT의 연구원으로 있던 스창쉬는 아예 귀국투쟁에 나섰다. 출국허가 청원서를 200통이나 만들어 미국의 언론, 국회, 사회단체들에 보냈다. 그리고 1954년 제네바회의에 저우언라이 총리가 참석한다는 사실을 알고 그에게도 편지를 보내 귀국할 수 있기를 호소했다.

1955년 봄, 중국의 미국 유학생 76명이 대륙으로 돌아왔다. 대신 한국전쟁 때 포로로 붙잡혀 있던 미군 공군 조종사 16명을 포함한 미국인 56명이 고향으로 돌아갔다. 맞교환이었다.

첸쉐선은 중국 인공위성의 대부다. 상하이 교통대학交通大學 출신으로 미국 캘리포니아 대학에서 스물아홉 살에 공학박사를 학위를 받았다. 그도 스창쉬 같은 젊은 과학자들과 함께 1955년에 귀국했다. 감옥살이도 마다 않고 귀국을 서둘렀던 그였다. 그는 미국에서도 알아주는 미사일 전문가였다. 제2차 세계대전 중에는 미국의 미사일 팀장으로 활약했을 만큼 그 방면의 핵심기술자였다. 그는 민간 신분이면서 미군 대령의 지위도 갖고 있었다. 미군 당국은 "그의 위력은 최소한 5개 사단 병력과 맞먹는다"고 하면서 한사코 그의 중국행을 막으려 했다.

그와 대면한 마오쩌둥은 대뜸 "인공위성이 필요한데, 가능한가?"를 물었다. 첸쉐선의 대답은 "15년의 시간을 달라"였다. 첸쉐선은 기초과학 5년, 응용과학 5년, 모두 10년을 가르친 뒤, 5년간의 실제 제작기간을 거치면 15년 뒤 발사가 가능하다고 정직하게 말했다. 정부는 돈과 사람만 대주면 된다고 했다.

그가 귀국했던 1955년의 중국에는 인공위성 관련 전문 인력이 없었다. 초기에는 소련 과학자들과의 협조가 가능했지만 중소 갈등으로 소련 기술진이 모두 철수한 뒤로는 그것도 어렵게 되었다. 문자 그대로 적수공권赤手空拳으로 덤벼든 꼴이 되었다. 이 작업의 총지휘자가 저우언라이였다.

정부는 첸쉐선과의 약속을 지켰고, 문화혁명의 극도의 혼란기이던 1970년 4월 중국은 인공위성을 쏘아 올렸다. 첸쉐선과 마오쩌둥이 만난 지 정확하게 15년이 지났을 때였다. 당시 예순한 살이던 첸쉐선은 "중국이 원자탄과 미사일을 가지고 있지 않다면 국제적인 지위가 어떻게 되었겠는가?" 하며 자랑스러워했다.

중국의 양탄일성 개발에 핵심역할을 했던 녜룽전은 그때를 회상하며 "중국이 원자탄과 미사일 개발에 착수하고, 또 성공할 수 있었던 것은 모두 저우언라이 동지의 공이었다"고 이야기할 정도였다.

1962년 12월, 핵개발 관련 전문위원회가 설립되었다. 저우언라이 총리가 중심이 되어 부총리 일곱 명, 부장(장관) 일곱 명이 참여하는 이 기구에서 원자탄, 수소탄, 미사일, 로켓 등의 연구, 개발이 이루어졌다. 1964년부터는 핵무기 개발을 넘어서서 항공우주산업 분야까지

1975년 1월 13일부터 1월 18일까지 열린 제4기 전국인민대표대회에 참석한 저우언라이와 예젠잉. 문화혁명이라는 혼란 속에서도 저우언라이는 양탄일성의 개발에 공을 들였다.

관장하게 되었다. 인공위성 개발계획은 이 전문위원회 제12차, 제13차 회의에서 결정된 사안이었다. 1974년 3월, 저우언라이가 살아서 마지막으로 주재한 전문위원회가 열렸다.

> 중국의 국방연구와 국방산업이 독립적이고 자주적으로 발전할 수 있었던 것, 장장 10년에 걸친 문화혁명이라는 심각한 혼란 속에서도 첨단 무기에 대한 연구가 중단되지 않을 수 있었던 것, 이런 모든 것이 저우언라이의 정확한 방향제시와 세심한 배려 덕택이었다.
>
> _ 리핑 지음, 허유영 옮김, 《저우언라이 평전》(한얼미디어, 2005)

5장 중국인 저우언라이, 혁명가 저우언라이 《 341

중국의 핵개발을 주도했던 과학자는 첸싼창錢三强이었다. 그는 프랑스 유학파로 1937년에 프랑스로 유학을 갔다가 1948년에 귀국했다. 파리에서는 한때 퀴리연구소에서 연구를 했다. 1940년 프랑스 국가박사 학위를 받고 프랑스 과학연구센터에서 연구원을 지냈다. 귀국한 후 그는 새 정부 수립 직후 베이징호텔에서 저우언라이의 정세보고를 듣게 되었다. 저우언라이는 종이 한 장 쥐지 않고 꼬박 세 시간 남짓 이야기를 했는데 수치 하나 틀리지 않았고 정력이 넘쳤다. 또 매우 친근하고 솔직한 인상을 주었다. 뒷날 첸싼창은 이렇게 회고했다.

> 1949년 2월 말 당시에 나는 베이징호텔에 묵고 있었다. 하루는 딩찬丁燦이 전화로 통지를 보내왔다. 당 중앙에서 대표단을 프랑스 파리로 파견해 세계평화대회에 참가하게 되는데 궈모뤄가 단장을 맡고 각 분야 인사 40명으로 구성되는 대표단에 그와 내가 명단에 올랐다고 했다. 그때 나는 귀국한 지 겨우 반년 남짓 되었고 베이징 연구원 원자학연구소에서 일하면서 칭화대학 교수를 겸하고 있었다. 그때 나는 한창 원자핵 과학 인력양성과 해당 실험실 건설을 준비하고 있었다. 당시 실험설비가 매우 부족하였기에 나는 이번 파리회의 참석을 계기로 프랑스에 있는 나의 스승 졸리오 퀴리 교수에게 부탁하여 일부 의료기와 도서, 자료들을 구입하려 했다. 나는 이런 생각을 딩찬과 이야기했는데, 금방 후회하고 말았다. 때는 전쟁이 아직도 끝나지 않았고 국가경제나 인민생활이 모두 아주 어려운 때였기에 외화로 의료기기나 도서를 구입한다는 것이 매우 어려웠다.
>
> 딩찬은 나의 의견을 반영하겠으니 기다려달라고 했다. 며칠 뒤 뜻밖으로 중공 중앙 통일전선사업부 부장을 지낸 리웨이한이 회인당 부

근의 한 작은 사무실에서 만나자는 전갈이 왔다. 리웨이한은 나에게 다음과 같이 말했다.

"중앙은 당신이 파리 세계평화회의에 나가는 기회에 원자핵 연구에 필요한 일부 기계와 자료를 구입하는 것을 허락합니다. 선생이 제출한 예산은 20만 달러인데 한꺼번에 다 쓰지는 못할 것입니다. 베이징이 금방 해방되었고 국가경제도 회복해야 하기에 이번에는 먼저 대표단 경비에서 5만 달러를 지출하고 이후에 계속 드리도록 하겠습니다. 중앙은 선생이 원자핵 기술을 발전시키는 것을 중시하고 있습니다. 잘 해보시기 바랍니다."

나는 마음이 뜨거워졌다. 이러한 민족과 이렇게 관심을 갖는 당의 영도가 있으니 중국의 신형 과학기술 발전은 반드시 희망이 있다고 느꼈다. 뒤에 알게 된 일이지만 당 중앙의 이런 결정에는 저우언라이가 중요한 역할을 했다는 것이다.

후기

오늘의 중국이 가장 많이 떠올리는 지도자

미처 본문에 들어가지 못한 이삭 몇 알을 마지막으로 주워 담아 책을 마무리하고 싶다.

저우언라이의 동상이 북한에 있다. 저우의 동상은 함흥 흥남화학비료공장 정원에 기념비와 함께 서 있다. 저우언라이는 1958년 2월, 처음으로 북한을 방문했다. 한국전쟁 휴전 후 5년이 지난 때로, 북한 주둔 중국인민군의 철수를 마무리하기 위해서였다. 일정 속에 함흥의 비료공장 방문이 있었다.

김일성은 생전에 공식, 비공식 합쳐 40차례나 중국을 찾았다. 저우언라이도 외교 수장으로 북한을 몇 차례 더 찾았다. 1971년 7월, 키신저 미 대통령 보좌관이 비밀리에 중국을 다녀간 직후 저우언라이는 곧바로 북한을 찾았다. 당일치기 급한 발걸음이었다. 얼마 뒤 김일성은 베이징으로 특사를 보내 "북한은 중국의 어떠한 결정에도 동의할

의사가 있음"을 알렸다.

1975년 4월, 중국을 공식 방문했던 김일성이 병원으로 저우언라이를 찾아 위문했다. 그 자리에 덩샤오핑이 있었다. 저우는 김일성에게 "앞으로 무슨 일이 있으면 덩샤오핑을 찾으라"고 말했다. 결과적으로 저우는 김일성에게 중국의 다음 최고지도자를 인계해준 셈이 되었다.

1979년 5월, 동상 제막식엔 김일성이 직접 참석했고, 미망인 덩잉차오도 자리에 함께했다. 1979년 2월, 덩샤오핑은 중국의 권력 실세로 미국을 공식 방문했다. 덩샤오핑의 권력 장악이 연착륙하던 시점이었다. 김일성으로서는 중국의 좋은 파트너를 저우언라이로부터 '인수'한 셈이 되었다. 김일성은 저우언라이와 덩샤오핑의 관계를 누구보다 잘 알고 있었다.

저우언라이는 중국의 지도자들 가운데 한반도에 대해 가장 애정을 보였던 지도자로 꼽힌다. 북한뿐만 아니라 주변 작은 나라들과의 관계가 좋았다. 역사에 '만일'은 군더더기지만, 중국의 동북공정東北工程과 관련하여 "만일 저우언라이가 오늘에 살아있다면" 하는 가정을 해보고 싶다. 먼저 저우언라이의 다음 말을 음미해보자.

> 반드시 역사의 진실성을 회복해야 한다. 역사를 왜곡할 수는 없다. 두만강, 압록강 서쪽은 역사 이래 중국의 땅이었다거나 심지어 고대古代로부터 조선은 중국의 속국이었다고 말하는 것은 황당한 이야기다. 중국의 이런 쇼비니즘이 봉건시대에는 상당히 강했다. 다른 나라에서 선물을 보내오면 '조공朝貢'이라 하고, 사절을 보내와 우호교류를 할 때에도 '알현謁見'하러 왔다고 하고, 쌍방이 전쟁을 끝내고 강화할 때엔 신하로 복종하는 것이라고 말했다. 그들은 스스로 '천조天朝

'상방上邦'이라 자칭했다. 이것은 바로 불평등을 뜻한다. 모두가 역사학자의 붓끝에서 나온 오류이며, 우리는 이런 것들을 바로잡아야 한다.

문화혁명 3년 전인 1963년 6월 28일, 중국을 42일간 방문한 북한의 조선과학원 대표단 30명이 저우언라이 총리를 예방했다. 위의 말은 저우언라이 총리가 북한 학자들 앞에서 이야기한 것이다.

조선민족은 조선반도와 둥북대륙에 진출한 이래 오랫동안 거기서 살아왔다. 요하遼河, 송화강 유역에는 모두 조선민족의 발자취가 있다. 이것은 요하와 송화강 유역, 도문강 유역에서 발굴된 문물, 비문 등에서 증명되고 있으며, 수많은 조선 문헌에도 그 흔적이 남아 있다. 조선민족이 거기서 오랫동안 살아왔다는 것은 모두 증명할 수 있다. 경박호 부근엔 발해渤海의 유적이 남아 있고, 또한 발해의 수도였다.

그는 중국의 일부 학자들을 나무랐다.

어떤 때는 고대사를 왜곡했고, 심지어는 여러분들의 머리 위에 조선족은 "기자의 후손箕子之孫"이라는 말을 억지로 덧씌우고 평양에서 그 유적을 증명하려는 무리한 시도를 하기도 했다. 이것은 역사 왜곡이다. 어떻게 이럴 수 있단 말인가?

어떻게 이 말을 중국 현직 총리의 발언이라고 할 수 있을까. 중국의 동북공정과 일본의 식민사관植民史觀은 한국의 고대사를 말살하려는 쌍두마차이다.

2004년 8월 13일, 당시 중국 베이징대학 객좌연구원으로 있던 설훈薛勳 의원이 자신의 인터넷 홈페이지에 〈주은래 총리의 중국-조선 관계 대화〉라는 글을 올리면서 저우언라이의 대화록이 세상에 알려졌다. 이 대화는 《다시 보는 저우언라이》(이경일 편저, 우석출판사)에 실려 있다. 저우언라이는 대화에서 "만주족 통치자는 당신들을 계속 동쪽으로 밀어냈고, 결국 압록강, 두만강 동쪽까지 밀리게 되었다"고 말하면서 다음과 같이 사과 발언까지 했다.

> 한족漢族이 통치한 시기에는 중국 국토가 이렇게 큰 적이 없었다. 다만 이런 것들은 역사의 흔적이고 지나간 일들이다. 어떤 일에 대해서는 우리가 책임질 일이 아니고 조상들의 몫이다. 그렇지만 당연히 이런 현상은 인정해야만 한다. 이렇게 된 이상 우리는 당신들의 땅을 밀어붙여 작게 만들고 우리들이 살고 있는 땅이 커진 것에 대해 조상을 대신해서 당신들에게 사과해야 한다.

사과를 한다고 했지 땅을 되돌려준다고는 하지 않았다. 하지만 저우언라이의 발언은, 북한의 현 정권이 위기에 몰렸을 때, 중국이 북한을 속국화屬國化하려 한다는 소문이 떠도는 작금의 상황에서 의미가 있다. 오늘의 중국이 가장 필요로 하는 것이 저우언라이가 보였던 이웃나라에 대한 배려와 외교의 유연성이다.

저우언라이는 1920년대, 황푸군관학교 정치부 주임으로 있으면서 국민당, 공산당 군부 지도자와 인연을 쌓았다. 상하이 지하당 시절에도 국민당 좌파 지도자와 은밀하게 교유했고, 특히 충칭 시절엔 장제스에 실망한 지식인 그룹과 민주인사들과 활발하게 접촉했다. 대륙의 공산화가 대세로 굳혀지는 시점에서 국민당 군 내부의 혼란은 극에 달했다. 속된 말로 누가 암까마귀이고 누가 수까마귀인지 분간이 되지 않았다. 내통과 투항이 속출했다. 1936년 시안사변 때, 잠시 장쉐량 부대에 의해 연금되었던 위리황도 국공내전이 종결되자 어느새 공산당 편이 되어 있었다.

장쯔중은 비교적 색깔이 뚜렷한 친중공 국민당 장군이었다. 그는 1945년 8월, 장제스와 마오쩌둥이 충칭에서 만나 회담을 할 때, 장제스에게 "연공聯共"을 강력하게 건의했다가 장제스로부터 "내가 지금 공산당 대표와 이야기하고 있는 것인가?" 하는 핀잔을 받기도 했다. 1949년 4월, 베이징에 입성한 중공당은 국민당과 마지막 협상을 시도했다. 양측 대표는 장쯔중과 저우언라이였다. 어렵사리 마무리한 협상안을 장제스가 거부했다. 난징으로 떠나는 장쯔중을 저우언라이가 말렸다. 상하이에 있던 장쯔중의 가족도 안전하게 베이징으로 데려왔다.

장쯔중은 마오쩌둥, 저우언라이와 친교하며 정치협상회의, 군사위원회 부주석을 지냈다. 장쯔중은 국민당이면서 공산당과의 평화공존을 꾸준히 주장했고, 양당 대결 시기엔 대표적인 협상론자, 평화론자였다. 중공당에서는 그를 대표적인 '민주 인사', '평화운동가'로 높이 평가한다. 문화혁명 때는 저우언라이의 보호로 크게 고생하지는 않았다. 1967년 10월 1일, 톈안먼 누대에서 건국 기념 축하연이 열렸다. 문화혁명 바로 이듬해였다. 장쯔중은 마오쩌둥에게 뼈 있는 한마디를 건넸다. "주석님은 너무 빨리 달리십니다. 우리가 도저히 따라갈 수가 없습니다." 실망, 좌절감, 비탄이 실린 말이다.

저우언라이 인생의 극치는 문화혁명 기간, 그의 마지막 10년이라고 말할 수 있다. 좌절, 분노, 저항, 설득, 타협, 비극적인 종말과 인민의 폭발, 극적 요소가 다 녹아 있는 드라마였다. 이 드라마엔 일관된 주제가 있었다. '국궁진췌 사이후이.' 1천7백여 년 전인 AD 227년, 제갈공명은 유비의 아들인 어린 임금에게 출사표를 올리고 북벌에 나섰다. 저우언라이의 출사표는 누구에게 바친 것이었던가. 이어지는 투쟁과 투쟁, 시달리고 고달픈 것은 오로지 백성이요 인민이었다. 저우언라이는 그의 인생을 담보로 인민에게 출사표를 던졌다. 그의 유일한 대안이었다.

고전 칼럼니스트인 하태형 박사(수원대학 금융공학대학원장)에게 전고典故를 부탁했다. 이 여덟 글자는 〈후출사표〉에만 나오고, 〈후출사표〉는 존재의 진위 여부가 불분명하기 때문이다. 하 박사가 답을 보내왔다.

> "다만 학자들의 대체적인 관점은 〈후출사표〉는 여러 가지로 역사적 모순 등이 있어서 위작일 가능성이 매우 높다는 것이며, 저 또한 글의 풍격風格으로 보아 제갈량의 글이 아니라 생각하고 있습니다. 하지만, 이러한 글의 진위 여부를 떠나 '국궁진췌 사이후이'란 글귀가 많은 사람에 의해 사랑을 받고 있다는 것 또한 부인할 수 없는 사실입니다."

국궁진췌 사이후이는 "삼가 제 한 몸을 기꺼이 바쳐서 수고를 다하려 합니다. 이러한 저의 충성은 죽은 뒤에나 멈출 것입니다"로 짧게 풀이할 수 있지만, 뜻은 매우 깊고 간절하다. '국궁'이란 "몸을 굽혀 예를 표시한다(彎身以示曲禮)"는 뜻을 가지고 있다. 제갈량이나 저우언라이나, 최고의 존경심과 간절함을 가지고 임금과 인민들에게 다가갔던 것이다.

　자기 몸을 굽힐 대로 굽히며 백성에게 간절하게 다가가는 지도자를 보고 싶다. 직위의 높고 낮음과 상관없이 자기 직분을 천직으로 여기며 겸허하게 국민을 위해 봉사하는 정치가를 만나고 싶다. 오로지 최고 1인자의 자리를 향해 부나비처럼 너도나도 덤벼드는 정치권을, 우리는 날마다 목격하고 있다. 저우언라이는 오늘의 중국에서 가장 많이 떠올리는 지도자이면서, 또 우리가 가장 필요로 하는 지도자의 덕목을 너무 많이 갖추고 있다.

저우언라이, 오늘의 중국을 이끄는 힘

초판 1쇄 발행 2012년 6월 20일 **초판 2쇄 발행** 2012년 7월 18일

지은이 이중 **펴낸이** 연준혁

출판4분사 팀장 김남철
편집 최은하 **디자인** 김정숙
제작 이재승

펴낸곳 (주)위즈덤하우스 **출판등록** 2000년 5월 23일 제13-1071호
주소 (410-380) 경기도 고양시 일산동구 장항동 846번지 센트럴프라자 6층
전화 031) 936-4000 **팩스** 031) 903-3891
전자우편 yedam1@wisdomhouse.co.kr **홈페이지** www.wisdomhouse.co.kr
종이 화인페이퍼 **인쇄·제본** (주)현문

값 14,000원 ⓒ 이중, 2012 ISBN 978-89-93119-44-2 03900

* 역사의아침은 (주)위즈덤하우스의 역사 전문 브랜드입니다.
* 잘못된 책은 바꿔드립니다.
* 이 책의 전부 또는 일부 내용을 재사용하려면
  사전에 저작권자와 (주)위즈덤하우스의 동의를 받아야 합니다.

저우언라이, 오늘의 중국을 이끄는 힘 : 현대 중국의 중심에
선 2인자 / 지은이: 이중. — 고양 : 위즈덤하우스 : 역사의아
침 [브랜드], 2012
  p. ;   cm
  ISBN 978-89-93119-44-2 03900 : ₩14000

  저우언라이(인명)[周恩來]
  중국 정치[中國政治]

  340.99-KDC5
  320.092-DDC21   CIP2012002677